PMI-ACP
捷 径

王立杰　赵　卫　编著

電子工業出版社
Publishing House of Electronics Industry
北京 • BEIJING

内 容 简 介

本书是一本参照 PMI-ACP 认证考试大纲编写、针对 PMI-ACP 认证考试的学习参考书，在帮助读者掌握关键知识点、技能和工具，顺利通过考试的同时，对敏捷项目管理方法及最佳实践进行了提炼和总结，并通过实例进行了说明，是可以指导读者落地敏捷实践的“案头宝典”。

本书具备如下 3 大特色：全面匹配 PMI-ACP 认证考试大纲中的 7 大领域，覆盖必备的知识、工具及技能；每章配有 PMI-ACP 认证考试关键题目，帮助读者学练结合，夯实理论基础；融合国内外最新敏捷实践，在讲透单团队敏捷实践的同时，覆盖规模化敏捷实践。

本书适合对敏捷项目管理（特别是 PMI-ACP 认证）感兴趣的组织或个人阅读。

图书在版编目（CIP）数据

PMI-ACP 捷径/王立杰，赵卫编著. 一北京：电子工业出版社，2024.3
ISBN 978-7-121-47422-4

Ⅰ. ①P… Ⅱ. ①王… ②赵… Ⅲ. ①项目管理一资格考试一自学参考资料
Ⅳ. ①F224.5

中国国家版本馆 CIP 数据核字（2024）第 052329 号

责任编辑：王　群　　特约编辑：刘广钦
印　　刷：北京七彩京通数码快印有限公司
装　　订：北京七彩京通数码快印有限公司
出版发行：电子工业出版社
　　　　　北京市海淀区万寿路 173 信箱　　邮编：100036
开　　本：720×1000　1/16　印张：21.75　字数：383 千字
版　　次：2024 年 3 月第 1 版
印　　次：2024 年 8 月第 2 次印刷
定　　价：98.00 元

凡所购买电子工业出版社图书有缺损问题，请向购买书店调换。若书店售缺，请与本社发行部联系，联系及邮购电话：（010）88254888，88258888。

质量投诉请发邮件至 zlts@phei.com.cn，盗版侵权举报请发邮件至 dbqq@phei.com.cn。

本书咨询联系方式：wangq@phei.com.cn，910797032（QQ）。

前言

2017 年，我开始教授 PMI-ACP 认证课程，虽然在课堂上给同学们讲授了最为核心的内容并进行了演练，但因为课堂时间有限，所以，需要同学们进行扩展阅读，拓宽知识面。每次看到同学们长长的阅读清单，就有些不忍，因此，梳理了必读清单与辅助阅读清单并划分了优先级，但同学们依然反馈知识点太分散了，读不过来且抓不住重点。想想也是，每本参考书都有自己的专注点与体系，为了逻辑自洽，作者一般都会有推演与论证，无形中增加了阅读时间。

2022 年年初，我决定专门写一本关于 PMI-ACP 的学习参考书。我的想法是，既然那些扩展阅读书目我都看过了，不妨把关键点提炼出来，按照 PMI-ACP 的考试大纲做个映射，这样应该可以极大地提升同学们的阅读效率，毕竟大部分同学是在工作之余的碎片化时间里做自我提升的。

学习敏捷的目的不是拿证书；拿到证书，自然也不是终点；我们最终的目标是学以致用，用敏捷改变我们的工作与生活。因此，本书的定位不是简单的“考点集锦”书，而是可以指导大家落地敏捷实践的“宝典”。本书围绕 PMI-ACP 认证考试大纲，将相关的理论知识、实践方法尽量集成在一起，有些内容不是为了应对考试而设置的，而是为了补足和扩充大家的知识面。因此，除了考试大纲中的 7 个领域，本书还补充了精益思想、规模化敏捷、敏捷度量、敏捷组织转型等内容，并补充了很多实践工具及技巧。

为了保证理论阐述的正确性及全面性，我特别邀请了赵卫老师和我一起撰写本书。赵卫老师既有外企工作经验，又有在互联网公司推进敏捷转型的丰富经历，具有咨询师、教练、培训师和团队管理者等多重身份。他知识渊博，说话风趣，善于总结，积极向上，曾经和我一起在京东共事多年，我们有很好的默契，之前曾一起出版《京东敏捷实践指南》一书。他在社区中也有着非常好的口碑，曾在很多国内外大会上做过主题演讲，还就敏捷转型发表过国际论文。相信有了他的加盟，这本书一定会成为一本经典图书。

本书之所以取名为《PMI-ACP 捷径》，是想告诉大家，PMI-ACP 的学习是有捷径的。虽然敏捷的方法论与流派很多，但是只要抓住最根本的思维理念与原则，辅以一定的习题练习，拿到 7A 也不是什么难事。做好敏捷，坚持敏捷，从而让自身变得敏捷，对某些人来说是“艰苦卓绝”的，因为有可能遇到困难的项目与环境；对某些人来说又可能是轻松愉快的，因为有可能遇到好的领导、同事及导师，大家一起前行，似乎容易多了。无论如何，就像学习一样，只要理解了敏捷理念，并掌握了正确的模式，敏捷落地就是有捷径的。

关于本书的阅读，建议敏捷初学者先按照顺序通读一遍，再根据自己的需要反复阅读相应章节；对于有一定经验的从业者或者曾经上过相应培训课程的同学，以及曾经阅读过很多敏捷图书的学习者，可以挑选特定章节阅读。

2022 年 5 月于北京

王立杰

目　录

第1章

敏捷原则及理念

格雷戈·A. 史蒂文斯（Greg A. Stevens）在其1997年的文章中提到，在3000个原始创意中，只有1个能成功商业化。美国斯坦迪什咨询集团的《2015混乱报告》指出，项目成功率仅为29%。同时，美国项目管理协会（PMI）的2018年职业脉搏调查报告指出，项目成功率为69%。为了应对这些挑战，摆脱创新和项目开发失败的窘境，拥抱敏捷的公司与案例越来越多，不仅社交、电商、搜索等互联网行业早已应用敏捷，银行、保险、汽车等传统行业也都在拥抱敏捷，这是因为敏捷能以更低的成本快速适应和响应VUCA时代的市场变化，让组织具备敏捷性，像世界上速度最快、最灵活的猎豹一样，不仅能快、准、稳地交付业务价值，还能灵活应对变化，并通过持续改进保持竞争优势。

1.1 敏捷发展简史

软件工程和项目管理的发展历史要从 1910 年说起，美国福特汽车公司（以下简称福特）的大规模生产将泰勒先生的科学管理方式发扬光大，其特点是大规模、大批量的“推动式”流水线过程。与之相对的是于 1950 年启动的丰田生产系统（Toyota Production System，TPS），逐步演进到 1986 年的精益生产，其特点是小规模、小批量的“拉动式”过程。相应的软件工程方法在借鉴生产系统流水线的理念后，遇到了很多问题，出现了软件危机。温斯顿·W. 罗伊斯（Winston W. Royce）博士于 1970 年发表论文《管理大型软件系统的开发》，指出从需求、分析、设计、编码、测试到运维按照预定义好的、顺序的阶段来进行软件开发，这种方式是有风险的，并建议各阶段之间要有反馈，甚至各阶段尽可能做两遍。但行业人士却忽视了温斯顿先生的警示，仅记住了这种软件开发模式——瀑布模式，还将其进行了大规模的传播和使用。温斯顿先生因此篇论文被视为瀑布开发的鼻祖。

1986 年，竹内弘高和野中郁次郎在《哈佛商业评论》中发表了题为《新的新产品开发游戏》的文章，他们指出，传统的职能筒仓“接力式”的、阶段式的开发模式已经不能满足快速灵活的市场需求，而整体或“英式橄榄球式”重叠各阶段的方法（团队作为一个跨职能的整体在内部传球并保持前进）也许可以更好地应对当前激烈的市场竞争。受此文章的启发，肯·施瓦伯（Ken Schwaber）和杰夫·萨瑟兰（Jeff Sutherland）于 1995 年正式发布了 Scrum 框架，而同期其他的“轻量级”开发方法也如雨后春笋般涌现出来，如极限编程（Extreme Programming，XP）、特性驱动开发（Feature-Driven Development，FDD）、自适应软件开发（Adaptive Software Development，ASD）、动态系统开发方法（Dynamic Systems Development Method，DSDM）等。

2001 年 2 月，17 位曾经经历过瀑布式文档与计划驱动的重量级软件开发流程的软件工程专家，带着各自的“轻量级”开发方法，在美国犹他州的雪鸟滑雪场进行了一场求同存异的聚会，他们将这些轻量级方法的共性抽象和统一到了一个共同的价值观和原则上，这就是最终形成的《敏捷宣言》，敏捷运动从此风起云涌。随后各种新的敏捷方法不断涌现，如精益软件开发、看板方法、规模化敏捷框架（SAFe）及 LeSS、DevOps 等。

回顾瀑布开发模式的发展，不得不提到 CMMI 和 PMP。美国卡耐基梅隆大学软件工程学院（SEI）应美国国防部的要求，对如何规范国防部的软件开发项目进行了研究，于 1991 年发布 CMM 软件能力成熟度模型，对瀑布开发模式的大规模推广和应用起到了推动作用，但直到 2010 年发布的 CMMI 1.3 才纳入部分对敏捷的支持，2018 年 3 月 28 日发布的 CMMI 2.0 明确提出对敏捷的支持。美国项目管理协会（PMI）从 1984 年推出第一次项目管理专业人士资格认证 PMP 开始，再到 1996 年项目管理知识体系（Project Management Body of Knowledge，PMBOK）第一版的发布，一直以“瀑布式”的项目管理方法为核心，直到 2011 年推出敏捷管理专业人士认证（Agile Certified Practitioner，ACP），才正式开始拥抱敏捷项目管理。2021 年，PMI 发布了 PMBOK 第七版，在第六版正式引入敏捷的基础上，具有了更多的“敏捷意识”。从 CMMI 和 PMP 的演进历程来看，敏捷已经是大势所趋。

1.2 《敏捷宣言》

如前文所讲，2001 年，17 位专家共同签署并发表了《敏捷宣言》，如图 1-1 所示。

图 1-1 《敏捷宣言》

在《敏捷宣言》中，并未否定流程、工具、文档、约定、计划的重要性，只是认为左项内容比右项内容更重要。

1. 个体和互动高于流程和工具

（1）我们依然要有流程，只是希望不要完全依赖流程与工具。

（2）我们强调以人为本，要努力激发每个个体的主动性与能动性。

（3）流程与工具都是为高效的个体协同服务的，不能束缚团队。

2. 工作的软件高于详尽的文档

（1）不是不写文档，而是只写有用的文档，只写够用的文档。

（2）不要只关注文档，而要更加关注最终交付物是否能为客户带来价值、能否为客户解决问题。

（3）交付物仅仅能够工作运行是不够的，还要让客户愿意使用。

3. 客户合作高于合同谈判

（1）不是不做约定与谈判，与客户不是一种“你死我活”的关系，而是要更注重与客户的双赢。

（2）有些东西需要写下来，需要双方确认；确认后的内容是可以改变的，对此，双方可以协商处理。

4. 响应变化高于遵循计划

（1）不是不做计划，而是要做小的计划。

（2）不做一成不变的计划，计划要能及时响应外部变化。

1.3 敏捷 12 原则

《敏捷宣言》背后有 12 个原则，称为敏捷 12 原则，如图 1-2 所示，句首关键字可帮大家抓住要点。

1. 客户为先

以终为始，聚焦成效，围绕客户开展交付活动。

客户满意和有价值的软件是关键词。要确保开发的产品能够给客户带来真正的价值，这完全取决于在开发期间与客户的密切合作。产品需求管理是确保客户需求在开发期间被正确理解的关键。应该把精力集中在对客户最有价值的工作上。

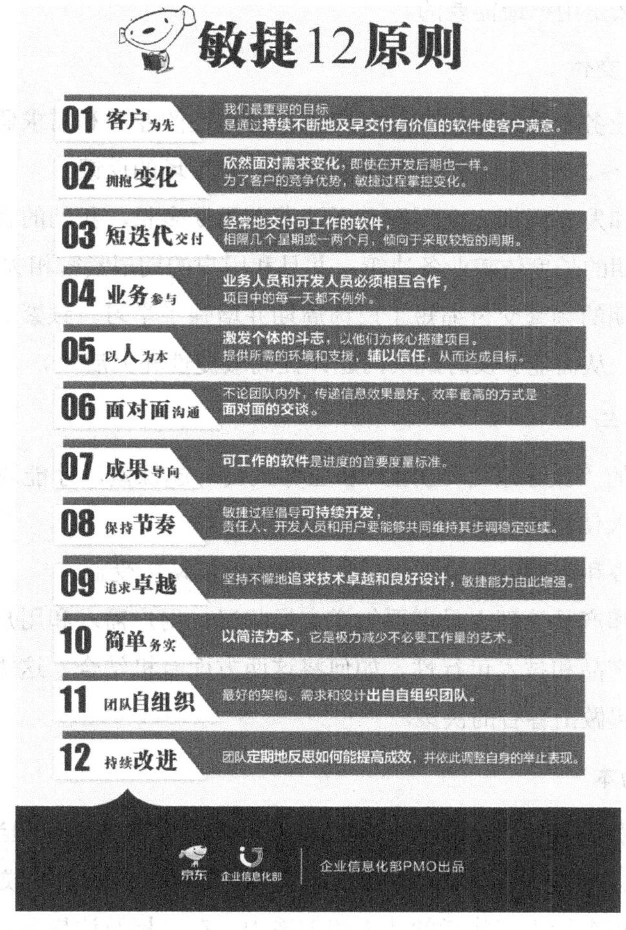

图 1-2　敏捷 12 原则

尽早并持续交付的能力是满足客户的关键。及时交付部分功能比需要很久才能交付全部功能更好，至少应该给客户一个选择。

2. 拥抱变化

复杂和繁杂、易变和不确定是世界的主旋律，唯一不变的是变化，应该拥抱和利用变化，并将其转化成竞争优势。

我们的目标是开发出能够实现客户价值的产品，接受变化是为了更好地帮助客户解决问题并带来收益，因此，要支持这种变化的发生。

变化体现了团队和产品负责人在敏捷开发过程中的工作方式，应站在用户的角度，考虑什么是用户最需要的。

3. 短迭代交付

如何探索业务？如何拥抱变化？应将不确定性的业务和需求假设通过确定的短迭代周期（1～2 周）增量交付，来获得用户和市场的反馈。

开发周期和发布周期完全不同。无论发布周期多长，我们的目标都是短开发周期。发布周期的长度依赖业务决策，并且和用户的期望紧密相关。

短开发周期的频繁交付缩短了反馈周期并增强了学习。频繁交付还能让团队及早暴露问题，从而能够及时解决问题，提高敏捷性和灵活性。

4. 业务参与

走出研发的“象牙塔”，与用户和业务人员一起探索，才能避免闭门造车，避免交付没有人使用的软件。

只要在业务和研发之间建立起桥梁，我们就能从中受益。

业务人员和产品管理人员需要知道市场状况、用户需求和用户的价值，开发团队需要知道产品和技术可行性。如何将这两方面有机结合？这需要我们每天都相互合作，一起做出睿智的决策。

5. 以人为本

敏捷思想和方法，只有嵌入了信任、授权、主动、自主、担当的“DNA”，才能激发个体的聪明才智，处理复杂而又具有挑战性的问题，达成目标。

为了激发每个知识工作者的斗志和创造力，在目标及边界框定的情况下，自由发挥聪明才智是最重要的因素。要让角色去适应人，而不是让人去适应角色，可以采取任何需要的行动来达成目标。

6. 面对面沟通

协作效率依赖面对面沟通。

面对面交谈在开发中尤为重要。不同角色工作成果的隔空传递，常常会导致信息的遗漏、误解、不一致等后果。最有效的沟通方式是面对面的基于白板的讨论。

当人们彼此交谈时，信息更多地以听的形式被传递。文档不能代替交谈，将每件事都写下来是不可能的。我们不应该只依靠文档来传递重要信息。

7. 成果导向

在衡量进度时，要衡量成果，即新增的可以使用的软件功能，而不是衡量活动，如需求分析活动、编码活动和测试活动等。

瀑布模式下的阶段性进度，体现的仅仅是工作活动的进展，没有体现成果（可工作的软件）的进展。用户是为可工作的软件付费的，不会为工作活动或者阶段买单。

跟踪有多少功能已经实现、集成、测试是一种更可靠的进度度量，因为这些功能可以在测试环境或者预发环境中演示，体现了真正的进展。

8. 保持节奏

复杂环境和短周期迭代给团队带来了紧张气氛和压力，稳定的迭代步调成就效率和战斗力的最佳平衡。

我们的目标应该是消除高负荷工作并保持可持续的速度工作（如不加班工作），否则，很难保证工作动力和成果。敏捷过程倡导每个迭代都交付有质量保证的产品增量。

虽然不可持续的、步调不稳定的高负荷冲刺，可以达成里程碑式的时间目标，但往往会带来质量问题，它牺牲了团队及软件系统的长期收益。人越疲劳，创造力就越低，代码就越乱、越复杂，架构就越难以演进。

9. 追求卓越

随着产品的持续开发，软件系统的规模和复杂度急剧增加，卓越的技术和良好的设计可以大大降低认知负荷，以及维护和增加新特性的成本。

任何技术负债（如代码缺陷、架构缺陷、临时解决方案和架构老化）都会使开发进度变慢。

我们不应该让技术负债积压，要持续进行重构，修复发现的缺陷，持续关注已经实现的架构的质量。

10．简单务实

业务、需求、架构和代码都在持续演进，预测未来可能变化而需要的需求和代码大概率都是浪费的。

这种简单原则既适用于产品的功能特性，也适用于架构和流程。

多余的、“镀金”的功能不要增加。可复用性、可扩展性架构，若是非必要的，尽量不要增加。所有流程和步骤应该时刻面临挑战（如这一步真的需要吗？谁会读这个文档？可以通过这样的发问确认是否真的有必要）。

11．团队自组织

自组织团队成员，每个人都应积极主动思考——什么用户、为什么需要这个需求，以及如何实现。

架构、设计和需求会随着团队工作的展开不断涌现，并且团队会从做事的过程中学到很多东西。一些前置需求、架构和设计工作是需要的，但是不能把它们定义在纸面上进行传递。

架构师和系统工程师是自组织团队的一部分，不要成为“孤岛”。团队中的任何成员都可以提出任何问题、提供建议，甚至马上采取行动。

12．持续改进

以人为本的自组织团队拥有团队的工作方式，每个迭代都进行回顾改进的工作方式，是“持续敏捷、成为敏捷”的核心引擎。

团队应定期省思如何能提高成效，并依此调整自身的举止和表现。

软件开发是经验性过程，需要定期持续地计划、执行、检查和调整。

1.4　两类过程管理模式

软件工程诞生之初，受到了建筑工程的影响与启发，人们以为软件开发也是可重复的、不容易改变的和过程可控的，最终却发现，虽然软件的复制与开发过程看起来是接近零成本的（排除人工成本、其他可见实物成本），但很多项目是不可重复的、经常改变的和过程不可控的。

两种过程管理模式如图 1-3 所示。例如，一个建筑工程项目，从立项的第一天就能规划到项目结束，只要计划得当，执行到位，一般都能把项目做好，项目的执行过程基本是线性的，我们把这种称为预定义过程控制，过去十几年，企业ERP、传统财务软件、电信软件等项目使用的就是这种管理模式。随着互联网及移动互联网的普及，很多App、云端SaaS、Web网站类项目从一开始需求就是很难确定的，解决方案不一定是确定的，双方都需要探索，需要随着经验不断调整，这种是经验性过程控制。

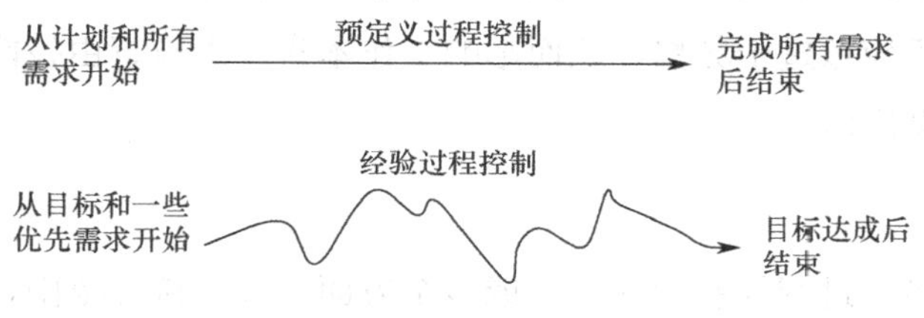

图1-3 两种过程管理模式

这几年，敏捷在互联网公司风起云涌，就是因为互联网业务天生是需要快速响应变化的，是敏捷的，所以，大多数互联网产品无法采用预定义过程控制，更加适合经验过程控制。目前，随着汽车行业“新四化”（网联化、自动化、电动化、共享化）的展开，汽车也将会变为带着4个轮子的计算机，这个行业也将迎来巨变，新生企业，如特斯拉、蔚来、理想、小鹏等已经开始采用敏捷的经验过程控制。

敏捷都是经验过程控制模式，如Scrum、极限编程、SAFe等。

> “Scrum基于经验过程控制理论，或称之为经验主义。经验主义主张知识源自实际经验，以及从当前已知情况下做出决定所获得。Scrum采用一种迭代、增量式的方法来优化对未来的预测和管理风险。”
>
> ——Ken Schwaber和Jeff Sutherland《Scrum指南》，2016

对于经验过程控制，有三大支柱：透明、检查和调整。

1．透明

经验过程控制中的关键环节对于所有干系人来说必须是显而易见的。要拥有透明，就要为这些关键环节制订统一的标准，这样所有留意这些环节的人都会对观察到的事物有统一的理解。只有一切透明，才能进行观察与调整。

例如：

（1）所有参与者谈及过程时都必须使用统一的术语。

（2）负责完成工作和验收工作的人必须对“完成”的定义有一致的理解。

2．检查

从业者必须经常检查交付物、流程执行情况和目标达成情况，以发现不必要的偏差。检查不应该过于频繁，从而影响工作本身。当检查由技能娴熟的人员勤勉执行时，效果最佳。

3．调整

如果发现经验过程控制中的一个或多个方面偏离可接受范围，并且可能会导致产品不可接受，则必须对过程或过程化的内容加以调整。调整工作必须尽快进行，这样才能最小化可能造成的进一步偏离。

1.5 4种生命周期模型

从软件工程诞生的那一天起，各种生命周期及模型不断涌现，在敏捷出现之前，曾经有很多非敏捷的方式。

将敏捷看作一个极端，在PMI的《敏捷实践指南》中，将其对应的另一个极端称为预测型。

> “另一种理解不同项目生命周期的方法是，使用一个连续区间，从一端的预测型周期到另一端的敏捷型周期，连续区间中间还有更多的迭代型周期或增量型周期。”
>
> ——PMI《敏捷实践指南》，2018

可以基于“交付频率”和“变更程度”两个坐标轴对4种生命周期模型进行划分，如图1-4所示。

任何一个生命周期都不可能完美地适用于不同类型的项目。相反，每个项目都能在连续区间中找到一个点，根据自己的项目特征，找到最佳平衡点。

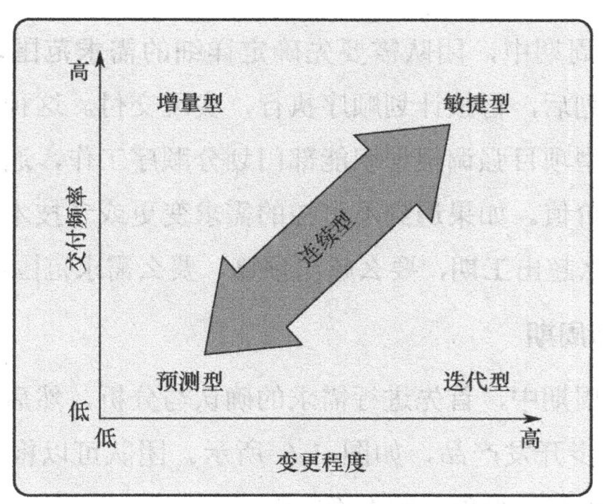

图 1-4　生命周期的连续空间

4 种生命周期的特征如表 1-1 所示。

表 1-1　4 种生命周期的特征

类型	需求	活动	交付	目标
预测型	固定的	整个项目执行一次项目活动	交付一次	管理成本
迭代型	动态的	不断重复项目活动，直到正确	交付一次	解决方案的正确性
增量型	动态的	每个增量执行一次项目活动	频繁、较小的交付	速度
敏捷型	动态的	不断重复项目活动，直到正确	频繁、较小的交付	客户价值

1. 预测型生命周期

预测型生命周期预计会从高确定性的明确的需求、稳定的团队和低风险中获益，如图 1-5 所示，因此，项目活动通常以顺序方式执行，我们也称之为“瀑布开发”。

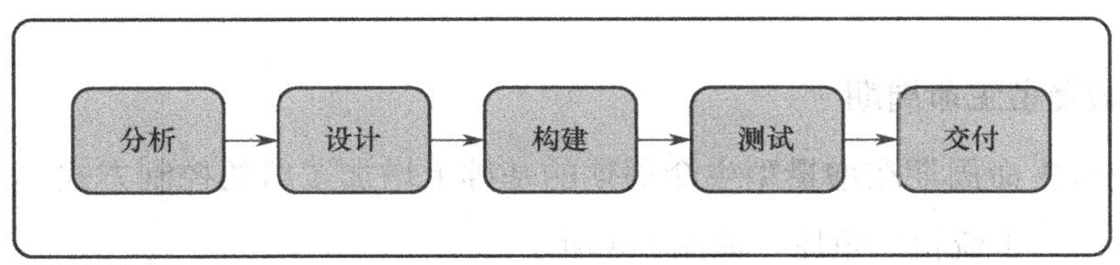

图 1-5　预测型生命周期

在预测型生命周期中，团队需要先确定详细的需求范围，根据各种限制因素，制订详细的计划后，再按计划顺序执行，实现交付。这种方式首先必须控制变更与风险。预测型项目强调根据职能部门划分顺序工作，通常在项目结束前才能一次性交付商业价值。如果遇到不可控的需求变更或者技术风险，则预测型项目可能会失败，要么超出工期，要么超出预算，要么需求范围蔓延。

2. 迭代型生命周期

在迭代型生命周期中，首先进行需求的确认与分析，然后多次通过原型或概念的反复验证来逐步开发产品，如图 1-6 所示。团队可以根据反馈调整工作思路，这样有利于识别和减少项目的不确定性。

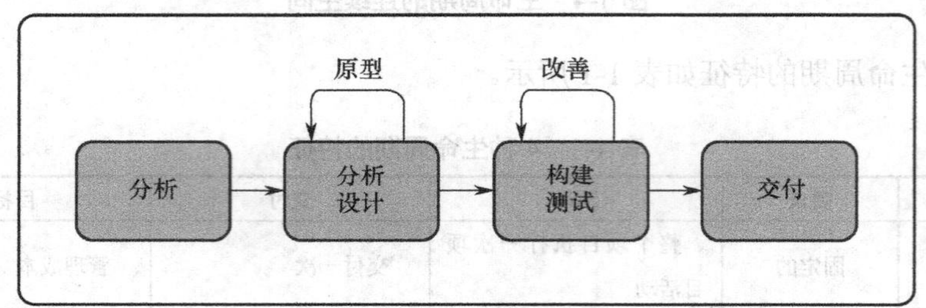

图 1-6 迭代型生命周期

当项目复杂性高、需求变更频繁时，采用迭代型生命周期会有优势。在迭代型生命周期中，商业价值交付通常需要较长的时间，因为它是为学习而优化的，而不是为交付速度而优化的。

3. 增量型生命周期

许多客户或项目无法等待所有的事情全部完成，在这种情况下，客户愿意接受整个解决方案的一个部分。这种少量可交付成果的频繁交付称为增量型生命周期，如图 1-7 所示。每个增量型生命周期都会包含预测型生命周期中的所有活动。

4. 敏捷型生命周期

敏捷型生命周期在增量型生命周期的基础上增加了新的控制方式——基于迭代的敏捷与基于流程的敏捷，如图 1-8 所示。

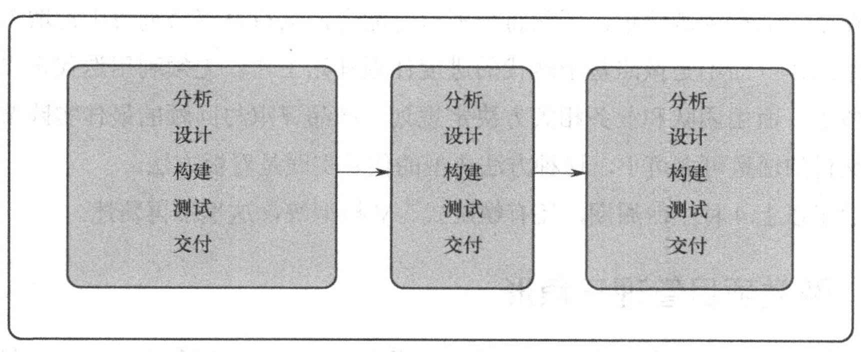

图 1-7　增量型生命周期

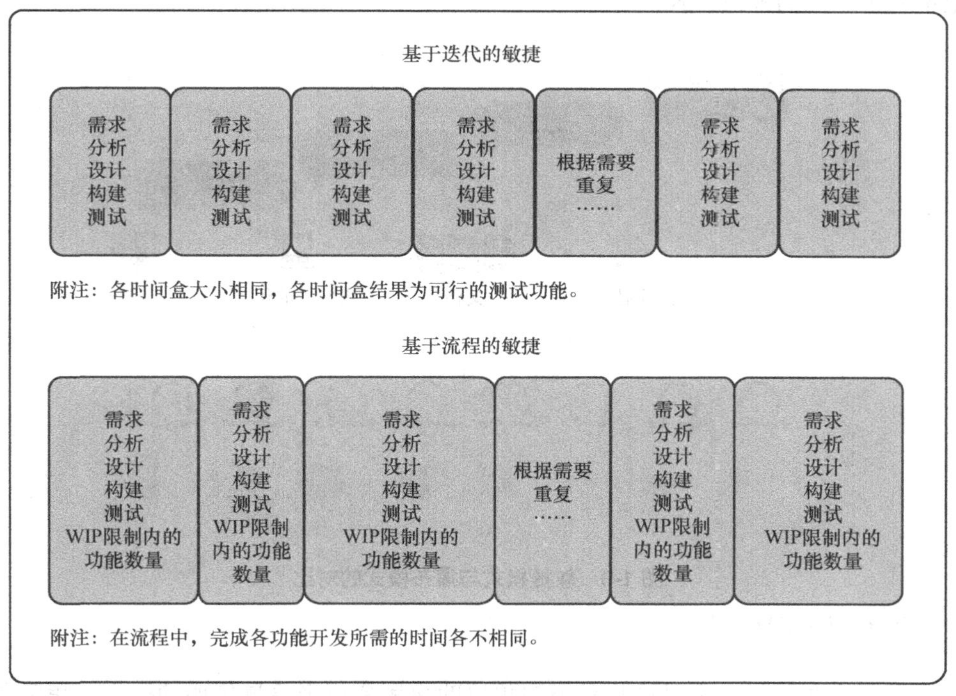

图 1-8　敏捷型生命周期

在基于迭代的敏捷中，团队以迭代（相同持续时间的时间盒）形式交付完整的功能。首先，团队集中于最重要的一组功能，作为一个团队，合作完成其工作；然后，团队集中工作于下一组最重要的功能，每次交付的增量大小相对稳定。这种方法典型的代表实践是 Scrum 框架。

在基于流程的敏捷中，团队将根据自身能力，从待办事项列表中提取若干功能开始工作，而不是按照基于迭代的进度计划开始工作。无须利用迭代定义计划和审核点，而由团队和业务相关方决定规划、产品评审与回顾的最佳实践节点。每次交付的增量可大可小，这种方法典型的代表实践是看板方法。

除了以上 4 种生命周期，还有螺旋式、V 模型等，这里不再赘述。

1.6 两类项目管理三角形

敏捷模式与瀑布模式的对比如图 1-9 所示。敏捷模式提倡迭代递增交付，完全不同于以往的开发方式。

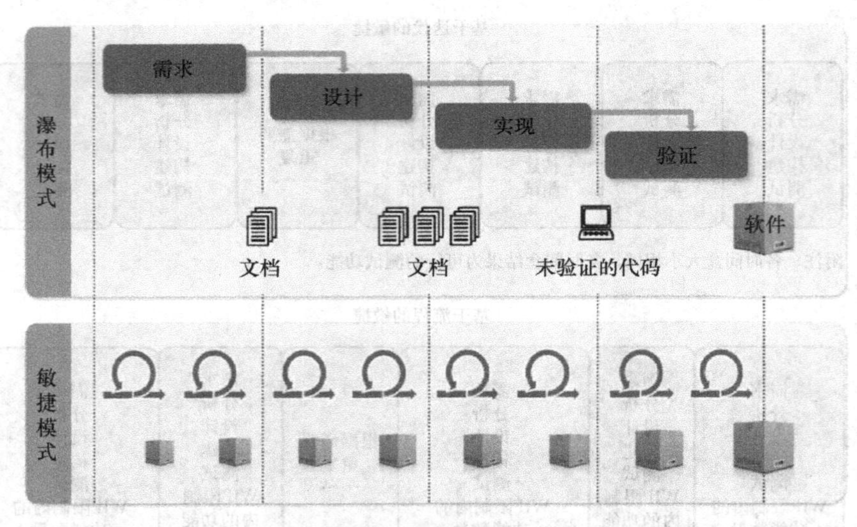

图 1-9 敏捷模式与瀑布模式的对比

资料来源：SAFe 官网。

采用瀑布模式，不仅意味着不同角色的交接会带来信息传递的损失，更为关键的是，这样的项目交付周期动辄 3 个月，更长的要半年以上。敏捷迭代递增式交付可以将迭代周期缩短到 1~2 周，极大地提高了对市场的响应速度。

如图 1-10 所示，敏捷相对于传统基于计划的产品开发方式，可以不断调整方向，最终命中用户需求。

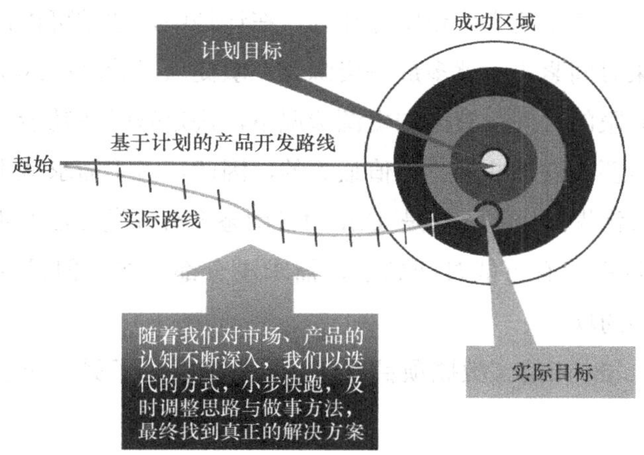

图 1-10 随目标调整的敏捷迭代过程

与用户聊需求，确定项目目标，就像打靶一样，很多时候用户会说错，我们会理解错，这就相当于瞄错靶子，定错了目标，最终一定会脱靶；即使足够幸运，最初捕获对了需求，但在移动互联网时代，这个靶是移动靶，用户在 3 个月前说要做的事情，在 3 个月后可能会发生变化。面对移动靶，只能“边开枪、边瞄准”，小步快跑，随着对市场和客户需求的认知升级，不断调整做事的思路与方法，最终才能命中目标。

为了专注于价值交付，敏捷会从不同角度考虑“铁三角”，如图 1-11 所示。

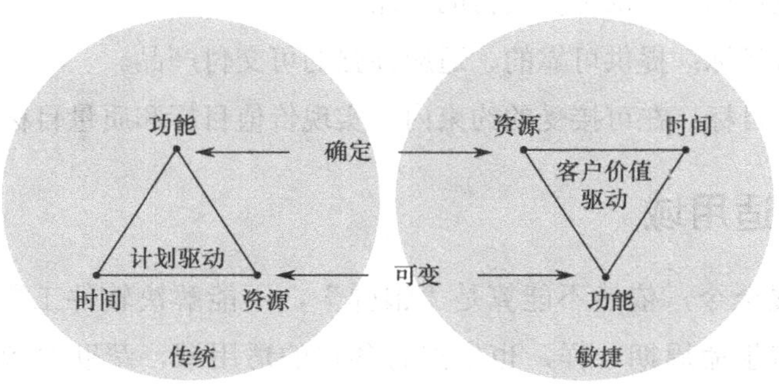

图 1-11 传统项目管理与敏捷项目管理“铁三角”

在传统的项目管理三角形中，通常所有的需求都是要实现的，分析出来的功能是确定不变的。基于这个假设制订计划，在计划中，通常可以调节的因素是时间和资源。如果时间紧张，就多放些资源。在敏捷项目管理模式下，把这个三角形倒过来，在有限的时间、有限的资源情况下，决定做哪些功能。敏捷提倡客户价值驱动，肯定要先做那些客户价值最大的，因此，对于需求就不再一视同仁，而是要按照价值优先级排序。这是 DSDM（动态系统开发方法）重点提倡的三角形。在敏捷项目中，有可能时间到了，需求没有都完成，但只要项目目标达成了，那就是成功的项目。

Jim Highsmith 在其《敏捷项目管理》一书中提出了另一个敏捷三角形，如图 1-12 所示。

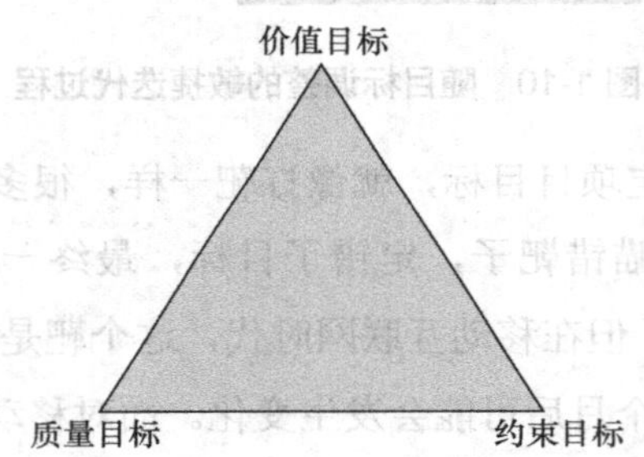

图 1-12　Jim Highsmith 提出的敏捷三角形

Jim Highsmith 认为敏捷项目评估应该包括如下 3 个目标：价值目标、质量目标、约束目标。

（1）价值目标：提供可供交付的产品。

（2）质量目标：提供可靠的、适应性强的可交付产品。

（3）约束目标：在可接受的约束内，实现价值目标和质量目标。

1.7　敏捷适用域

敏捷发展至今，依然不能算是“银弹”，不能解决软件工程面临的所有问题，与预测型生命周期一样，也依然有各自的适用域，帮助对应的项目取得成功。根据 Stacey 矩阵，可以根据技术与需求的不确定性对项目进行划分，如图 1-13 所示。

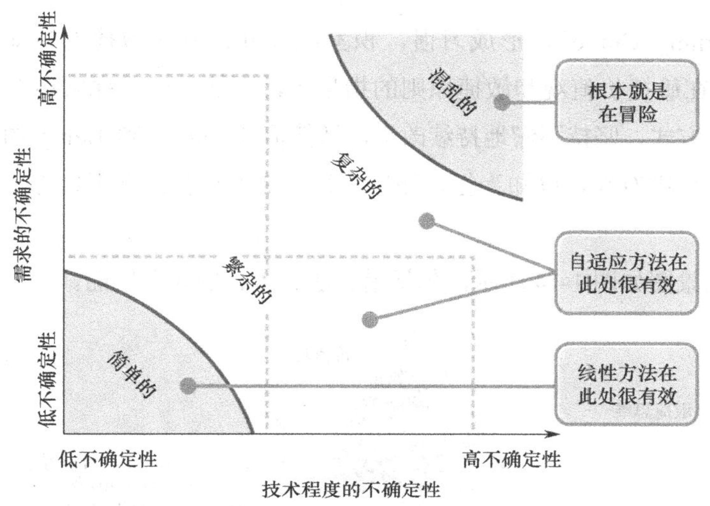

图 1-13　Stacey 矩阵

很明显，对于简单的项目，需求很明确，技术实现也很简单，适合线性的预定义的预测型（瀑布）生命周期；对于繁杂或者复杂的项目，适合采用基于经验的适应性方法（敏捷）生命周期；对于混乱的项目，一般不适合商业组织去做，如航空航天、探月、登陆火星等，适合国家组织。

在一家组织内，可以根据需要进行生命周期的选择：有些项目可以用敏捷模式，有些项目可以用瀑布模式，二者可以并存。Gartner 将此命名为双模 IT。

> “管理两种独立、一致的 IT 交付模式的实践，一种专注于稳定性，另一种专注于敏捷性。模式一是传统模式和顺序模式，强调安全性和准确性。模式二是探索性和非线性的，强调敏捷性和速度。”
>
> ——Gartner，2016

1.8　敏捷“道法术器”

敏捷已经从最早的软件开发领域扩展到企业的方方面面。成为敏捷型组织，具备业务敏捷性，实现持续交付和最大化业务价值，不仅需要 Doing Agile（做敏捷，进行敏捷运作），还需要 Being Agile（变得敏捷，以敏捷思维为牵引，变得越来越敏捷）。Doing Agile 就是有纪律地遵守一些敏捷实践流程，从而缩短学习曲线（Learning Curve），形成习惯，积累经验并建立对敏捷的认知；而 Being Agile 就是在敏捷价值观和敏捷原则的指导下，不断尝试、探索适合自己环境的实践和工作方式，坚持不懈地持续改进。敏捷需要 Doing 和 Being 的知行合一，知中有行，行中有知，以知为行，知决定行，知不弃行，行不离思，慎思之，笃行之。

敏捷全景图如图 1-14 所示，包括道、法、术、器 4 个层面。

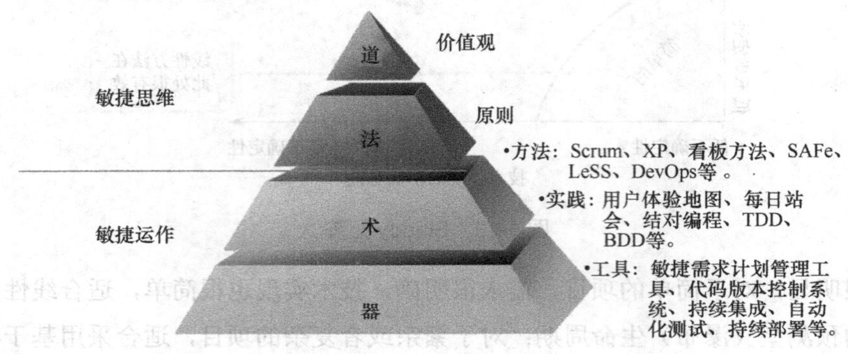

图 1-14　敏捷全景图

（1）“道”是敏捷价值观，即对工作方式的普世认知和信念，是价值标准、决定思想决策模式和行为方式，这里主要是指《敏捷宣言》。

（2）“法”是敏捷原则，即实现价值观的最根本的战略、方法、指导方针、思路，也是规则和规律，同时也是一种规范性约束指导，这里主要是指敏捷 12 原则。

（3）“术”是敏捷方法和实践，即战术、技术、具体的手段、具体的活动方式等，同一种实践可能会被不同的敏捷方法使用。

（4）“器”是敏捷工具，即支撑和提高效率及敏捷性，把复杂问题简单化，把手工操作自动化和智能化。例如，目前在业界热度比较高的 DevOps 方法，其落地的关键就是通过工具链以自动化的形式实现需求快速上线。

其中，“道”与“法”是最重要的，“术”是具体的落地形态。当对自己的实践不能确定是否敏捷时、是否有可以改进的空间时，可以返回来先看一下是否遵循了敏捷价值观与原则。熟练掌握敏捷的“道”与“法”之后，或许可以创造出自己的术。正如道德经所讲：

> “有道无术，术尚可求也，有术无道，止于术。”
>
> ——老子《道德经》

除了敏捷，还有精益。敏捷与精益的关系是如何界定的呢？如图 1-15 所示。精益是最大的范畴，敏捷是精益在 IT 领域的应用，看板融合了敏捷与精益的思想。

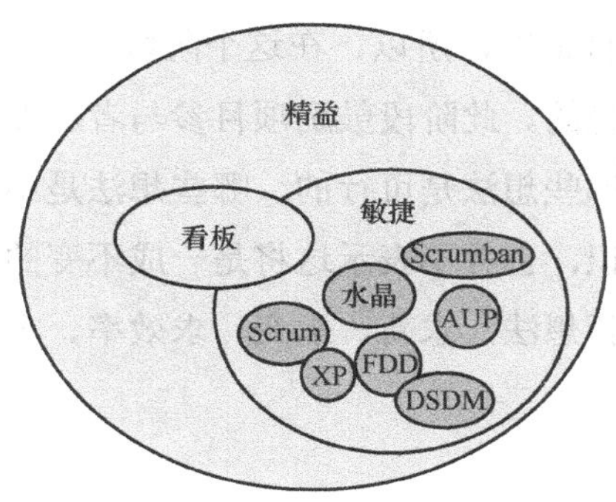

图 1-15　敏捷与精益的关系

1.9　敏捷项目流程

敏捷项目整体流程框架如图 1-16 所示。

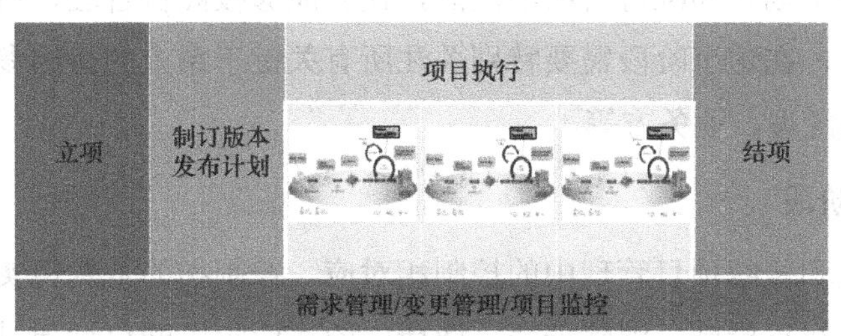

图 1-16　敏捷项目整体流程框架

敏捷项目执行示例是以 Scrum 框架为主的，也可以采用看板方法。关于具体详细流程，可以参考《京东敏捷实践指南》一书。

Jim Highsmith（《敏捷宣言》签署人之一）在其《敏捷项目管理》一书中将敏捷项目管理划分为 5 个阶段，分别为构想阶段、推测阶段、探索阶段、适应阶段、结束阶段。

5 个阶段的具体工作如下。

1．构想阶段

传统项目在启动阶段可以建立明确的项目目标和范围，而敏捷项目在第一个阶段只是建立一个项目愿景。该愿景关注项目最终用户如何从项目最终交付成果中受益。

2．推测阶段

由于没有明确的项目范围，所以，在这个阶段制作一份精致的 WBS（工作分解结构）显然是不可能的。此阶段鼓励项目参与者就如何交付项目价值提供创新想法，同时也要分析哪些想法是可行的、哪些想法是不可行的。即使最后大家就某种项目思路达成共识，也并不表示这将是一成不变的考核项目绩效的计划基准，而是允许随时接纳新想法，求新、求变、求效率、求价值，整个项目的执行过程是非线性的。

3．探索阶段

探索阶段的目的是交付项目所需的功能特征。在这个过程中，需要不断探索合适的技术实践和风险缓解策略，并且要关注团队成员的工作负荷，以保持工作效率的可持续性。虽然敏捷鼓励自组织团队，但是项目经理仍然是存在的，项目成功的关键在于创建和维持自组织团队，使其能够按照自管理、自设计的风格持续运作。同时，在这个阶段需要特别关注所有关键干系人的持续参与，包括真正的用户、产品经理、业务方等。

4．适应阶段

适应阶段和传统项目管理中的控制相对应。控制指的是发现实际与计划的差别，然后通过纠正措施，消除偏差。敏捷中的适应阶段既包括通过多次迭代对产品本身进行调整和修改，也包括通过持续反思，不断优化开发过程，做到产品的持续优化和流程的持续改进。

5．结束阶段

和传统项目一样，敏捷项目也具有临时性，当所有功能交付之后，项目就进入结束阶段。结束阶段除了要召开庆祝会，还需要进行经验教训总结，以使未来的项目受益。

1.10 敏捷产品交付全流程

敏捷产品开发模式是持续的产品开发模式，不断迭代循环，持续打磨产品，整个循环过程分为5个步骤，如图1-17所示。

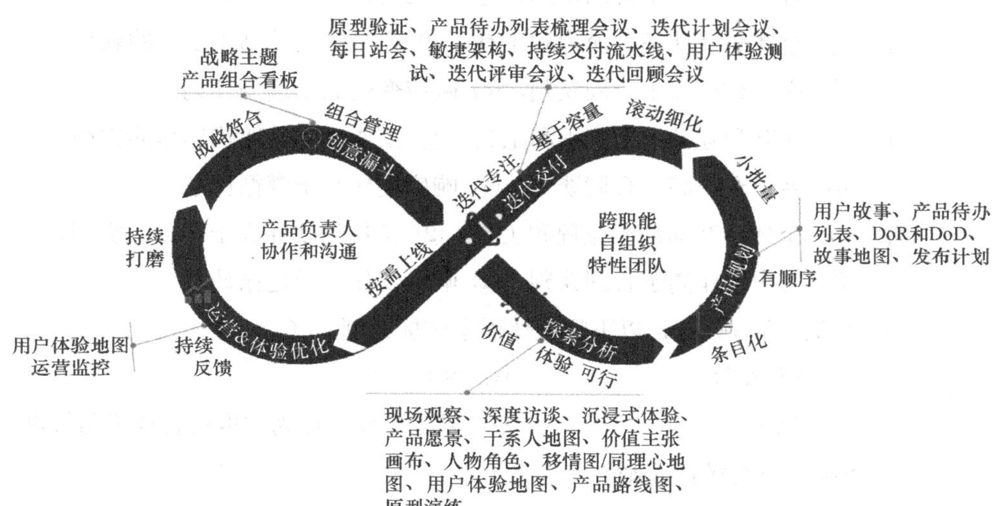

图1-17 敏捷产品交付全流程

（1）创意漏斗——无论是ToB产品还是ToC产品，都会对众多点子、创意进行过滤，确定高优先级、高价值的产品方向。如果涉及多个业务线，还需要规划在有限的可承担的成本和人力投入下，各业务线业务需求的投入百分比，进行组合管理。

（2）探索分析——用同理心站在用户角度探索用户，挖掘用户的痛点和需要，考虑用户体验，构思解决方案，并对其进行验证。

（3）产品规划——将需求条目化，并从用户角度将条目进行描述（用户故事），按场景组织用户故事，规划最小可行产品（Minimum Viable Product，MVP），以及多个迭代的发布计划。

（4）迭代交付——以迭代方式，进行细粒度的迭代规划、开发、验证、用户体验测试，以及按业务需要正式上线。

（5）运营&体验优化——运营推广，监控生产环境的实际运行效果，分析运营数据，根据用户反馈优化提升用户体验，持续打磨产品。

1.11 练习题

1. 下面列出了 4 个《敏捷宣言》价值观的是（ ）。

A. ① 团队和互动高于流程和工具，② 工作的软件高于详尽的文档，③ 客户合作高于合同谈判，④ 响应变化高于遵循计划

B. ① 个体和互动高于流程和工具，② 详尽的文档高于工作的软件，③ 客户合作高于合同谈判，④ 响应变化高于遵循计划

C. ① 团队和互动高于流程和工具，② 工作的软件取代详尽的文档，③ 客户合作高于合同谈判，④ 响应变化高于遵循计划

D. ① 个体和互动高于流程和工具，② 工作的软件高于详尽的文档，③ 客户合作高于合同谈判，④ 响应变化高于遵循计划

2. 在《敏捷宣言》中，以下哪项体现了敏捷原则？（ ）

A. 个体和交互　　B. 客户合作

C. 响应变化　　D. 以工作软件作为进度的首要度量标准

3. 以下哪项符合敏捷原则？（ ）

A. 减少缺陷　　B. 为提高效率做定期省思

C. 注重产品价值　　D. 测试驱动开发

4. 敏捷开发模型的特征包括（ ）。

A. 一个固定需求的定义过程　　B. 开发由多个迭代组成

C. 最小化客户反馈　　D. 5 个不同阶段

5. 作为团队的领导人，Walter 必须经常与客户交流。谈及沟通，对团队领导人的一个首要要求是什么？（ ）

A. Walter 需要和开发团队沟通关于 Scrum 测试的结果

B. Walter 需要促进开发者和客户之间的沟通

C. 在一次迭代之前，Walter 需要和客户沟通他写下的故障测试

D. Walter 需要加强对功能需求规格说明文件的沟通

6. 敏捷团队如何提高客户参与度？（ ）

A. 在团队与顾客之间确保定期沟通

B. 用奖励和回扣鼓励对已完成特性的认同

C．运用缺陷信息统计图表弥补客户对会议的缺席

D．每两周进行一次团队与客户的沟通

7．艾丽卡着手于一项厨房用具制造的项目，旨在生产现代烤箱。这个项目对公司和艾丽卡的职业生涯都非常重要。为了向高层管理人员阐释敏捷最佳实践，艾丽卡会强调敏捷三角形中的哪 3 个参数？（　　）

A．价值、成本、约束　　B．进度、范围、约束

C．价值、质量、约束　　D．成本、质量、价值

8．一个项目是某个项目集的组成部分，但项目团队并没有参加每周项目集会议，敏捷领导在项目集和项目团队之间进行沟通，并根据需要将新范围传递给项目团队，这通常会导致返工，因为项目团队并不真正了解项目集的优先事项。若要确保项目团队和该项目集有关联，敏捷管理专业人员应该做什么？（　　）

A．将项目团队纳入所有项目集会议及与范围相关的讨论中，以便他们能够了解整体情况

B．让项目团队了解项目的愿景和整体目标，以便他们能够了解整体情况

C．收集项目团队提出的顾虑作为该项目集的问题，然后将这些问题添加到下一次待办列表中

D．让项目经理知晓最新的项目状态并分享该项目的状态报告来平衡团队的需求和目标

9．下列特点中哪个对敏捷团队来说是最必要的？（　　）

A．他们能够创建和管理自己的工作日程安排

B．他们能够规划项目

C．他们有高度灵活性和适应性

D．他们能够同时处理多个任务

10．下列哪项关于敏捷方法的表述最正确？（　　）

A．与精益原则相一致，致力于杜绝浪费

B．它们包括软件开发的增量和迭代生命周期

C．它们基于拉动系统来快速完成产品交付

D．它们要求团队集中办公

11．一家公司过渡到敏捷实践，一个集中办公的团队采用 Scrum 方法，

Scrum Master 支持召开每日站会，并坚持让所有团队成员亲自参加面对面对话，但是出勤率很低，Scrum Master 应该怎么做？（　）

A．对缺席会议者执行处罚

B．通知团队成员他们可以为会议使用网络摄像头或视频会议

C．允许团队成员呼叫会议视频

D．强调这一敏捷原则的重要性，并要求所有人参加

12．在实施一个复杂设计的后期阶段，敏捷管理专业人士意识到架构不能满足用户需求，架构师建议采取一种最小限度的权变措施，但可能会导致一些性能问题，敏捷管理专业人士应该怎么做？（　）

A．计算重建架构的成本，并寻求管理层的批准

B．实施该权变措施，因为性能问题可以在下一次迭代中解决

C．与团队头脑风暴确定解决方案

D．告诉团队，这对于未来的项目是不可接受的

13．根据《敏捷宣言》，下列选项中，哪项是敏捷原则？（　）

A．消除浪费　　B．测试驱动开发

C．注重产品价值　　D．保持开发的稳定速度

14．Lisa 正向她的同事解说 4 个《敏捷宣言》价值。以下哪项属于第二条价值观？（　）

A．响应变化　　B．客户合作

C．遵循计划　　D．个体和交互

15．假设你被任命为一项新的网上露营预订系统的敏捷项目领导人，根据《敏捷宣言》，你会使用哪一策略？（　）

A．忽略经验教训，因为它们不可能再发生

B．严格的团队监督和任务授权

C．使用瀑布开发方法

D．向客户传递迭代进度信息

16．敏捷 12 原则里其中一条是“反思”，那么“反思”的意思是（　）。

A．使代码更高效的过程

B．使团队养成回顾的习惯，以及确认改进机会的过程

C．获得项目元数据属性的过程

D．反思是指通过交付工作软件向客户反映产品需求

17．业务负责人正在尝试决定是否应该为他们的下一个项目采用敏捷方法，敏捷管理专业人士应该怎么做？（　　）

A．告知他们敏捷方法时所有项目都有效

B．向他们提供核心敏捷原则，将业务目标和客户需求联系起来

C．让他们在做出决定之前查看推荐的敏捷图书

D．向他们提示敏捷项目可以增加收入并且减少成本

18．以下哪个选项可以最好地表达《敏捷宣言》中的一条原则，同时也表达精益中简化的方法？（　　）

A．最大化不必要的工作　　B．尽早和持续的交付

C．欢迎需求变更　　D．延迟决策

19．快速试错用来描述什么？（　　）

A．尽早发现致命设计缺陷

B．不经过合适测试的开发

C．验收测试驱动开发流程的最后一步

D．持续集成的要素之一

20．项目有部分功能没有按时完成，再过两天就是和客户的评审会议，团队应该怎么做？（　　）

A．赶工完成未完成的功能

B．和客户商量退出评审会议

C．按时向客户展示已经完成的部分，收集反馈

D．找 PO 和客户沟通

第 2 章

价值驱动交付

敏捷强调在时间有限、资源有限的情况下，实现对价值的快速增量交付。在交付过程中，根据收到的反馈，不断调整前进方向，响应变化，激发个体的主动性与能动性，实现产品与流程的持续改进，在降低风险的同时，还可以实现低成本快速试错，激发创新。

为了实现价值最大化，我们不仅要有效地识别价值，对价值进行评估及排序，还要在交付完成后，与客户进行价值的验证与确认，实现完整的闭环。

2.1　为何要价值驱动交付

从价值交付结果来看，敏捷可以在更快地满足客户需求的同时，实现价值最大化。敏捷（Agile）与瀑布（Waterfall）的价值交付对比如图 2-1 所示。

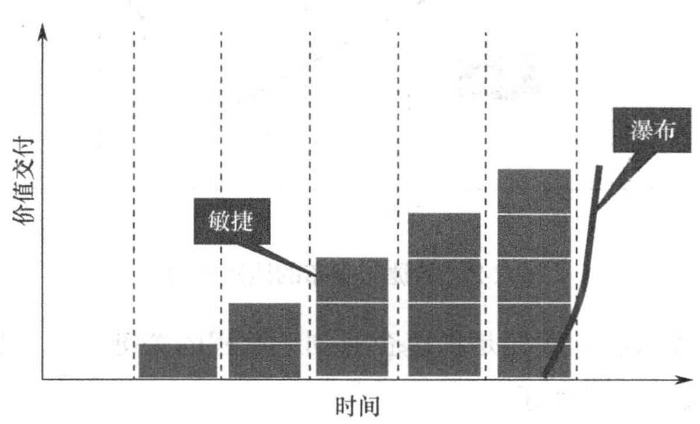

图 2-1　敏捷与瀑布的价值交付对比

在传统的瀑布交付模式下，只有在项目全部完成之后，才做一次交付，实现价值的前提是客户愿意为此付费。在敏捷项目管理模式下，在很短的时间内就能实现第一次交付，为客户带来价值，然后实现持续不断的价值交付。在整个生命周期内，价值是不断累加的。这样算下来，整体的累加价值同一次性交付相比，会大很多。这对很多项目而言，可以更早地实现收支平衡，毕竟很多客户只愿意为最重要的 20%～30%的功能付费，因为他们 80%的需求已经得到了满足。

敏捷与瀑布的风险对比如图 2-2 所示，从项目风险管理的角度来看，敏捷可以极大地降低风险与成本。

同瀑布交付模式相比，敏捷通过及早和持续不断的交付，可以更快地得到用户反馈，了解是否能够满足用户需求，以及是否能让用户开心，同时根据用户反馈，及时做出调整。在这样的过程中，可以极大地降低市场需求风险；通过提前验证技术实现方案，可以极大地降低技术风险。同时，敏捷可以让好的项目尽快成功，不好的项目及早失败，从全局来看，整体成本降低，企业可以把时间与资源投入更重要的优质项目。

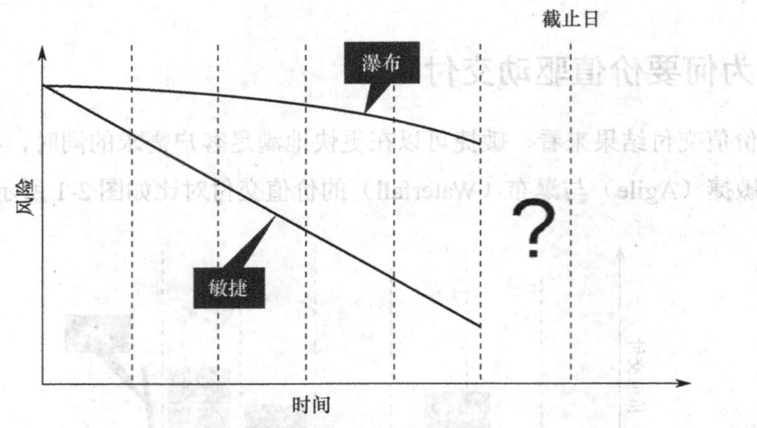

图 2-2　敏捷与瀑布的风险对比

从创新的角度来看，敏捷是加速企业创新过程的关键一环。敏捷交付加速企业创新反馈环路如图 2-3 所示。

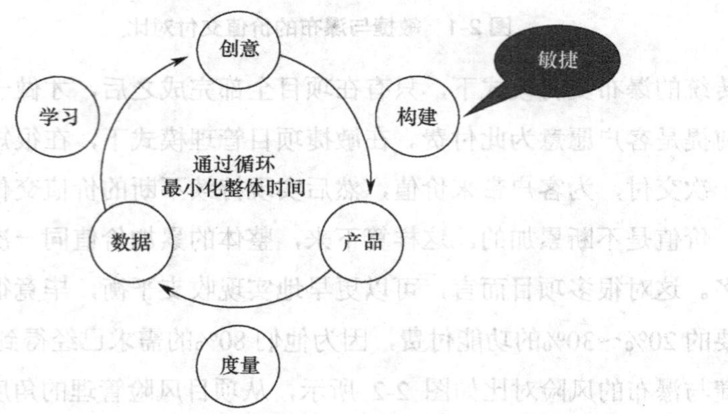

图 2-3　敏捷交付加速企业创新反馈环路

资料来源：改编自《精益创业》。

每个企业都离不开创新，每个创新的想法都必然经历“构建—度量—学习”这 3 个阶段，我们希望这样的验证周期是以“天或小时”来衡量的。只有通过敏捷交付，才可以加速这个创新反馈环路。

自敏捷诞生以来，越来越多的组织在实现敏捷转型后，取得了巨大收益，这些收益表现在快速应对市场变化、提高整体的生产力、改善项目管理的透明性、降低项目风险、加速产品上市速度、更好地满足业务目标，同时，敏捷在实现快速交付的同时，产品质量还有很大的提升。VersionOne 公司的调研结果也证明了这一点，如图 2-4 所示。

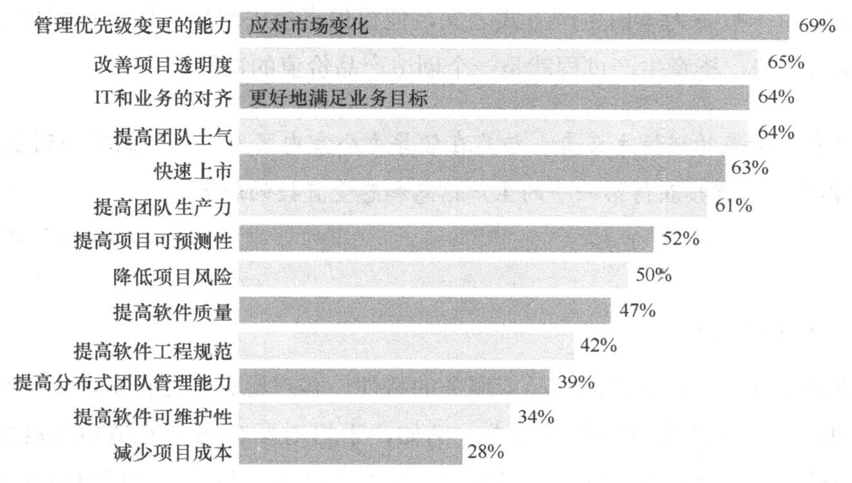

图 2-4 敏捷的收益

资料来源：VersionOne 第 14 次年度敏捷状态报告。

另外，根据 SAFe 官网的案例统计，在大型组织实现整体转型后，整体收益依然很大。例如，上市时间可以缩短 30%～75%，生产力可以提升 20%～50%，同时，缺陷数量可以降低 50%，这意味着规模化敏捷可以为企业带来更大的收益，如图 2-5 所示。

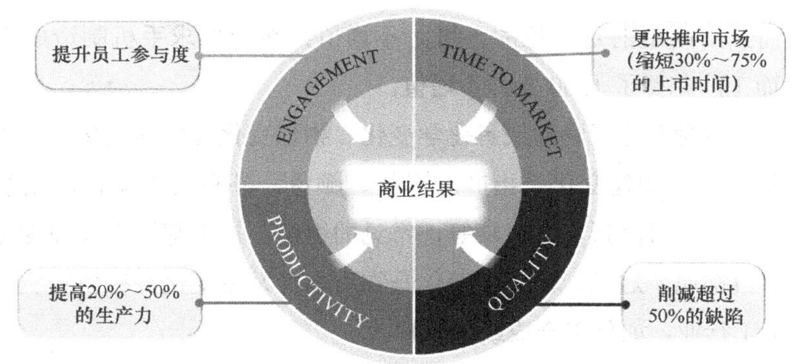

图 2-5 规模化敏捷的收益

资料来源：《SAFe 白皮书》。

2.2 识别价值与浪费

大野耐一被誉为丰田生产方式之父，他提倡直接去现场工作，在那里才能看到价值与浪费，毕竟生产过程就是一个创造产品价值的过程。

> “我是彻底的现场主义者。与其在领导办公室内冥思苦想，倒不如到生产现场的各角落，直接获得第一手的生产信息和感受直接的刺激。”
>
> ——大野耐一

1. 价值和增值

价值是满足客户要求的产品或服务的特性，客户愿意为之付费，如产品的外观、功能、可靠性等质量特性要求。例如，手机对顾客的价值是功能良好、不卡、信号强、可靠度高、通话质量良好、外观无破损划伤等；同样也包含对成本特性的要求，产品的价格要符合客户的期许。

第一次就将事情做对，也是价值的体现。

增值是为了满足客户对产品特性的要求，使产品发生物理或者化学变化的过程。

从增值的定义来分析，增值活动必须同时满足如下两个前提条件。

（1）制造的产品特性满足客户需求，对客户来说是有价值的。例如，客户要的是手机，而工厂制造的是计算机，不是客户需要的，不增值；客户要的是红色的手机，而工厂制造的是黑色的手机，不增值；客户要求手机制造成本不超过1000 元，而工厂花费了 1500 元，不增值。

（2）产品本身发生了物理或者化学变化。物理变化与化学变化的根本区别是有无新物质产生。物理变化是指产品形状、颜色、外观发生变化，无新物质产生。例如，包装、钣金折弯、喷漆等，常见的组装、加工都属于物理变化，生产过程的大多数都属于这类。而化学变化是物质本身发生变化并有新物质产生，这类常见于化工行业，如化工合成或者分解。

2. Muda、Mura 和 Muri

在精益思想中，定义了在任何工作中存在令组织痛苦的 3 类现象：“浪费”

“不均衡”“过载”。在日语中，它们分别是“Muda”“Mura”“Muri”。在这 3 类现象中，“Muda”往往是进行精益改善活动中最为关注的一点。当然，相比于其他两类现象，它也是其中最易于明确和消除的。

（1）Muda：就是浪费，生产过程中不增值的活动。浪费时间、资源，最终体现是浪费钱。

（2）Muri：是勉强、超负荷状态，是一种“费劲”状态，给员工、机器及生产系统很大的压力。例如，一个新员工，如果没有接受充分训练就接替有丰富经验的资深工人，那么他就可能不堪重负，从而效率低下、产生不良，最终导致浪费；工厂生产计划排产不均衡，生产线连续作业，员工得不到休息，设备得不到保养，可能会导致设备故障频发、产品品质下降，最终造成浪费。

导致产生 Muri 的原因可能是 Mura，也可能是无标准作业、员工缺乏培训、错误或不合理的工具、糟糕的生产现场、不合理的绩效考核等。

（3）Mura：就是不均衡、不规律化。一旦本来平稳进行的工作中断，或者零件、机器没有跟上，抑或生产计划发生意外，就会产生 Mura。假设作业员在流水线上工作，每个人都在重复规定的动作，然后送到下一个工人处，只要有一个人用的时间比别人长，就会产生 Mura 和 Muda，瓶颈点工人超负荷，其他员工等待。要想避免 Mura，就需要每个人都调整速度，以配合最慢速度的人员的工作；生产与销售计划不均衡，生产时忙时闲，就会产生 Muri，从而导致 Muda。

Mura 是根源，体现形式是 Muri，最终导致更多的 Muda。从改善角度讲，逻辑顺序应该是 Mura、Muri、Muda。

一个简单的例子就可以说明 Muda、Mura 和 Muri 间的关联，因此，只要消除其中的一个就可以消除其他两个。

假设一个公司正在考虑为顾客运送 6 吨材料，有如下 3 种方案。

第一种方案是用一辆货车，一次就把 6 吨材料全部送去。但是这将会产生 Muri，因为这将导致卡车超载而出现故障（卡车的额定载荷是 3 吨），从而导致 Muda 和 Mura 的出现。

第二种方案是运送两次，其中一次运 4 吨，另一次运 2 吨。但是这将会产生 Mura，因为顾客所收材料的不平均将会导致收货仓库先出现拥堵，然后出现材料不够的问题。这种方案同样会导致 Muri，因为其中一次运输，卡车超载了；Muda 也会产生，因为不均衡的工作节拍，导致搬运工人等待的浪费。

第三种方案是用这辆卡车运输 3 次，每次运送 2 吨材料。这种方案虽然不会产生 Mura 或 Muri，但也将导致 Muda，因为每次运输卡车只是部分负载。

消除 Muda、Mura 和 Muri 的唯一途径就是共运输两次，每次运输 3 吨（卡车的额定负载）材料。

3. 7 种浪费

丰田生产系统认为，不产生附加价值的一切作业都是浪费，它把浪费分为以下 7 种。

（1）生产过剩的浪费：一心想要多销售而大量生产，结果在人员、设备、原材料方面都产生浪费。在没有需求的时候提前生产而产生浪费。

（2）不合格品的浪费：在生产过程中出现废品、次品，会在原材料、零部件、返修所需工时数、生产这些不合格产品所消耗的资源方面产生浪费。

（3）等待的浪费：在进行机械加工时，机器发生故障不能正常作业，或因缺乏零部件而停工等活等，在这样的状态下所产生的浪费都是停工等活的浪费。

（4）动作的浪费：不产生附加价值的动作、不合理的操作、效率不高的姿势和动作都是浪费。

（5）搬运的浪费：除了准时化生产所必需的搬运，其他任何搬运都是一种浪费，例如，在不同仓库间移动、转运、长距离运输、运输次数过多等。

（6）加工本身的浪费：把与工程的进展状况和产品质量没有任何关系的加工当作必要的加工而进行操作所产生的浪费。

（7）库存的浪费：因为原材料、零部件、各道工序的半成品过多而产生的浪费。这些东西过度积压还会引起库存管理费用的增加。

4. 第 8 种浪费

精益生产中定义的 7 种浪费，通常都是有形的，可以觉察的。除此之外，还有第 8 种浪费，即未能使用的员工创造力：由于未使员工参与投入或未能倾听员工意见而造成未能善用员工的时间、构想、技能，使员工失去改善与学习机会。这也是为什么《敏捷宣言》第一条要讲个体和互动高于流程和工具，强调的也是以人为本。

5. 软件中的 7 大浪费

（1）额外的功能特性。根据 Standish Group 的调查报告（2002），软件发布之后功能被用户使用的频率如下：7%总是在用，13%经常在用，16%偶尔使用，19%几乎未用，45%从未使用。这也揭示了软件中的“80/20”准则，即 20%的功能可以满足用户 80%的需求。这些没有用到的额外的功能特性是软件开发过程中最大的浪费。

（2）部分完成的工作（库存）。“梳理完但未开发”的需求、“已完成编码但还未来得及测试”的功能、“已测试但还未被客户验收”的功能、“已验收但还未发布”的功能，都是软件开发过程中的库存。它们是第二大浪费。

（3）额外的步骤（过度处理）。对需求的过多细化及不必要的文档工作、对代码的过度“镀金”、迟迟不能交付都属于过度处理。

（4）寻找信息（上下文切换）。团队在开发的过程中，经常受到外界的打扰，不得不放下手头工作；或者因为同时有多个项目在并行，需要在不同的项目间来回切换等，都会造成工作效率下降，带来人力浪费。

（5）软件缺陷。这是最直观可见的浪费。

（6）等待。无论是客户的等待，还是开发团队内部或者团队之间的互相等待，都是没有价值的事情。

（7）移交。当信息或者工作从一个人传递给另一个人时，需要花费沟通时间，同时因为沟通漏斗，导致信息丢失，都会造成浪费。

2.3 价值评估

价值评估需要通过各种数据指标来度量，这里需要按照传统指标与创新指标两个维度来划分，毕竟从 0 到 1 的创新类项目与成熟类项目相比，对价值的定义可能是完全不一样的，那么价值评估就需要用不同的指标来衡量。

1. 投资回报率

投资回报率（Return On Investment，ROI）是一个百分比，是指项目产品运行所产生的利润与项目投资额之比。例如，假设一个公司投资了一个项目，项目成本为 200000 元，这个项目所得收益为 230000 元。在这种情况下，投资回报率的计算方法是（收益−成本）÷成本，也就是(230000−200000)÷200000=15%。投资回报率越大越好。

2．现值和净现值

现值（Present Value，PV）是基于“货币时间价值”的经济概念，也就是说，今天的 1 美元的价值要超过明天的 1 美元的价值。如果一个项目预期周期是 3 年，每年产出 10000 元，那么现值（这笔资金现在的价值）将会少于 30000 元，原因是必须等到第 3 年度结束才能得到 30000 元。如果现在拿到 30000 元，并将其投入银行或进行其他投资，那么你将会在 3 年后拿到多于 30000 元的资金。

现值是一种通过把时间从公式中剔除而估算出这个项目当前价值的方法。对现值而言，这个值越大越好。

净现值（Net Present Value，NPV）与现值一样，但它把成本因素考虑进去了。例如，你建了一幢建筑，现值为 500000 元，但是它花费了你 350000 元，在这种情况下，净现值是 500000−350000=150000（元）。同样，净现值越大越好。

3．内部收益率

内部收益率（Internal Rate of Return，IRR）是一个金融术语，用来表示在项目生命周期内，能使投资的项目的净现值为零的折现率。因此，内部收益率越大越好。

4．投资回收期

投资回收期（Payback Period，PBP）也称为 PP，是追回项目投资所需的时间，通常以月或年计。PBP 越长，风险越大，因此，PBP 越短越好。

5．客户终身价值

客户终身价值（Life Time Value，LTV）是一段时间内一个客户对你已经产生的（或预计产生的）收入总值。通过客户终身价值能知道你能在每个客户身上获取多少收益，并且以此来判断收益是否大于成本。

6．客户获取成本

客户获取成本（Customer Acquisition Cost，CAC）是平均获取一个客户所需花费的总成本，包括营销广告花费、IT 花费、人工花费等。

7．LTV/CAC 比率

LTV/CAC 比率是“一个客户预计能够为你产生的收入总价值”除以“获取这

个客户所付出的成本”。这个比率是最重要的营销绩效指标之一。如果这个比率的值还不足1，那么客户就没有利润可言。一般而言，这个数值大于4才是相对健康的。

8. 合规

合规（Compliance）不是可有可无的。合规是必须的，即使有赚取更多金钱或获得更多回报率的机会，也要遵守合规。美国在2002年颁布《萨班斯·奥克斯利法案》（简称《SOX法案》或《索克思法案》），提出了“合规”这一概念。监管在近年来急剧增强，并且政府机构、商业组织、非营利组织都要求遵守合规法案。这一价值点虽然不能直接量化，却是一定有价值的。

2.4 价值排序

排优先级是最基本的敏捷必需的过程。回想一下敏捷12原则的第2条：“欣然面对需求变化，即使在开发后期也一样。为了客户的竞争优势，敏捷过程掌控变化。”

敏捷团队一定要拥抱变化，但是无原则的变化必然是低效的、损伤团队士气的，因此我们要掌控变化。如何做到呢？必须通过事先的优先级设定，提前思考与规划。例如，在Scrum框架中，迭代内的需求是不能随意变化的，迭代外的需求可以调整。这样既保证了一定的稳定性，又拥抱了变化。

优先级设定不是某一个角色的事情，需要引入更多的干系人，综合多方面的意见进行设定。这个工作是需要持续进行的，在不同的敏捷实践中落地有所不同，在Scrum中是“产品待办事项”，在FDD中是“特性列表”，在DSDM中是“设定优先级的需求列表”，在XP中是“用户故事承载的需求文档”。

1. 基于价值排定优先级

依据价值大小，直接排定优先级，价值判定可以参考前文所述的价值度量指标，也可以直接由客户或者业务方来判定相对价值大小，实现相对优先级排序。收入的来源指标包括新收入、增量收入、留存收入和操作效率等；经济指标包括现值、净现值、内部收益率、投资回收期等。

2. 莫斯科（MoSCoW）原则

（1）必须有（Must have）：如果不包含，则产品不能发布。必须有的功能往往就是所谓最小可行产品（MVP）的功能。

（2）应该有（Should have）：这些功能很重要，但不是必需的。通常认为“应该有”的重要性也非常高，但它们有可能用另一种方式来代替，去满足客户要求。

（3）可以有（Could have）：这些要求是客户期望的，但不是必需的。可以提高用户体验，或提高客户满意度。如果时间充足，资源允许，则通常会包括这些功能。但如果发布时间紧张，则通常现阶段不会做，会挪到下一阶段做。

（4）这次不会有（Won't have）：最不重要，最低回报项目，或在当下是不适合的要求，不会被计划到最近发布计划中。“不会有”需求条目一般可直接删除，也可以做出特殊标记后保留。

3．卡诺（KANO）模型

卡诺模型是东京理工大学教授狩野纪昭（Noriaki Kano）发明的对用户需求进行分类和优先排序的有用工具，以分析用户需求对用户满意的影响为基础，体现了产品性能和用户满意之间的非线性关系。狩野纪昭团队在《魅力质量与必备质量》（*Attractive Quality and Must-be Quality*）研究报告中提出了“先全力满足基本质量必备需求，再满足期望和魅力需求，减少无差别属性的功能，杜绝反向属性的功能”。这意味着，并不是所有的质量要求都需要满足的，各种属性定义如图 2-6 所示。

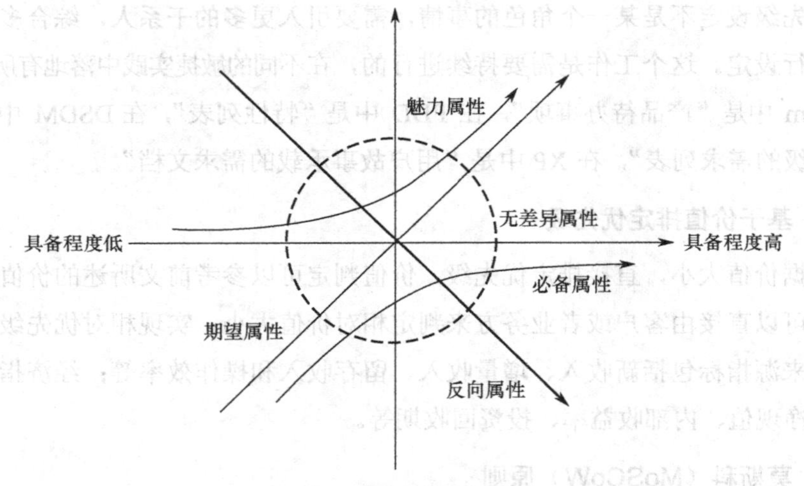

图 2-6　卡诺模型属性定义

下面举一个手机功能的例子，如图2-7 所示。

功能属性	定义	有它时	没它时	功能举例
魅力属性	用户意想不到的、超出期望的功能	满意度大幅提升	没什么影响	手机1分钟充满电
期望属性	用户已知的好功能越多越好	满意度提升	满意度降低	手机电池容量越大越好（续航能力强）
必备属性	一个产品最基础、核心的功能	无太大影响	满意度大幅降低	手机能上网，连Wi-Fi
无差异属性	对用户来说非常无关紧要的功能	无太大影响	无太大影响	手机有收音机功能
反向属性	与用户需求相反的功能	满意度降低	满意度提升	手机发热（可能在冷的地方大家还觉得挺好的）

图2-7 手机功能的卡诺分析

4. 虚拟货币法

给参与优先级讨论的人发放项目预算等额虚拟货币，让大家直接把虚拟货币分配给待排序的需求，然后将投票结果汇总后进行排序。可以针对全部需求，也可以针对部分需求。

5. 100 点法

100 点法与虚拟货币法类似，但利用了相对法，即可以分给每个干系人 100 点，让他们使用这些点给需求投票，干系人可以将 100 点以任意方式分配。这种方法最早是由 Dean Leffingwell（SAFe 的创始人）和 Don Widrig 提出的。

6. 点投票法

每个干系人都会得到一个预先确定的点数（如用投票贴替代），让大家对需求进行投票，然后汇总排序。

当决定给每个人多少票时，一个好的经验是总需求数的 20%。如有 40 个需求需要投票，每个人将获得 8 张选票。

还可以给不同的干系人的票进行加权，以避免过度平均化。

7. 专家打分法

每个专家可以根据自己对需求重要性的理解对需求进行打分，最高可打 100 分，最低可打 0 分；然后将专家的分值进行加权平均（根据每个专家的具体情况分配权重）；最后从高到低排序，即可得到需求的优先级。

8. 重要紧急矩阵排序法

把一个二维的坐标分成 4 个象限，横坐标是重要性，纵坐标是紧急性。第一象限为重要且紧急，第二象限为紧急不重要，第三象限为不重要也不紧急，第四象限为重要不紧急。可以根据实际情况，把所有需求根据四象限法则进行重要性与紧急性的分析定义，然后把这些需求一一放进相应的象限中，最后按照矩阵分析法的顺序（重要且紧急>重要不紧急>紧急不重要>不紧急不重要）来完成排序。

9. 价值困难矩阵排序法

可以画一个象限，纵坐标是价值，横坐标是难度。先按照业务价值大小在纵坐标上进行排序，然后在横坐标上按照难易程度横向移动（切记，竖向不能动），如图 2-8 所示。很明显，高价值、低难度的应该先做，低价值、高难度的不做。

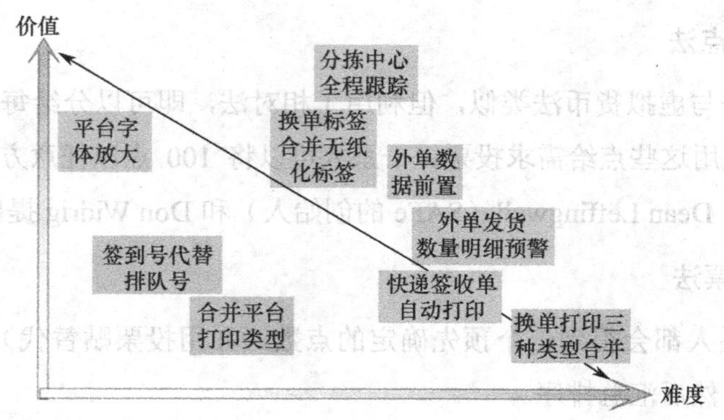

图 2-8 价值困难矩阵

10. 风险价值矩阵排序法

把一个二维的坐标分成 4 个象限，横坐标是价值，纵坐标是风险。优先处理高价值、高风险，这是因为风险越高，不确定性越大，需要优先排除掉风险，否则后期发生，可能对项目产生巨大影响。其次处理高价值、低风险；再次处理低价值、低风险；最后避免/不处理低价值、高风险的事情，如图 2-9 所示。

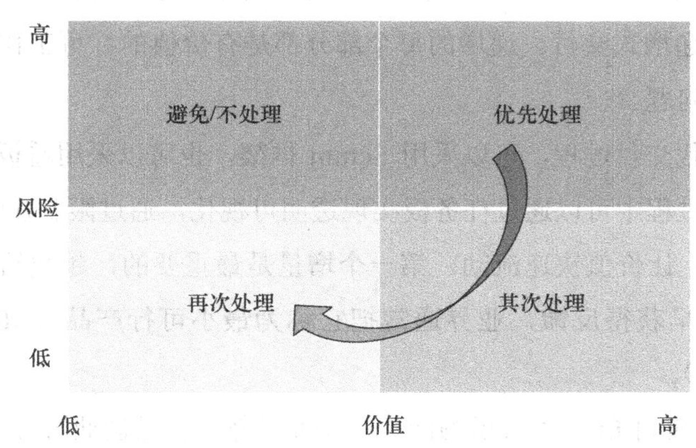

图 2-9　风险价值矩阵

11．相对权重法

相对权重方法提供了一种使用一个值来对实现一个功能所带来的收益、不实现它所带来的惩罚和实现它的成本进行评估的方法，这个值就代表了优先级。在产品所有人的领导下，开发小组共同对功能进行评估。对每个功能都要评估实现它所能带来的收益和不实现它会招致的惩罚。如表 2-1 所示，如同故事点和理想日的估算一样，对收益和惩罚的估计也是使用 1～9 的尺度进行相对度量；总价值=相对收益+相对惩罚。成本的估计值（第 5 列）按照故事点或者理想日来算，这个例子中采用了故事点。优先级=价值百分比/成本百分比，这种方法依赖专家判断。

表 2-1　确定优先级的相对权重法

功能	相对收益	相对惩罚	总价值	价值百分比	成本估计值	成本百分比	优先级
上传项目业绩	8	6	14	42	32	53	0.79
上传照片	9	2	11	33	21	34	0.97
上传简历	3	5	8	25	8	13	1.92
合计	20	13	33	100	61	100	—

资料来源：《敏捷估计与规划》。

2.5 增量价值交付

在 4 种生命周期模型中，敏捷综合了迭代与增量这两种生命周期，倡导基于价值的迭代、递增式交付。递增的每个部分都是有价值的、可工作的，能够帮助客户解决痛点问题。

增量的迭代交付过程，可以采用 Scrum 框架，也可以采用看板方法，或者其他敏捷实践，过程中可以通过任务板实现透明可视化，通过限制在制品（Work In Process，WIP）让价值快速流动。第一个增量是最重要的，越快给到用户越好，这样就可以尽早获得反馈，业界通常把它称为最小可行产品（Minimum Viable Product，MVP）。

MVP 最早出自 Eric Ries 所写的著名创业书籍《精益创业》，是精益产品开发的核心思想之一。

> “所谓最小可行产品，是让开发团队用最小的代价实现一个产品，以此在最大程度上了解和验证对用户问题的解决程度。”
>
> —— Eric Ries《精益创业》

可以将 MVP 理解为用最快、最简明的方式建立一个可用的早期产品，这个早期产品要表达出产品最终的效果，然后通过迭代来完善细节。

2.6 价值跟踪

1. 敏捷挣值管理

挣值（Earned Value，EV）也称为已完成工作预算成本（Budgeted Cost for Work Performed，BCWP），表示已完成工作量的预算成本，计算公式如下：挣值=任务预算成本×已经完成工作的百分比。

由于敏捷中计划经常发生变化，挣值管理（Earned Value Management，EVM）反映的是目前项目的进度和成本的情况，并不能反映出项目会交付的整体价值。如图 2-10 所示，在敏捷项目中，常用双 S 曲线图监控项目的进度和成本。左边的纵坐标代表范围（故事点），右边的纵坐标代表支出，横轴为日期。这样可以将传统的 EVM 指标，如进度绩效指数（Schedule Performance Index，SPI）和成本绩效指数（Cost Performance Index，CPI）转化为敏捷术语，并进行跟进。

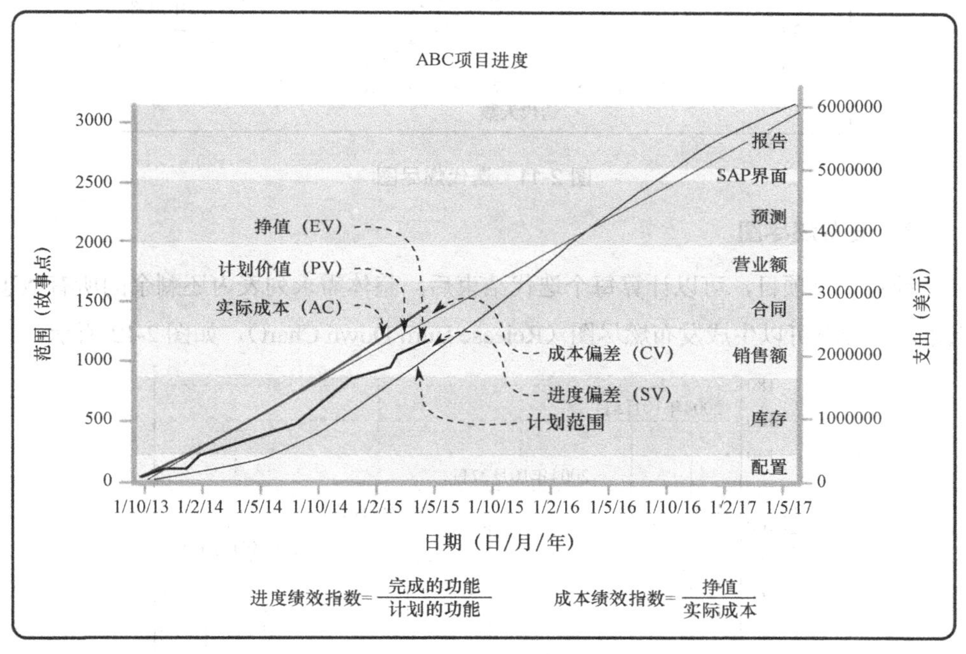

图 2-10 敏捷挣值管理双 S 曲线

2. 迭代燃尽图

迭代燃尽图（Burn Down Chart）用来追踪迭代中的剩余工作量，通常以小时或天作为计量单位。迭代燃尽图基于迭代计划中的任务拆解情况，分析实际剩余工作与理想剩余工作的偏差，有针对性地采取行动，如图 2-11 所示。

也可以用故事点或者故事数作为燃尽图的度量单位，不过，故事点一般而言颗粒度比较大，虽然每天都有进展，但完成需要较长时间，这样做出来的燃尽图就会失真。

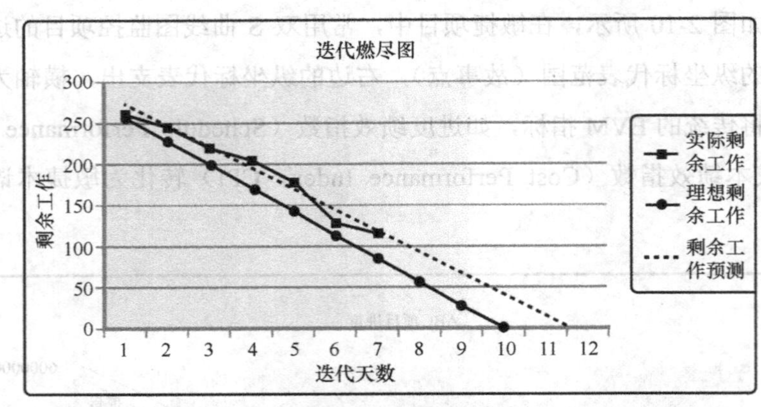

图 2-11　迭代燃尽图

3．发布燃尽图

针对一个项目，可以计算每个迭代结束后，整体需求列表内还剩余的所有故事点数，这样就可以生成发布燃尽图（Release Burn Down Chart），如图 2-12 所示。

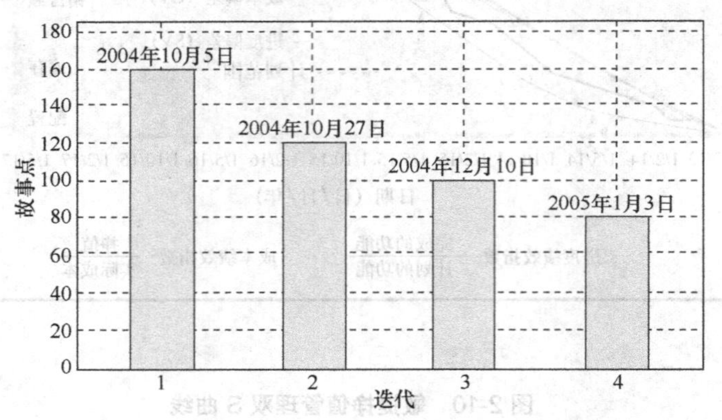

图 2-12　发布燃尽图

也可以把柱状图的顶点进行连接，这样就会形成一个趋势，预测还需要多少次迭代才能完成全部待办事项。

在敏捷中，有时需求是不断涌现的，会不断加入整体待办事项列表。针对这种情况，可以对燃尽图进行修正，形成如图 2-13 所示的形式。直线 2 预测未来需求增加的趋势，直线 1 预测故事点烧掉的趋势，两条线的结合点就是未来最可能的完成点。其中，带括号的数字代表尚未发生的迭代。

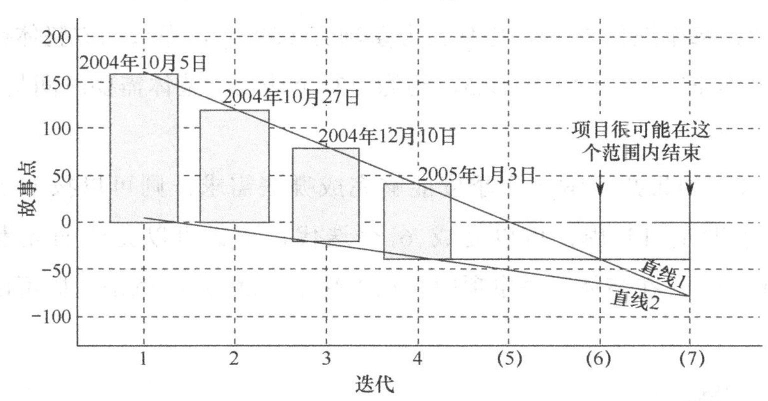

图 2-13 修正的发布燃尽图

4. 团队速率

团队速率（Velocity）是针对基于迭代的团队而言的，将每个迭代真正完成的故事点（符合完成的定义，DoD）累加起来，作为团队交付速度的一个预测手段。通常可以采用昨日天气法（取上次迭代的数据为准，如图 2-14 中的 36）、历史平均法（取过去 8 个迭代的平均值，如图 2-14 中的 33）、历史最差平均法（以历史发生的最差 3 次结果的平均值，如图 2-14 中的 28）。

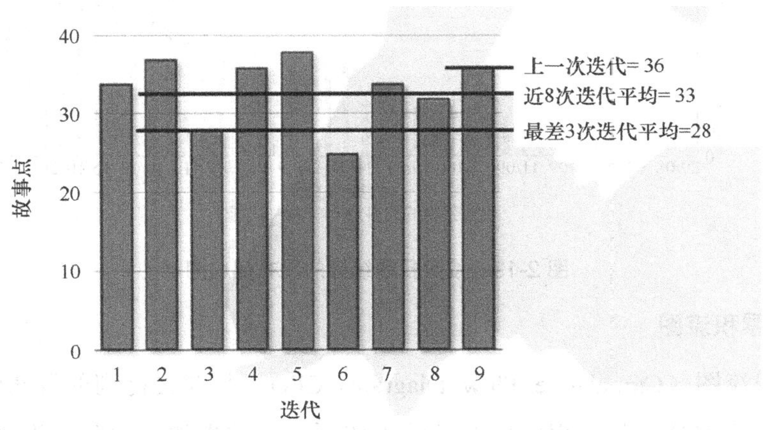

图 2-14 团队速率计算方式

资料来源：Mike Cohn 培训材料。

有了团队速率，可以计算出整体待办事项多久能够做完。例如，速率是 20 点/迭代，每个迭代 2 周，整体待办事项有 250 点，那么完成整体待办事项所需的迭代应该是 250/20 = 12.5，约为 13 个迭代；整体需要时间是 13×2 = 26（周）。

反过来，如果想了解一个季度能够完成哪些需求，则可以按如下方式推导：一个季度是 12 周，可以完成 6 个迭代，那么可以完成的故事点约为 6×20=120（点）。在整体待办事项中，从上往下 120 点，就是大概可以完成的需求量。

5. 发布燃起图

发布燃起图是将已经完成的工作量累加，与整体待办事项的总工作量进行对比，看预计还要多久能够完成整个项目。可以不用上述速率计算的方式，通过图表进行预测，可以按照日期统计，也可以按照迭代来统计。按照日期统计的发布燃起图如图 2-15 所示。

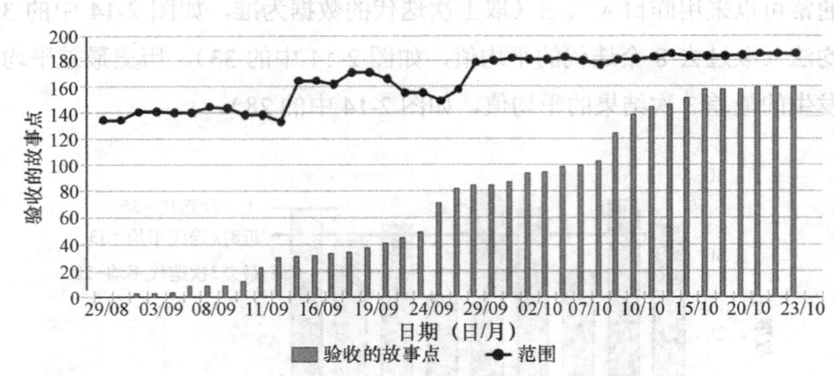

图 2-15　按照日期统计的发布燃起图

6. 累积流图

累积流图（Cumulative Flow Diagram，CFD）与前文提到的发布燃起图相似，每条线都是交付过程中所跟踪的工作项计数的累加，因此称为“累积”。图 2-16 所示为累积流图，横坐标是时间，纵坐标是工作项数量。若干条线分别对应了流经该状态的所有工作项数量。

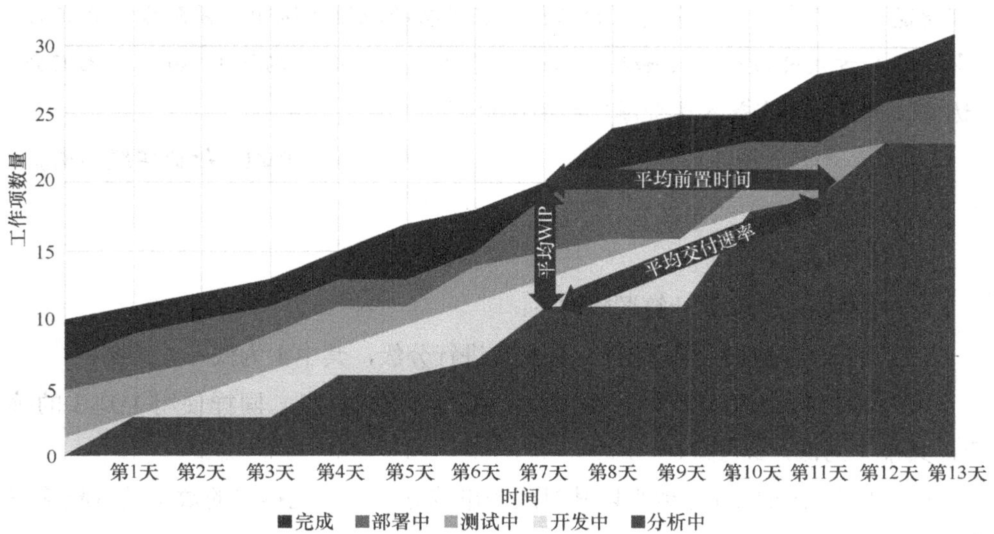

图 2-16　累积流图

在累积流图中，有 3 个指标很关键，分别是平均前置时间、平均在制品、平均交付速率（或称吞吐率，Throughput）。根据利特尔法则（Little's Law），可得

平均交付速率=平均在制品/平均前置时间

交付速率即单位时间可完成任务的比率，可以体现一个团队的处理能力；在制品是团队目前可同时处理的任务量；前置时间是指产出的单个任务从纳入开发到交付的整个流程所需的时间。

可以看出，前置时间和在制品的数量是成正比的，交付速率与前置时间是成反比的。在交付的过程中希望尽量缩小单个任务的前置时间，那么就可以通过提高平均交付速率或减少平均在制品两种办法来实现。

在敏捷中，想提高平均交付速率指标，有一种办法就是在短时间内尽快提高团队在单次迭代开发过程中对在制品的处理产能或生产率，但这是很难一蹴而就的，很难在短时间内迅速提高，因此，比较容易的方法是在一次迭代中减少在制品的数量。

“无论整体的敏捷方法是什么，团队越是限制其在制品，团队成员就越有可能通过合作来加快整个团队的工作。在成功的敏捷团队中，团队成员在工作中以各种方式开展合作（如结对工作、集体工作、群体编程），因而，他们会协同工作，而不会落入迷你瀑布的陷阱中。”

——PMI《敏捷实践指南》

7．风险暴露指数

“风险暴露指数”的计算逻辑如下：

（1）根据风险发生的可能性从 1 到 3 进行分级，其中 1 为低，3 为高。

（2）根据每个风险对整个项目的可能影响进行分级，同样使用 1 到 3 的等级，其中 1 为低，3 为高。

（3）将每个可能性分数乘以其对应的影响分数，由此得出的数字是风险暴露指数——风险暴露得如何。

对于风险暴露指数为 6 或 9 的所有风险，确定可以降低或消除风险的举措。这些举措需要添加到工作分解结构（WBS）中。

8．风险燃尽图

风险燃尽图的概念主要来自 Mike Cohn，生成逻辑如下：

（1）针对每个风险项，要给出风险发生的概率（0～100%），以及风险发生时对项目工期的影响（以天计）。

（2）用发生概率乘以可能影响的工期，得到一个风险量化值，如表 2-2 所示。

表 2-2 风险量化值计算逻辑

风险描述	发生概率	可能影响的工期（天）	风险量化值（天）
关键技术人员流失	20%	30	6
外部供应商交付延误	30%	25	7.5
测试仪器故障	10%	45	4.5
产业政策调整	5%	100	5
累计	—	—	23

（3）把所有风险的量化值累加，得到整个项目的风险量化值。

（4）按照燃尽图的画法，每个迭代更新一次，如图 2-17 所示。

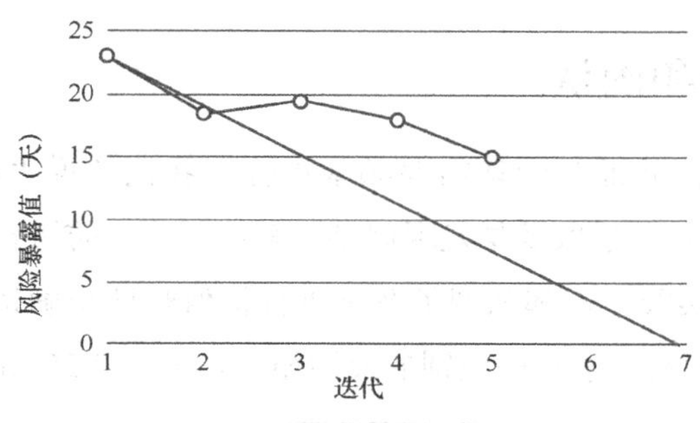

图 2-17 风险燃尽图

9. 任务板/看板

在交付过程中，为了更好地实现进度、问题、障碍等一切事项的透明可视化，可以通过任务板的形式进行跟踪。任务板不需要组织内统一，可以根据各项目自身的需要，决定需要展示的状态。一般而言，任务板可以采用如图 2-18 所示的形式。

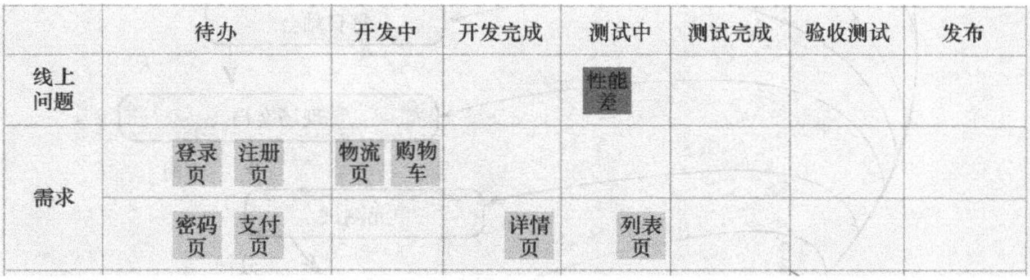

	待办	开发中	开发完成	测试中	测试完成	验收测试	发布
线上问题				性能差			
需求	登录页 注册页	物流页 购物车					
	密码页 支付页		详情页	列表页			

图 2-18 任务板示例

如图 2-19 所示，除了任务板，还可以采用看板对在制品进行限制及强化各状态的准入准出条件（完成的定义）等。

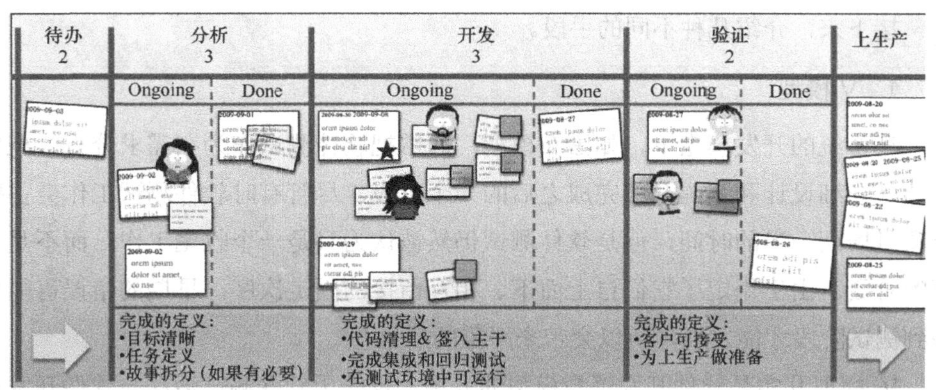

图 2-19 看板示例

2.7 价值验证和确认

在敏捷中，价值验证与确认需要频繁进行，我们常说“小洞不补，大洞吃苦”，就是希望通过各种手段及早发现问题，解决问题，防微杜渐。

在不同的敏捷实践中，都强调了及早进行价值验证与确认，如在 XP（极限编程）中，从各维度提供了不同级别的反馈循环，如图 2-20 所示。

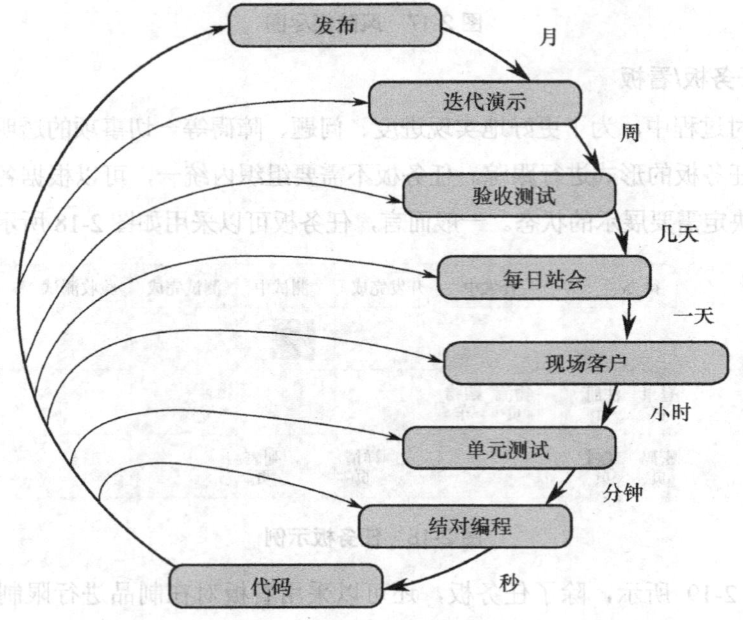

图 2-20 XP 中的价值验证与确认

接下来，介绍几种不同的手段。

1. V 模型

在传统的开发模型中，如瀑布模型，通常把软件测试作为在需求分析、概要设计、详细设计和编码全部完成之后的一个阶段，尽管有时软件测试工作会占整个项目周期一半的时间，但是软件测试仍然被认为只是一个收尾工作，而不是主要的阶段。由于规定了它们自上而下、相互衔接的固定次序，早期的错误可能要等到测试阶段才能发现，所以会带来严重的后果。

V 模型其实是软件开发瀑布模型的变种，反映了软件测试活动与软件开发过程（从分析、设计到测试）的关系，如图 2-21 所示。其中的一个关键点是并行，并行是 V 模型的核心。

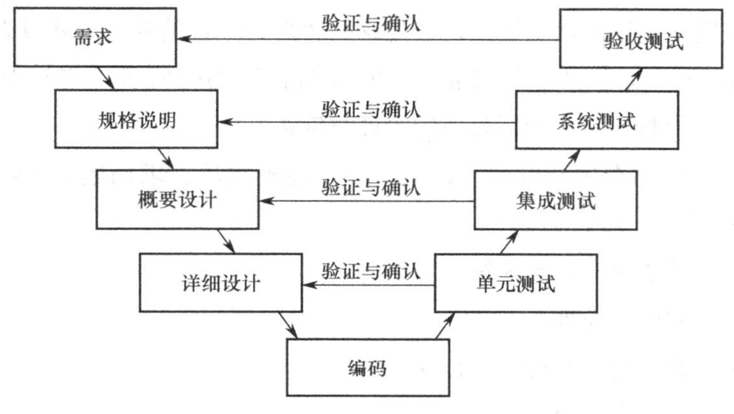

图 2-21 V 模型各阶段关系

其中，单元测试检测代码的开发是否符合详细设计的要求；集成测试检测此前测试过的各组成部分是否能完好地结合到一起；系统测试检测已集成在一起的产品是否符合系统规格说明书的要求；验收测试检测产品是否符合最终用户的需求。

V 模型仅仅把测试过程作为在需求分析、系统设计及编码之后的一个阶段，忽视了测试对需求分析、系统设计的验证，问题一直到后期的验收测试才被发现。因此，在敏捷模式下，通过迭代递增式交付将 V 模型落实到单个需求的交付上，尽量并行，从而实现对价值的快速测试与验证。

验证（Verification）与确认（Validation）是两个完全不一样的动作，二者的区别如表 2-3 所示。

表 2-3 验证与确认的区别

验证	确认
内容包括检查计划文档、设计文档、代码和程序	对象为实际的产品
不涉及代码	通常需要运行代码
方法通常为人工复查、预排查、巡查等	方法为黑盒测试、白盒测试、非功能测试和功能测试
检查软件是否符合规范	检查软件是否符合客户的要求和期望
在编码完成前进行	在编码完成后进行

2. 验收标准

验收标准（Acceptance Criteria，AC）强调的是从用户的视角来看，有哪些场景、路径是需要测试覆盖的要点，经过这些“总结”性的要点，开发人员和测试人员就可以更好地理解这个需求，同时在写代码的时候可以有针对性地去写“if…else…”，这样也有利于对价值的验证与确认。

验收标准是站在用户的角度，对产品功能验收的要求描述。验收标准应该包含如下要素：

（1）端到端的用户正向场景。

（2）功能的逆向场景。

（3）用户故事对其他功能的影响。

（4）用户体验方面的要求。

（5）功能性和非功能性的测试要点。

（6）性能要求和指导方针。

（7）端到端的用户流。

（8）业务规则和约束。

3. 就绪的定义与完成的定义

无论是迭代计划还是发布计划，敏捷团队需要明确迭代开始前的“就绪的定义”（Definition of Ready，DoR）及迭代结束时“完成的定义”（Definition of Done，DoD），如图 2-22 所示。

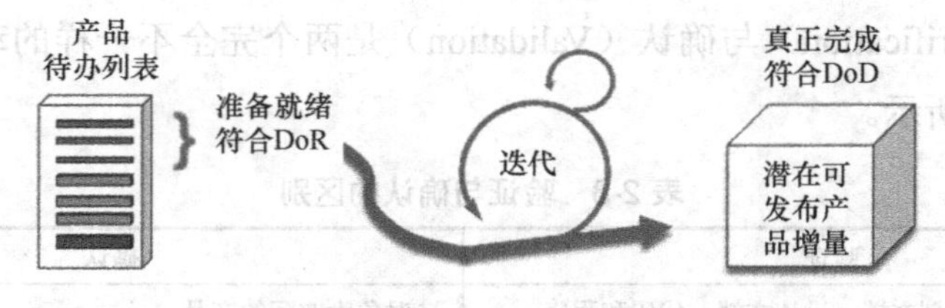

图 2-22 DoR 与 DoD

DoR 指的是在敏捷团队进行迭代开发之前，需要准备好的定义，以便迭代一开始团队就可以在没有依赖和障碍的前提下全力冲刺，高效交付高价值的潜在可发布的产品增量。

DoD 指的是在迭代结束的时候，团队已经完成的产品增量或者用户故事的含义。每个团队成员必须对完成工作意味着什么有相同的理解，以便确保透明化，同时这影响了工作的深入程度及工作量，适用于产品需求列表中的所有用户故事。

下面介绍针对未来1～2个迭代用户故事DoR的例子。

1）需求

（1）产品需求列表已经排序。

（2）用户故事按三段式描述。

（3）验收标准按场景、业务规则、成功路径或失败路径等测试要点编写。

2）交互

（1）业务流程图已完成。

（2）低保真线框图已完成。

（3）场景、业务流程逻辑清晰。

（4）视觉设计和切图已完成。

3）架构

（1）相关的架构已经确定。

（2）所需技术调研、研究、概念验证等已完成。

（3）相关业务用户故事所需的架构或框架的代码已完成。

4）外部依赖

相关的外部依赖已经跟依赖方达成一致。

下面介绍一个迭代结束时DoD的例子。

1）设计

设计评审完成。

2）代码

（1）每天下班前必须签入（Check In）当天编写的代码。

（2）当天的代码必须在当天或者第二天邀请同伴进行代码评审。

（3）代码重构完成。

（4）代码符合编码规范。

（5）代码已合并团队最新完成的代码并提交主干。

（6）静态代码扫描出的错误已经修复，新增代码扫描出的警告已经修复。

3）文档

（1）最终用户文档已更新。

（2）最新接口文档已经自动更新到 Wiki 中。

4）测试

（1）完成单元测试。

（2）单元测试自动化脚本已经接入持续集成服务器，并且每天至少执行 2 次。

（3）完成集成测试。

（4）无论是前后端的接口，还是与其他系统集成的接口，集成测试自动化脚本已经接入持续集成服务器，并且每天至少执行 1 次。

（5）完成回归测试。

（6）完成平台测试。

（7）完成安全测试。

（8）完成性能测试。

（9）完成压力测试。

（10）完成用户验收测试。

5）缺陷

（1）已知缺陷为零。

（2）线上 P0 级缺陷（最高级别缺陷）为零。

6）验收

（1）产品负责人已经验收每一个完成的用户故事。

（2）产品负责人按照用户旅程验收用户体验。

4. 评审

评审是指“向项目人员、管理人员、用户、客户或其他相关方介绍工作产品或一组工作产品以征求意见或批准的过程或会议”。评审可以作为软件开发、维护和获取活动的一部分进行。

V&V（验证和确认）评审的主要目的是在软件生命周期的早期识别并消除软件工作产品的缺陷。

V&V 评审的另一个目的是为工作产品满足需求和干系人的需要提供信心。评审可以用来验证需求列表是否恰当地抓住了干系人的需求。评审也可以用来验证所有的功能需求和质量属性已经在设计、代码和其他软件产品中充分实现，并被测试有效评估。

V&V 评审也被用来检查工作产品是否符合标准。例如，可以对设计进行同行评审，以验证它是否符合建模标准和符号，或者对源代码模块进行评审，以验证它是否符合编码标准和命名规则。

一般来说，V&V 评审包括以下几种：

（1）检视。

（2）同行评审。

（3）团队评审。

（4）走读。

（5）结对编程。

（6）同行检查。

（7）特别检查。

5. 原型走查

对于某些产品，在真正开始开发前，通常需要进行原型设计。为了保证原型设计本身是正确的，后续人员对于原型的理解是一致的，同时及早获取干系人的反馈，需要对原型进行走查，这里不再赘述。

6. 测试驱动开发

测试驱动开发（Test-Driven Development，TDD）也称为测试先行编程（Test-First Programming），在改变任何产品代码之前先编写一个自动化单元测试代码，由于它要测试的产品功能代码还不存在，所以，会运行失败（红灯），然后编写产品功能代码使测试通过（绿灯），在单测保护下，再对代码进行重构，如

图 2-23 所示。

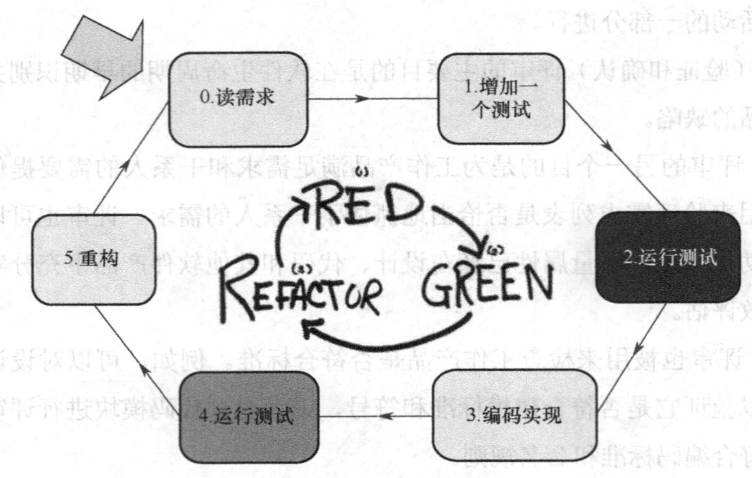

图 2-23 测试驱动开发

7. 验收测试驱动开发

ATDD（Acceptance Test-Driven Development，验收测试驱动开发）通过名字看，就知道和 TDD 有着某种神秘的联系。ATDD 是 TDD 的延伸。

在传统做法中，要给系统添加新的特性，开发人员会按照文档开发、测试，最后交给测试人员测试和客户验收。ATDD 则有些不同：在编码前先明确新特性的验收标准（AC），在开发人员编写代码的同时，测试人员将验收标准转换成测试用例（最佳实践是自动化脚本），开发人员提测时，会自动运行自动化测试用例，当所有的验收条件都满足时（验收测试用例通过），即验证功能得到完整实现。

8. 持续集成

持续集成这个词最早出现在 20 世纪 90 年代由 Grady Booch 编写的《关于面向对象程序分析与设计》一书中。持续集成真正作为一个实践开始被应用在软件开发过程中，是从 Kent Beck 提出极限编程（Extreme Programming，XP）方法开始的，Kent Beck 在自己的书中描述了这个实践。关于持续集成这个方法论的相对完整的定义和描述，是从 Martin Fowler 在 2000 年左右写的一篇文章开始的，2006 年，他又对持续集成做了进一步的阐述：

“持续集成是一种软件开发实践，团队成员频繁将他们的工作成果集成在一起，通常每人每天至少提交一次代码，这样每天就会有多次集成；每次提交后，自动触发运行一次包含自动化用例集合的构建任务，以便能尽早发现集成问题。”

——Martin Fowler，2006

为什么做持续集成呢？“集成”是一个动作，我们关注的是验证。可以通过机器完成（最佳实践），也可以通过人工完成。持续集成就是持续地验证正在开发过程中的软件系统是否能够正常工作、是否符合代码规范、是否满足客户需求，等等。通过持续验证和实时反馈，能够不断增强团队的信心，并且能够将信心传递给业务方或者客户。

9. 探索性测试

探索性测试（Exploratory Testing）是由 Cem Caner 首次提出的。2010 年，James Whittaker 的《探索性测试》一书在业内引起了广泛关注，这种测试方法将戴明博士提出的规划—执行—检查—行动发挥到极致。

“一种强调个人自由与责任的测试方法，让独立的测试者可以借由不断地学习来改善测试的规划与测试的执行，而在测试的过程中也会同时改善项目达到相辅相成的效果。”

——James Whittaker，2010

探索性测试强调测试设计和测试执行的同时性，这一点与传统的软件测试过程的“先计划，再分析，后设计，最后执行”是有一定的区别的。它的本质是测试策略，边学习、边设计、边测试、边思考。换句话说，探索性测试是测试人员自发进行的测试工作，在执行测试的同时根据所获得的信息来设计测试策略的方法。探索性测试强调要根据当前的实际情况来选择最合适的测试技术进行测试。测试人员使用探索性测试从客户的角度评估软件的实际工作方式。探索性测试更注重的是“思考”和“学习”，不断发现新的问题。一般来说，在时间相对较紧张且测试对象说明不完善（我们常说的敏捷开发模式）的情况下，探索性测试可以起到突出的作用。

10. 可用性测试

1984 年，美国财务软件公司 Intuit Inc.在其个人财务管理软件 Quicken 的开发过程中引入了可用性测试的环节。Suzanne E. Taylor 在其 2003 年的业界畅销书 *Inside Intuit* 中提到：

> “在第一次进行可用性测试后，该做法成为行业惯例，LeFevre 从街上召集了一些人来同时试用 Quicken 进行测试，每次测试之后程序设计师都能够对软件加以改进。”
>
> ——Suzanne E. Taylor，2003

Intuit Inc.的创立者之一也曾经表示：

> “我们在 1984 年做了可用性测试，比其他人早了 5 年的时间。进行可用性测试和在已售人群中进行可用性测试是不大一样的，而且例行公事地去进行和把它作为核心设计流程中的一环也是很不一样的。”
>
> ——Scott Cook

经过 20 多年的发展和应用，可用性测试已经成为产品（服务）设计开发和改进维护各阶段必不可少的重要环节。可用性测试的价值在于初期及早地发现产品（服务）中可能会存在的问题，在开发或投产之前提供改进方案，从而节约设计开发成本。当产品（服务）的销售疲软或使用过程中出现问题却无法及时精确地找到问题关键时，可用性测试可以在很大程度上提高解决问题的效率。通过可用性测试不但可以获知用户对产品（服务）的认可程度，还可以获知一些隐含的用户行为规律。

可用性测试通常让用户真正地使用软件系统，由测试人员对测试过程进行观察、记录和测量。这种方法可以准确地记录用户的使用表现，反映用户的需求。用户测试可分为实验室测试和现场测试。实验室测试是在可用性测试实验室中进行的，而现场测试是由可用性测试人员到用户的实际使用现场进行观察和测试。

11. 演示与验收

在每个迭代结束前，除了团队全员，还可以邀请所有的干系人，针对刚刚完成的需求进行一次现场演示，听取反馈与修正意见，同时由产品负责人进行验收。

在迭代执行过程中，有时为了缩短验证反馈时间，开发人员可以在任何时间向产品负责人发起一次演示（有团队也称其为Show Case），让产品负责人进行验收；如果发现有问题，则可以及时修正，不用等到最后的迭代演示。

12. 用户验收测试

用户验收测试（User Acceptance Test，UAT）也称为用户可接受测试，是系统开发生命周期方法论的一个阶段，这时相关的用户根据测试计划和结果对系统进行测试和接收。用户验收测试让系统用户决定是否接收系统，是一项确定产品是否能够满足契约或用户所规定需求的测试。

13. 灰度发布

灰度发布（又名金丝雀发布）是指在一种产品正式发布之前，让一小部分人开始用新版本，另一部分人继续使用旧版本，因为样本可控，所以在发生问题时，影响范围小，这样就可以有针对性地发现问题、解决问题（这也是灰度发布最主要的作用所在）。如果新版本没有什么问题，就可以把所有用户转移到新版本上来。这是测试右移的一种理念，利用真实用户辅助验证功能，在互联网公司中应用广泛。

14. A/B测试

A/B 测试是一种比较单一变量的两个版本的方法，通常通过测试受试者对版本 A 和版本 B 的反应，确定其中哪个版本更有效。

A/B 测试的核心在于“对比验证，择优使用”。例如，在网页设计中，通常有两个版本 A 和 B，A 是现有设计（称为控制组），B 是一个新的设计。让访问者随机访问不同的版本，看看这两个版本在你感兴趣的指标上的表现情况（这些指标一般有转换率、销售额、跳出率等）。最后，根据这些指标选出那个表现比较好的版本。

A/B 测试也是互联网公司常用的一种价值验证方法。

2.8 敏捷合同

要想在不同组织之间跨越信任和猜忌的鸿沟，并让大家共同工作，合同是必要的。但传统合同的底层逻辑是“不信任”和“自保”哲学，特别是“固定范围、固定时间、固定价格”合同，并没有考虑业务环境和软件开发中的不确定性。按时计价类项目未基于已交付的价值收费，导致某些团队耗时多，产出少，真正有价值的成果乏善可陈，同样难以让客户得到经济收益。在合同执行过程中，人们耗费大量时间和精力，讨论到底谁该为变更买单。

这些都将客户和厂商置于“楚河汉界”的两边，而不是促成他们的协作。《敏捷宣言》强调“客户合作高于合同谈判”，强调要拥抱变化，要实现双赢，经过敏捷社区许多年的探索，终于摸索出了一些好的解决方案。

Alistair Cockburn（水晶方法论的创始人、《敏捷宣言》签署者之一）总结了 10 个策略可用于签订合同。其中一个引自 Bob Martin（《敏捷宣言》签署者之一）的观点如下：

> “(我)赞同在为每个完成的故事点付费的同时，还以小时计算工作费用。例如，假设你接手的项目有 1000 个故事点，一个 4 人团队的速率大约是每周完成 50 个故事点，这就相当于 80 人周的工作量。以每小时 100 美元计算，就需要支付 320000 美元。那么，我们可以把每个小时的费用降到 30 美元，然后向客户提出每完成一个故事点支付 224 美元的要求。”
>
> ——Bob Martin

Martin Fowler（持续集成、微服务的主要提出者，《敏捷宣言》签署者之一）也介绍了一个 ThoughtWorks 公司做过的定额合同。在双方签订了一份固定投标合同（Fixed Bid Contract），并逐步建立了信任后，形成了一个更加灵活的收费方案。

> 在我看来，这个故事的关键在于，从一开始我们就寻求公司之间的合作基调（Collaborative Note），而不是对峙基调（Confrontational Note）。固定范围合同的最大问题在于，它将甲方和乙方置于对立面，双方互相争论需求是否变

了、谁该为这些变化买单。敏捷方法将试图将对峙关系转化为协作关系（客户合作高于合同谈判）。

——Martin Fowler

敏捷合同关键在于信任关系的建立，Mary Poppendieck（精益软件开发的提出者）在一次关于敏捷合同的演讲中，以丰田公司和通用公司如何处理与供应商的关系，以及丰田公司如何得到更多的信任为例，表述了建立信任及信任带来的货币价值的重要性：

“丰田占到了四分之三的美国供应商份额，而通用只有不到二分之一的份额；与通用相比，丰田只花费了一半的财力和时间。”

——Mary Poppendieck

基于这些理念与敏捷先驱的实践探索，我们总结了如下几种敏捷合同模式。

1. “不劳而获，变更免费”合同

很多时候，在双方没有建立起信任感之前，再加上已有的传统流程束缚，双方不得不签订“固定范围、固定时间、固定价格”合同，但我们可以增加一些敏捷要素。

Jeff Sutherland（Scrum 创始人之一）提出“不劳而获，变更免费”（Money for nothing and change for free）。

“变更免费”是指当总量不变时，需求的增减免费，优先级的改变免费。这对客户而言，可以随时调整需求，不用像瀑布开发那样提前确定好所有需求细节。同时，乙方可以要求客户积极参与项目。

“不劳而获”是指客户可以在任何阶段随时终止合同。在这种情况下，客户要为未完成的工作支付 20%的款项。这个条款允许客户在任何时刻认为，所有优先级相对较高的功能都开发完成，剩下的那些没有价值或价值较小的功能不再需要时，可以终止合同。终止合同时客户可以节省大部分资金（如80%），如果使用传统合同，则资金基本是无法拿回的。同时提供服务的乙方可以无偿拿到额外的 20%的款项，这一部分算是对乙方的一次性补偿，没有任何成本，算是“不劳而获”。

例如，总合同额为 1000 万元，当合同执行一半时，如果客户希望取消剩余的合同，那么客户可以拿回剩下的 500 万元的 80%（400 万元），乙方可以无偿拿到 20%（100 万元）。

这种机制能够提高客户参与度，节省资金，对乙方也有相应的免费补偿，对双方来说是双赢。

2．分级固定价格合同

双方依然签订“固定范围、固定时间、固定价格”合同，但是价格与时间可以是一个变量，产生不同的级别组合。Thorup 和 Jensen 提出了分级固定价格合同，由双方共同承担相关进度变化的风险和机会。如表 2-4 所示，项目按时完成，是一个标准价格；提前完成，是一个对乙方激励的价格；滞后完成，是一个对乙方惩罚的价格。

表 2-4　完成时间不同，价格不同

完成情况	合同价格（万元）
按时	100
提前一个月	120
滞后一个月	80

3．固定价格，单项调整

Mike Griffiths 提出双方签订一个固定价格的工作包，将工作说明书（SOW）分解为若干单独的工作包，每个工作包都有自己的固定价格，然后随着工作的进展，乙方可以基于新信息和新风险重新评估剩余的工作包价格，客户可以根据不断变化的成本重新安排剩余工作的优先级。这样，可以通过减少被评估工作的范围和成本来降低低估或高估大量工作的风险，如图 2-24 所示。

4．固定价格与时间，但范围可变

双方就服务的时间与价格确定后，具体要交付的内容是可以随时变化的，例如，通常的纯人力外包模式，由客户安排具体的工作，比较适合 IT 服务、运维支持等项目。

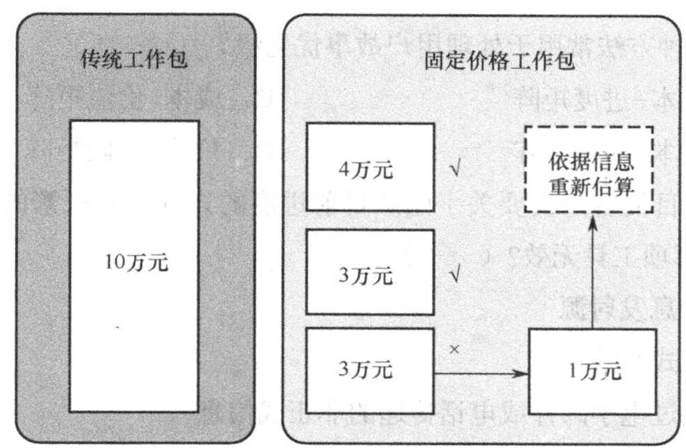

图 2-24 固定价格，单项调整

5. 固定基础价格与时间，按价值成果分成

双方就服务的时间与价格确定一个基础保障性价格，这个价格可能只会让乙方不亏，具体要交付的内容可以随时变化，但双方更关注的是最终能够达成的价值成果，根据成果分成。例如，在某个项目功能交付后，如果能够带来 30%的收益增长，那么双方可以就这一部分额外收益按比例分成。

6. 组合模式

可以把上面几种方式进行有机组合，核心要点是双方共赢。

2.9 练习题

1. 作为一个产品负责人，George 坚信要对特性进行优先级排序，原因是（　　）。

   A. 优先级保证了最有价值的特性先被开发

   B. 优先级确保了所有的产品特性都会在产品发布时完成开发

   C. 优先级使全体团队成员确认有价值的产品特性被开发

   D. 优先级确保了所有与本地安全相关的特性先被开发

2. 在敏捷工作中，衡量价值和流程的时间通常是在（　　）。

   A. 一次发布计划活动后　　B. 一次亲和计划活动后

   C. 构想阶段后　　D. 一次迭代后

3．以下哪种方法常用于处理用户故事优先级？（　　）

A．成本–进度矩阵　　B．成本–价值矩阵

C．成本–约束矩阵　　D．价值–风险矩阵

4．敏捷项目的客户需要关于团队目前进度的详细而又频繁的报告。为实现这一点，下列哪项工具无效？（　　）

A．信息发射源

B．正式文件

C．通过电子邮件或电话传递的非正式信息

D．挣值分析

5．产品负责人的产品需求列表中有各种事项，并且不知道如何对它们进行优先级排序，敏捷管理专业人士应该如何指导产品负责人？（　　）

A．确定哪些功能构成可在市场上取得成功的最小功能集，并确定产品的可行性

B．通过降序故事点对列表中的故事进行排序，并在列表顶部发布与团队速度相等的故事

C．确定风险最高的特性并首先发布这些特性

D．首先确定列表中最有价值的产品特性的优先级

6．团队在为期 3 周的迭代中构建一个产品，在最后一次回顾会议中已经确定，报告的缺陷和变更请求的数量比之前的迭代增加了 20%。由此导致团队产品价值下降，团队应该怎么做？（　　）

A．运行一次冲刺，清除所有报告的缺陷，然后完成新的用户故事

B．更改控制机制，以便在交付前更好地测试产品

C．增加与客户达成共识的机会

D．重新评估周期的持续时间，因为更快的周期可能允许更早地检测缺陷

7．你的优先排序功能列表中包括 10 项产品功能。根据客户的要求，需要至少提供 5 个功能来推出产品。这些功能被称作（　　）。

A．优先次序功能列表　　B．最小可售功能

C．发布功能列表　　D．团队列表

8. 下列哪项不是为组织目标而进行的用户故事的典型分组？（　　）

A. 按字母顺序　　B. 按产品特性的关系

C. 按优先级　　D. 按逻辑顺序和依赖关系

9. 在敏捷中，一项商业论证应包含以下哪项内容？（　　）

A. 初始速度估算　　B. 缺陷临界值

C. 项目标准　　D. 回报率

10. 敏捷团队必须为公司开发一个创新的移动客户应用程序以击败市场竞争对手，敏捷项目领导需要制订一份计划，并将其传达给项目干系人，敏捷项目领导应该怎么做？（　　）

A. 创建一个详细大纲，包含功能条目、任务开发、任务估算和项目里程碑

B. 要求开发团队执行一次 Sprint 的技术“探针”，以确定项目的可行性

C. 要求业务负责人根据业务价值增加或删除功能

D. 为未来版本中可以添加的功能制订重要大纲

11. 一个敏捷团队的待办事项包含大量针对某个版本的工作项，产品负责人担心这些工作项无法按时交付，敏捷管理专业人士应向产品负责人提供什么建议？（　　）

A. 引导一次与项目干系人的会议，确定增值工作项，并重新排定优先级顺序

B. 引导一次与敏捷团队的会议，确定哪些工作项需要较少的实施工作

C. 向业务发起人请求获得更多的敏捷团队资源

D. 与客户讨论变更发布日期

12. 亨利运用 MoSCoW 技能来了解客户要求的每项特性，这里 MoSCoW 是以下哪项的例子？（　　）

A. 基于约束的分析技能

B. 基于优先级的分析技能

C. 基于价值的分析技能

D. 一项 WIDETOM 分析技能

13. 什么是故事点？（　　）

A. 开发工作量的固定和内在价值

B. 一个固定开发工作量，其他特性相对该工作量的数值

C. 开发工作量的动态和名义价值

D. 开发工作量的固定和次序价值

14. 汉克和他的敏捷团队正在定义完成和准备交付的特性的含义，他们在进行的是（　　）。

A. 发布的定义

B. 可传输性的定义

C. 由产品负责人定义完成的标准

D. 交付准备就绪的定义

15. 在确定用户故事的优先级时，团队未能达成一致意见，项目发起人要求团队通过考虑一个特性的正面财务价值，以及缺乏这个特性的负面财务影响来确定它们的优先级，团队应该采取什么方法？（　　）

A. MoSCoW 方法　　B. 虚拟货币

C. 相对权重　　D. 卡诺分析

16. 一个项目有几个功能可以立即为客户提供价值。产品负责人需要确定在即将到来的迭代中包含哪些特性。产品负责人需要客户审查和批准什么内容？（　　）

A. 立即可交付成果的综合进度计划

B. 所有特性和功能的描述和成本估算

C. 所需特性和功能的优先级列表

D. 工作分解结构（WBS）

17. 作为产品负责人，Barry 倾向于在迭代计划期间定义验收标准，而不是在发布计划过程中，以利用逐步完善的优势。这种敏捷风格有误吗？（　　）

A. 有，验收标准应在迭代计划前定义好

B. 有，验收标准应在发布计划期间定义

C. 没有，用户故事的验收标准可以在迭代计划期间，只要在编码开始前定义就可以

D．没有，用户故事的验收标准只要在迭代演示之前定义就可以

18．Vanessa 在查看她团队的风险燃尽图。她注意到已发现风险的严重程度在逐步减小。简而言之，这意味着什么？（　　）

A．项目风险被成功地缓解

B．项目风险保持静态

C．项目风险不是被关注的区域

D．项目风险没被成功地缓解

19．在定义迭代长度时，敏捷团队应关注以下哪些细节？（　　）

A．提供有价值的产品功能、故事定义，以及客户验收标准。

B．提供有价值的未测试代码、预期任务复杂性，以及客户验收标准。

C．团队平均速度、季度财务日志，以及构建、测试和设计过程。

D．提供有价值的未测试代码、故事定义和开发，以及客户验收标准。

20．如果一个产品燃尽图中的一条柱在横轴下方延伸，那么表明（　　）。

A．团队超出成本　　B．工作已添加到项目中

C．进度下滑　　D．工作已从项目中移除

第3章

相关方参与

相关方参与项目管理或者产品交付过程是至关重要的。相关方是一个统称，有时也用干系人来替代，是指影响项目或受项目影响的全体人员、群体或组织。在敏捷模式下，不应该用“干系人管理”这个术语，而应该强调“干系人参与”。通过分析干系人的利益、期望和影响，让所有相关方都参与进来，建立密切的合作伙伴关系，才能提高项目成功的概率。在项目的不同阶段，可以采用不同的方式或者工具，让相关方参与进来。

3.1 识别干系人

识别干系人是指要识别出每个干系人对项目的需求和期望，并预估他们对项目的作用和贡献，让他们多参与进来。我们要在关键的路径上找准关键的人，尽可能多识别出干系人。

1. 干系人分类

干系人分为两类，一类是直接参与项目的干系人，如项目研发、测试、产品、运维、运营相关人员及项目经理、项目发起人等；另一类是没有直接参与项目，但其利益会受项目影响的干系人，如公司高层、客户、用户、供应商等。

此外，干系人还可以分为内部干系人和外部干系人。

2. 干系人地图

干系人地图是从全局角度分析和理解问题域涉及的所有干系人，如图 3-1 所示。干系人地图可以展示干系人之间的关系，更好地发现影响其他干系人的方式。通过绘制干系人地图，更容易发现风险，从而更好地、设身处地地理解业务上下文，达成业务目标。

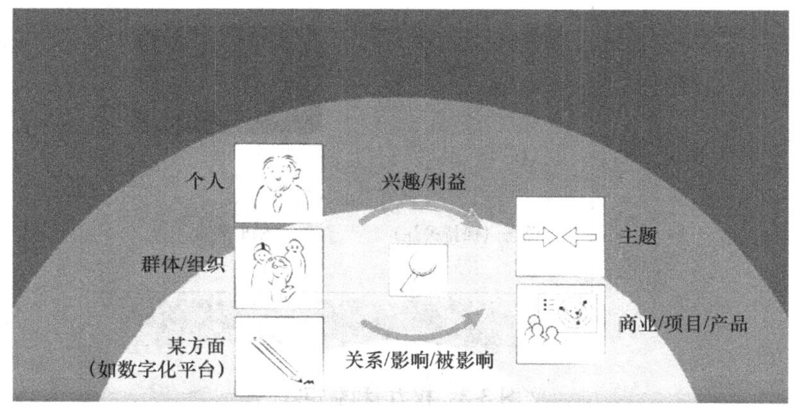

图 3-1 干系人地图

可以使用便签条记录角色、姓名、职责、目标、期望、交付物等，还可以直接在白板纸上绘制干系人地图，如图 3-2 所示。

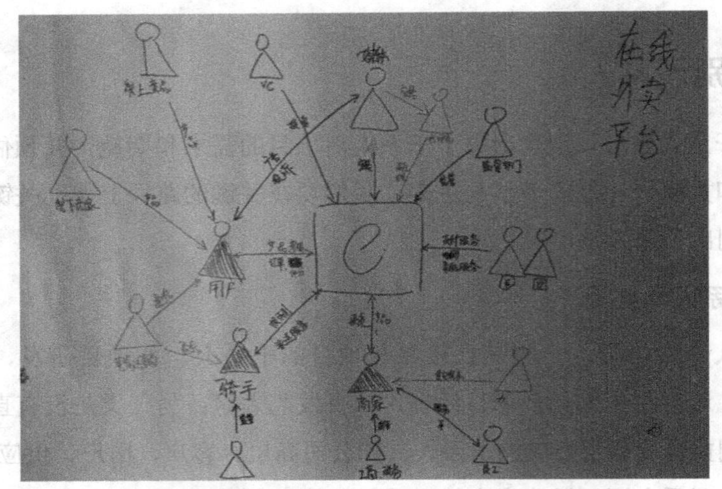

图 3-2　在白板纸上绘制的干系人地图

资料来源：摘自 uxdict 网站。

3．权力–利益矩阵

权力–利益矩阵根据干系人权力、利益对干系人进行分类，如图 3-3 所示。权力–利益矩阵指明了项目与各干系人建立何种关系。

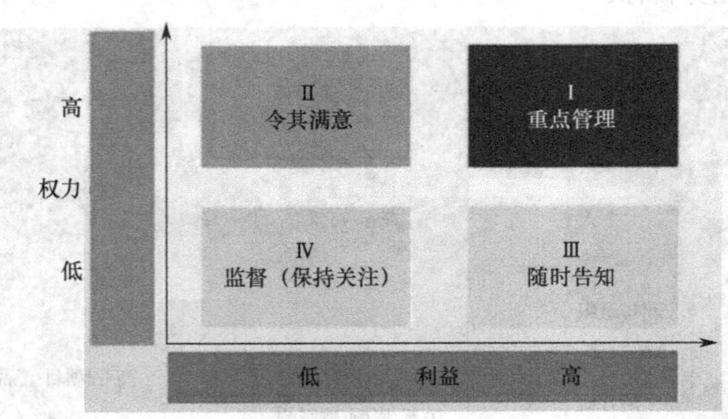

图 3-3　权力–利益矩阵

（1）象限Ⅰ：位高权重或影响力巨大，相关利益大，如项目的客户和项目经理的主管领导，必须“重点管理”，及时报告，尽量满足其需求。

（2）象限Ⅱ：位高权重或影响力巨大，相关利益小，对项目结果关注度低，如财务总监、关键人物，需要投其所好，按照规矩办事，“令其满意”。

（3）象限Ⅲ：位低权轻或影响力小，相关利益大，关注项目的结果，因此要“随时告知”项目状况。例如，团队内的开发人员或者测试人员要及时沟通，凡事好好商量。在大多数情况下，要全面考虑象限Ⅲ干系人对项目可能的、长期的对特定事件的反应。

（4）象限Ⅳ：位低权轻，相关利益小。对项目结果的关注度低，因此主要通过“花最少的精力”来“监督”他们即可。但有些干系人可以影响更有权力的干系人，他们对项目发挥的是间接作用，如上下游团队成员，因此，对他们的态度也应该好一些，以争取他们的支持，降低他们的敌意。

4．RACI 矩阵

RACI 矩阵也称为责任分配矩阵（RAM）或线性责任图（LRC）。RACI 的含义如下。

（1）Responsible（谁负责）：负责执行任务的角色，具体负责操控项目、解决问题。

（2）Accountable（谁批准）：对任务负全责的角色，只有经其同意或签署之后，项目才能进行。

（3）Consulted（咨询谁）：在任务实施前或实施中提供指导性意见的人员。

（4）Informed（通知谁）：及时被通知结果的人员，不必向其咨询、征求意见。

通过 RACI 矩阵，可以简单明确地划分好职责和任务，使干系人在责任的分配上达成共识，有利于干系人参与到项目中。RACI 任务与角色映射如图 3-4 所示，这是一个将 RACI 应用于任务与角色的例子。

任务	角色				
	开发商	设计方	监理	项目负责人	施工方
开挖路线设计	AC	R	I	I	I
土方开挖	C	C	A	R	R
工程验收	AC	I	R	I	I
R 负责	A 批准	C 咨询	I 通知		

图 3-4 RACI 任务与角色映射

3.2 项目前期参与技巧和工具

1. 敏捷项目章程

参与人员：项目发起人、产品负责人、业务代表、团队骨干、Scrum Master、项目经理等。

所有项目，无论是敏捷项目还是瀑布项目，都有正式的开始方式和定义初始需求的方法。有些项目从工作说明书（SOW）开始，有些项目从合同协议开始，还有一些项目从项目章程开始。通常，这个过程如何展开取决于组织的最佳实践，并且这些实践可以根据项目和/或客户的需求而变化。很多时候，一份 SOW 或一份合同会启动项目章程的创建，但只有其中一项的情况并不罕见。在所有类型的敏捷框架中，项目的启动都没有固定的方式，但正式地写一些东西，总有裨益。

很多公司的敏捷项目章程看起来更像瀑布章程，建议参考如表 3-1 所示的形式。

表 3-1 敏捷项目章程模板

敏捷项目名称
（1）Who。
这一部分记录现在已知的干系人情况，如发起人、团队和客户等。
（2）What。
关于成功的高层级概述是非常关键的，这里记录项目的目标和远景（即使未来我们会修正）。例如，“我们的客户需要一个能够容纳 15000 名员工的文档存储解决方案”。
（3）Where。
描述大部分工作将在哪里完成是很重要的，未来或许团队都是远程的或虚拟的。尽管最好将团队放在一起，但在现实世界中这样做并不总是可能的。
（4）Why。
描述项目被批准的原因有助于获得干系人的认同。
（5）How。
描述项目将如何运行是很关键的。如果您的组织严格遵循 Scrum、XP 或其他框架，那么记录下来，可以方便客户/关键干系人理解您的工作流程背后的“How”。
签名和日期

2. ROI

参与人员：项目发起人、产品负责人、业务代表、团队骨干、Scrum Master、项目经理等。

相关内容详见 2.3 节。

3. 价值主张画布

参与人员：产品负责人、业务代表、团队骨干、Scrum Master、项目经理等。

在审视产品要解决的问题的价值时，可以使用价值主张画布强化 BRD（业务需求文档）和愿景，将产品和服务与用户进行匹配、契合，与业务方统一需要创造的真正的价值，降低失败的风险。

价值主张画布专门用于可视化、设计、测试，专注于如何为客户创造价值，如图 3-5 所示。针对每个细分客户群体，都有一个对应的价值主张。

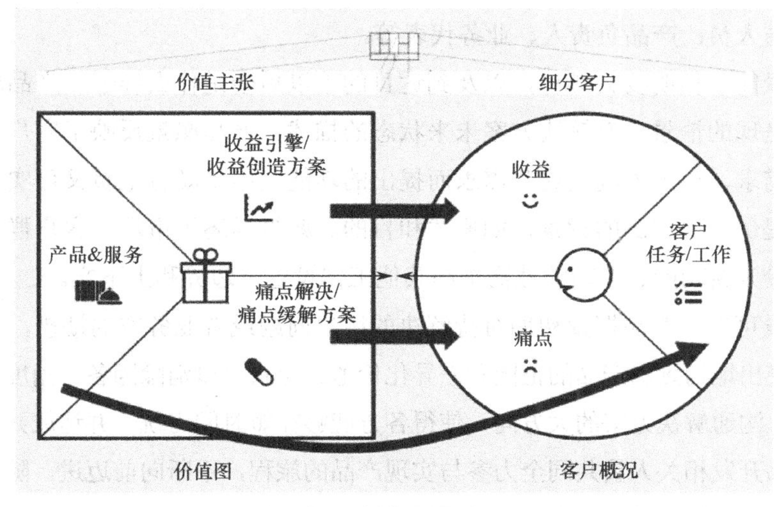

图 3-5 价值主张画布

资料来源：《价值主张设计》。

图 3-6 所示为京东 ME 的员工打车价值主张画布示意图。

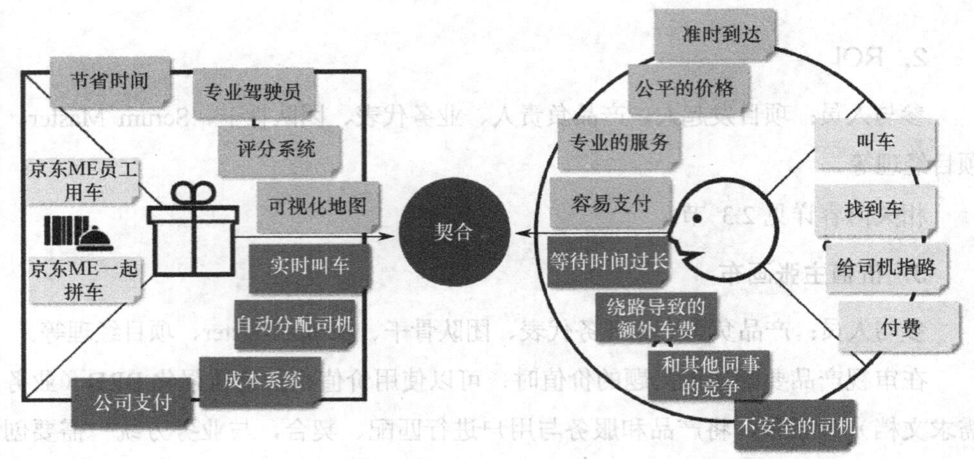

图 3-6　京东 ME 的员工打车价值主张画布示意图

资料来源：《京东敏捷实践指南》。

4．产品愿景

参与人员：产品负责人、业务代表等。

愿景能够指明要去哪里，以及到达目的地以后会是什么样子。产品愿景是产品未来呈现的情景，对解决方案未来状态的描述。产品愿景反映了客户和利益相关方的需求，以及为满足这些需求而提出的功能。愿景既有抱负又可实现，为解决方案提供了更广泛的背景，如概述和目的。愿景描述了市场、客户群和用户需求。愿景为新功能、非功能性需求和其他工作设置了边界和上下文。

愿景可以在产品探索初期对待解决的用户问题或者业务方的期望，简明扼要并重点突出地勾画出产品的范围和差异化价值。愿景可以消除因各方角度不同造成的混乱，沟通解决方案的大方向，使得各方能够在短时间内统一并达成共识，激励所有产品开发相关人员共同全力参与实现产品的旅程，不断向前迈进。随着探索分析的深入及后续产品的迭代，可以根据反馈不断更新愿景。

通常采用电梯演讲（Elevator Pitch）的格式描述愿景，格式如下：

针对［目标用户］，他们的［需要和机会］，这个［产品名称］，是一个［产品类型］，它可以［关键优点、使用理由］，而不像［同类竞争者］，我们的产品［差异化声明］。

新京英平台SaaS化的愿景示例如下：

> 针对不同规模和组织结构的B端员工，他们需要方便快捷地学习职业发展和工作所需的知识和技能，这个新京英SaaS平台，是一个ToB的SaaS化、移动化、线上和线下一体化学习管理平台，它可以服务大中小企业的线上和线下课程管理，而不像云课堂、睿泰、知学云、平安知鸟等。我们的产品支持各种规模层级的企业组织架构、学习顾问及HRBP等的线上和线下学习管理，同时支持移动端、PC端等，具有互联网基因，可以为B端员工提供更好的用户体验。

5. 第一条微博

参与人员：产品负责人、业务代表、项目经理等。

想象一下，如果你要发布关于你的产品或者服务的第一条微博，则该如何写？高度提炼核心关键信息，实现所有人对所做事情及未来目标的对齐。因为有140字的限制，这让你真正思考结果最重要的方面是什么，并真正将其优化为最简洁的描述。

6. 深度访谈

参与人员：产品负责人、真实用户、业务代表等。

引入用户，直接与他们互动并采访他们，可以更深入地了解用户的信念和价值观。常常用一个主题来引导，让受访者讲故事，设身处地地说出看法，探索受访者潜在的问题、疑问、感知和理解，以及验证受访者所说的并针对其意味着什么达成一致。

深度访谈的地点应设在用户熟悉的环境或者轻松的场所，如咖啡馆，而不是自己的办公区域。

需要提前准备好访谈问题，如以下5个方面的问题：

（1）身份——有关用户的基本身份特征，如姓名、性别、教育程度等。

（2）需求——有关用户的业务活动、业务场景、业务流程、需求和痛点等。

（3）触点——能通过什么方式找到用户，或者与用户交互的触达点。

（4）情感——用户的价值观是什么、对业务的偏好是什么。

（5）能力——用户对产品或服务的买单能力、技术能力、业务能力等。

7. 沉浸式体验

参与人员：产品负责人等。

沉浸式体验的目的是走出办公室，让自己沉浸在用户的体验中，从而代替办公室中的头脑风暴、猜想和假设分析。找到（或在必要时创建）将自己沉浸在特定的环境中的方法，成为用户群的一员，以直接了解在为谁设计，获取关于用户感受与体验的一手资料，并引起共鸣，发现客户/用户未想过的问题，以及没有描述清楚的事情。

当理论上不能成为用户时，需要使用道具模拟用户，例如，穿上老人服，并且坐上轮椅来体验老人或者残疾人的生活；穿上工作服模拟工作场景；预约"京东服务+"上门安装灯具等。

8. 移情图/同理心地图（Empathy Map）

参与人员：产品负责人、真实用户、业务代表、开发团队、Scrum Master、项目经理等。

根据人物角色，进一步与用户建立同理心。所有人基于不同角色、背景、理解、信息、假设等，共同讨论人物角色的所说、所做、所想、所感。同理心地图如图 3-7 所示，共分为 4 个象限。

图 3-7　同理心地图

新京英平台同理心地图示例如图 3-8 所示。

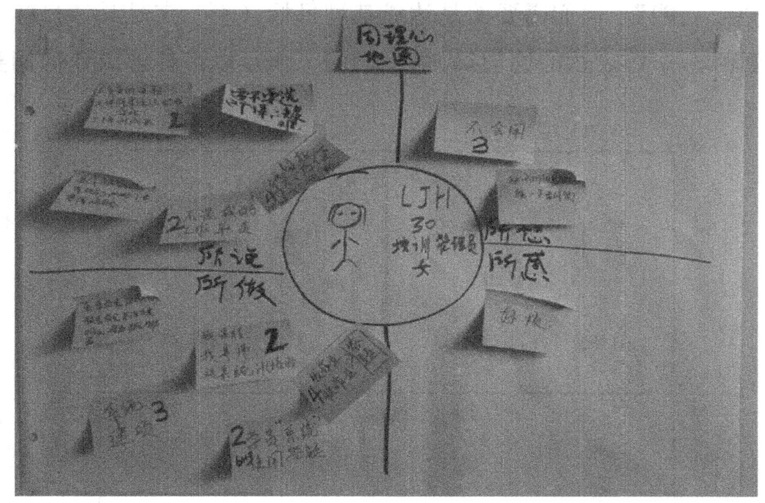

图 3-8 新京英平台同理心地图示例

9. 人物角色

参与人员：产品负责人、真实用户、业务代表、开发团队、Scrum Master、项目经理等。

用户或者业务方说出来的需求，往往不是用户真正的需求，甚至说的和做的也不一样。为了探索用户背后的目的，也就是真正的需求（Needs），就要用到同理心。在想象和假装用户之前，需要走出办公室，对用户或者业务方进行观察、访谈及使其体验真实环境，之后将信息带回办公室，对用户进行建模，细分用户，讨论和识别人物角色。

这里的人物角色实际上和价值主张画布的客户细分是一致的，不过人物角色更加细化和明确，更容易从人物角色角度进行移情和同理。

通常在纸面上草拟出人物角色，将其手绘在由 3 个部分组成的格子中，如图 3-9 所示。

左上角的格子中是人物角色的草图（图像）及其姓名和角色。右上角的格子中是影响行为的因素。尽量去关注那些预示着特定类型行为的信息，这些行为与我们的产品或服务有关。例如，有时人物的年龄与产品完全无关，但他们对特定设备的使用情况将会彻底改变用户使用产品的方式。下半部分是最重要的信息，在这里捕捉人物角色的高阶需求，以及实现这些需求所遇到的阻碍。切记，用户根本不需要“功能”，他们需要的是达成某种目标（不一定是具体目标，有时也会是情感目标、未曾表达的愿望等）。我们的工作是以最佳方式让他们实现这些目标。

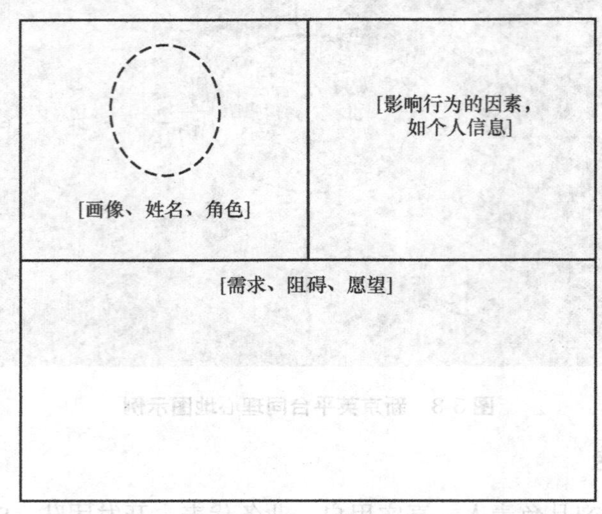

图 3-9　人物角色

资料来源：《精益设计：设计团队如何改善用户体验》。

京东新京英平台人物角色示例如图 3-10 所示。

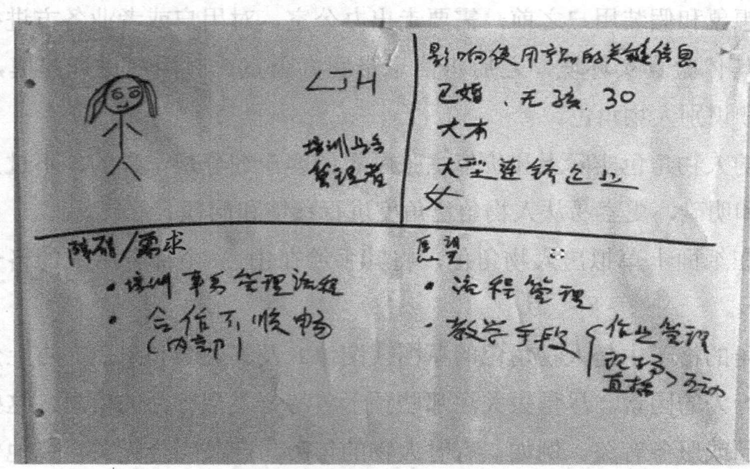

图 3-10　京东新京英平台人物角色示例

10. 用户故事

参与人员：产品负责人、开发团队等。

产品负责人在开始编写 PRD（产品需求文档）之前，首先负责编写和维护用户故事，因为用户故事是条目化的需求，并不需要花费大量的时间像 PRD 那样进行详细的设计。用户故事是从用户的角度讲述并用他们的语言编写的关于功能的简短描述，是直接向最终用户提供的功能。

每个用户故事都是一个小的、独立的行为，可以逐步实施，并为用户或解决方案提供一些价值。用户故事是用户与系统交互的一个垂直纵切的功能片段，可确保每次迭代都能带来新的价值。较大的用户故事被分成较小的故事，因此，可以在一次迭代中完成。

用户故事为业务和技术人员提供了足够的信息来理解用户意图。故事细节推迟到故事准备好实施（迭代计划）之前。通过验收标准（Acceptance Criteria）和验收测试（Acceptance Test），故事变得更加有价值和具体，有助于确保项目人员做有价值的事，并且高质量、正确地交付。

用户故事专注用户价值，包括描述和验收标准，格式如下：

用户故事标题：动宾词组。

用户故事描述：作为（用户角色），我希望/想要（系统提供的功能），以便/因此（我能/实现什么业务价值或目标）。

验收标准：假设/假定（Given)上下文、前置条件，

当（When）执行某些事件、行动或操作，

那么（Then）获得可观察到的结果。

1）用户故事的颗粒度

按照颗粒度，需求可分为史诗（Epic）、特性（Feature）和用户故事（User Story)。通常，用户故事才是适合迭代的，要能够在一个迭代周期内达到完成标准。

2）用户故事的 3C 特征

（1）卡片（Card）——用索引卡/卡片/便签条记录用户故事，代表用户需求，而不是需求的详细记录。卡片上同时可记录工作量估算、优先级和验收标准。

（2）对话（Conversion）——敏捷团队通过面对面交流获得用户故事的细

节。好的创意来源于交流，文档代替不了交流，也不能完整、准确地记录所有需求。PRD 需要以用户故事为索引，同时作为用户故事的补充细节文档，如界面原型设计等。

（3）确认（Confirmation）—— 用验收标准、验收测试用例来确认和记录用户故事开发完整度和正确性。

3C 是由敏捷大师 Ron Jeffery 首先提出来的，我们再补充两个 C，这样才能形成用户故事的完整全生命周期闭环。

（4）构建（Construction）—— 开始构建，实现用户故事。

（5）结果（Consequence）—— 实现用户故事后，取得的真正结果，如是否是可工作的。

3）用户故事的 INVEST 原则

（1）独立的（Independent）—— 一个用户故事应该尽可能独立于另一个用户故事。故事之间的依赖关系使规划、优先级排序和估算变得更加困难。每个用户故事代表对用户有意义的一个回合的交互。通常，可以通过将故事组合成一个或通过拆分故事来减少依赖性。有的时候多个用户故事组成的业务闭环的业务流程，才对用户和企业真正有价值，例如，京东购物 App 的黄金流程，需要根据业务流程的先后排定顺序。

（2）可讨论的（Negotiable）—— 用户故事是可以协商的，因为耗费巨大精力详细描述的需求也避免不了误解和需求变更。所有故事的“卡片”只是故事的简短描述，是占位符，不包括细节。细节在“对话”阶段制订。带有太多细节的“卡片”实际上限制了与客户的对话。

（3）有价值的（Valuable）—— 每个故事都必须对客户（用户或购买者）有价值。这种价值可能是有形的，如提现、支付等；也可能是无形的，如搜索商品、查看商品详情页等。只要对用户产生积极作用，触发、推动或者激励用户进一步旅行，都是有价值的，都值得投入人力去实现。

（4）可估计的（Estimable）—— 开发人员需要能够估算用户故事的规模，以便对故事进行优先级排序和规划。使开发人员无法估计故事的问题如下：缺乏领域知识（在这种情况下，需要更多的对话）；或者如果故事太大（在这种情况下，故事需要分解成更小的故事）；或者需求模糊，只有大概的概念（在这种情况下，需要进一步细化）；或者技术实现有很大的不确定性等（在这种情况下，可以分解成一个技术故事探针来进行研究和实验）。

（5）小的（Small）—— 好的故事应该很小，规模适合在一个迭代中完成。这里的规模代表开发和测试达到潜在可上线的程度。

（6）可测试的（Testable）—— 故事必须是可测试的，成功通过测试可以证明开发人员正确地实现了故事，如果不能被测试，就不知道何时被完成，同时也不能在迭代评审会议中演示完成效果。

11．用户故事地图

参与人员：产品负责人、业务代表、开发团队、Scrum Master、项目经理等。

由于用户故事是以一条一条的条目按优先级排序的，比较容易陷入“只见树木不见森林”的境地，而用户故事地图可以使我们专注于用户和用户体验，对用户故事进行组织和排序，并且保持产品的全景图。

用户故事地图将用户故事按照横轴和纵轴重新排序，讲述产品的故事形成叙事主线。最上方是不同的用户角色，横向是从左到右以第一人称的用户角色讲述的故事（用户活动的优先级或业务流程），纵轴表示每个步骤实现的细节。

用户故事按照颗粒度和目标抽象程度分为如下3个目标层级。

（1）用户活动（User Activity）—— 最抽象、最粗粒度、最高层的用户目标，像空中的“风筝”一样，被称为摘要级任务（Summary-Level Task），如“管理邮件”。

（2）用户任务（User Task）—— 较具体、较详细、中层的用户目标，像“海平面”一样，被称为功能级任务（Functional-Level Task）。例如，“管理邮件”按照增删改查维度可拆分成“读取邮件、删除邮件、查找邮件、撰写邮件”等。

（3）子任务（Sub-Task）—— 最小颗粒度、最具体的底层的用户目标（细节、替代、变化和异常等），像“海平面”任务下的“小鱼”任务一样，被称为子任务。例如，“读取邮件”可拆分成打开基本文本邮件、打开副文本邮件、打开HTML邮件、打开附件等。

“摘要”级任务/用户活动代表的是用户的关键行为，这些活动形成了一条叙事主线，构成了用户故事地图的主干（Backbone）。用户故事地图如图 3-11 所示。

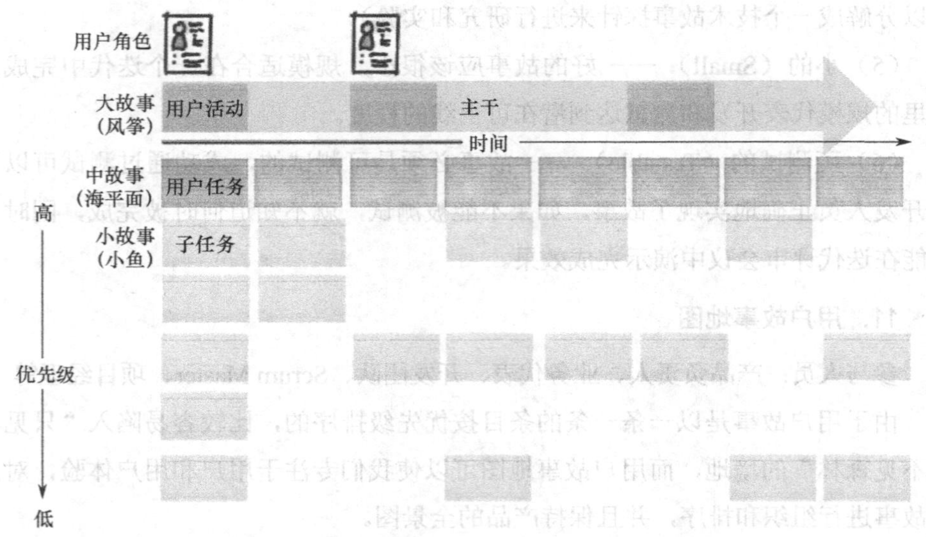

图 3-11　用户故事地图

无论是“风筝”“海平面”还是“小鱼”，仅仅是用户目标不同的抽象程度，代表不同颗粒度的用户故事。简单来说，就是将这些用户故事分成 3 级，分别代表大、中、小故事。通常，对于业务逻辑不是特别复杂的系统，可以采用比较简单的两个层级的故事地图，如京东 360 评测系统的用户故事地图，如图 3-12 所示。

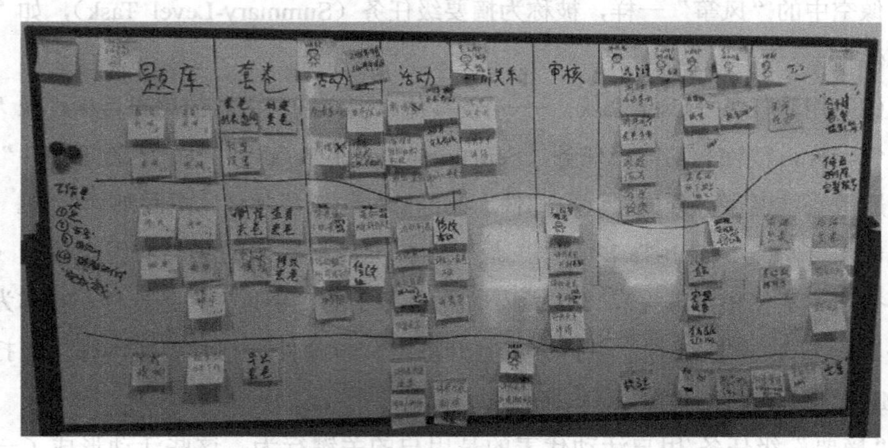

图 3-12　京东 360 评测系统的用户故事地图

12. 产品路线图

参与人员：产品负责人、真实用户、业务代表、开发团队、Scrum Master、项目经理等。

根据用户体验地图识别的痛点或者机会点，将产品要提供的特性（Feature）进行初步规划，考虑产品如何以增量和迭代的方式演进。在最开始这仅仅是初步的设想和草稿，非常粗略，并没有花太大的精力和时间精雕细琢。这个规划需要每隔 1～3 个月，根据用户反馈及产品的开发进程持续更新。通常，最近的一个里程碑是承诺的，后续未来的里程碑具有不确定性，代表对未来的预测。

产品路线图的目的是提供产品开发的持续性，促进干系人协作，帮助与外部干系人沟通（包括客户）、排优先级，为产品需求列表减负，帮助获得预算和通过立项，支持产品组合管理，传达研发的计划和背后的原因。这是一个指导性的战略文件，也是一个执行战略的计划。

产品路线图是一个高层次的视觉总结，随着时间的推移，映射出产品提供的远景和方向。它提供了产品所需的一个长期视图，包括一系列经过计划的时间周期内要交付的内容及相关的里程碑。产品路线图示例如图 3-13 所示。

日期	第一季度	第二季度	第三季度	第四季度
发布名称	版本1	版本2	版本3	版本4
业务目标	获客：免费App，有限制的App内收费	激活：聚焦App内收费	留存	获客：新的细分客户群体
特性	•基本游戏功能 •多玩家 •集成脸书	•购买舞蹈电影 •创建新的舞蹈	•新角色和楼层 •增强视觉设计	•街舞元素 •舞蹈竞赛
度量	下载数：舞蹈类App排名前十	激活、下载数	日活、会话时长	下载数

图 3-13　产品路线图示例

资料来源：罗曼·皮希勒（Roman Pichler）。

对于多团队协作的解决方案路线图，需要可视化各系统的路线及整体解决方案的里程碑，可以参考图 3-14。

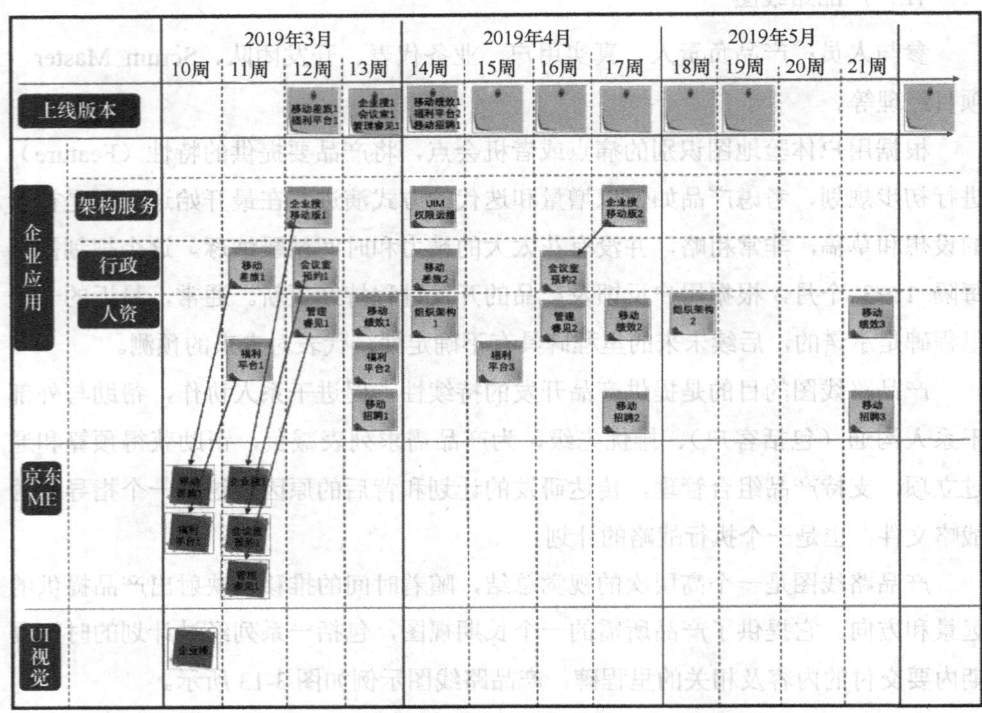

图 3-14 解决方案路线图示意

13. 快速原型（Rapid Prototyping）

参与人员：产品负责人、业务代表、开发团队、Scrum Master、项目经理等。

进行原型演练的目的是做试验，创造原型的行动促使你不断问问题并且进行决策。它也给你一些可以展示和讨论的东西，因此，原型仅仅是你的创意的具象化。

原型演练/快速原型的核心目的是从产品、服务、系统、体验的最终用户那儿获取反馈，评估创意和方案。核心是快速失败、频繁失败、低成本失败。在投入开发团队进行软件架构设计和编写代码之前，就可以验证出方案的价值、体验和可行性。

原型可以是线框图、纸质原型、木质原型、物理故事板及角色扮演等，如图 3-15 所示。

纸质原型

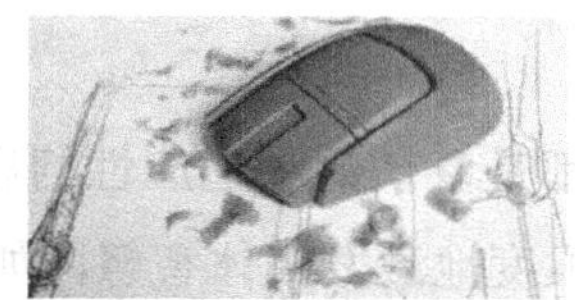
木质原型

物理故事板

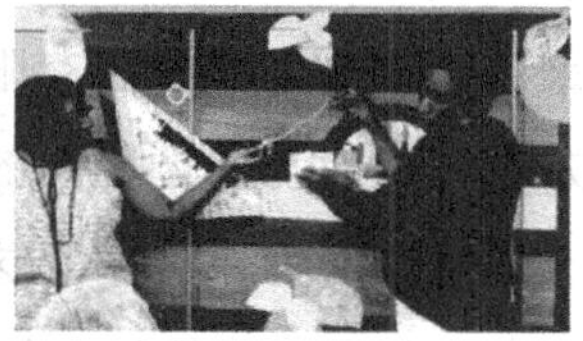
角色扮演

图 3-15 原型示例

14. 完成的定义（DoD）

参与人员：产品负责人、开发团队、Scrum Master、项目经理等。

详见 2.7 节。

15. 立项评审

参与人员：产品负责人、项目经理、业务负责人、项目发起人、评审委员会等。

项目立项评审工作主要由立项委员会通过项目经理提交的项目立项材料，来对项目方案的可行性、预算的合理性和项目的 ROI 等进行评审，以确保前期的各项准备工作能够满足后续项目建设的需要和公司制度的要求。在通常情况下，立项委员会主要由公司高层领导和业务、技术、财务、法务等部门的负责人组成。

项目立项评审工作一般采用会议的形式来开展，会上由项目经理向委员会成员介绍项目建设方案、工作计划和费用预算等方面的情况，并解答其存在的疑惑。最后，委员会依据相关的汇报材料及项目经理的介绍，来判断该项目是否可以立项。如不能立项，委员会则应指出立项材料中考虑不足的部分，项目经理在补充完善后再重新进行立项。

3.3 项目执行期参与技巧和工具

1. 参与式决策

参与人员：产品负责人、项目经理、业务负责人、项目发起人、开发团队、

Scrum Master 等。

敏捷面对的都是复杂的"适应性问题"，我们需要在各环节邀请各干系人参与其中，以最大限度地激发集体智慧，如参加方案讨论会、迭代计划会、迭代评审会、迭代回顾会、需求梳理会、每日站会等，然而，"参与"并不意味着所有人就所有事坐下来协商。如何在资源有限性、问题紧迫性和参与的广泛性之间找到最合适的参与方式，确保与问题相关的人能够参与到回应问题的行动中，是协作式的领导者的一项重要能力。要增强这样的能力，除了对参与的价值有深刻的理解，还可以运用像"参与式决策"这样的工具/视角。

"参与式决策"涵盖了不同的参与程度。能够区分决策中存在的不同程度的参与是非常重要的，因为不同的参与程度需要不同的协作流程、能力和技术。如图 3-16 所示，最右边的参与程度并不总是容易达成的，也不总是必需的。能够达成哪一个层次的参与式决策取决于不同的因素，如讨论的目的、问题的复杂性、其中的利益关系、问题的紧迫性及可用的人力和财力资源。

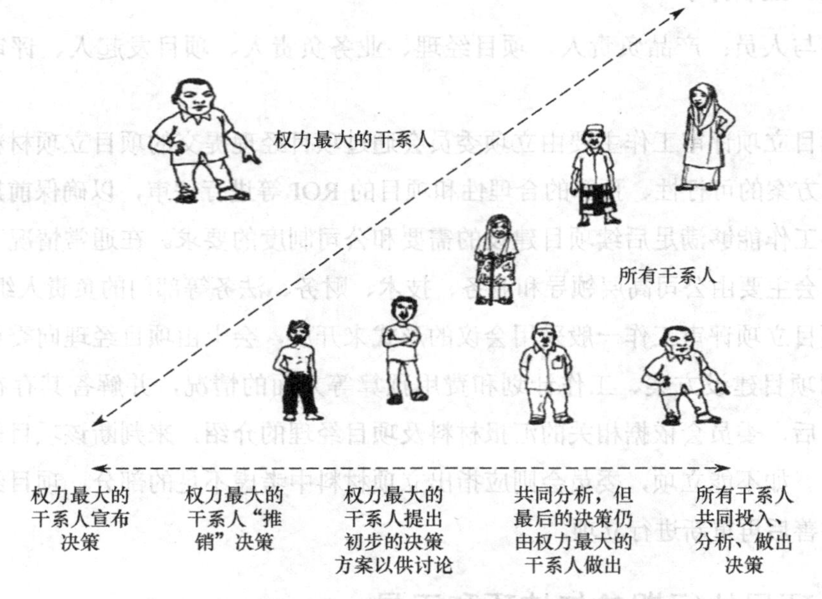

图 3-16 参与式决策的不同层次

资料来源：善导公益发展公众号。

让人们参与进来讨论并共同决策有如下 4 点价值。

（1）相互了解。为了让团体达成持久的决议，成员必须了解与接纳彼此的需求与目标背后的考虑。以接纳和理解为基础的感知，能让大家从彼此的观点思考，从而孕育出一个能够整合每个人观点的想法。

（2）全然的投入。参与过程中，鼓励所有干系人积极参与、表达想法。这样可从如下几个方面强化团体：干系人更勇于提出困难的议题；团体成员学会分享他们的需求和想法；团体学会探索和认可每个人与生俱来的在背景与观点上的多元性。

（3）包容性的解决方案。具备包容性的解决方案，是睿智的解决方案。它整合了每个人的观点与需求，这些解决方案所涵盖的范畴与愿景，不仅是有权力和有影响力的人的想法，也包含了边缘和弱势群体的想法。

（4）责任共担。在参与式过程中，干系人对创造和达成可持久的共识感到有强烈的责任感。他们意识到他们必须有意愿和能力去实现他们提出的方案，因此，在做出最后决定之前，他们努力提供与接收他人的意见。这与每个人都要为少数关键人物的决策结果负责的传统假设形成鲜明对比。

2. 决策光谱

Jim Highsmith 在其出版的《敏捷项目管理》一书中概述了一个伟大的决策工具——决策光谱，如图 3-17 所示，团队成员通过从“赞同”到“可以”或者“混合感觉”，再到“不赞同”或者“反对”来表明他们对决策的感受。

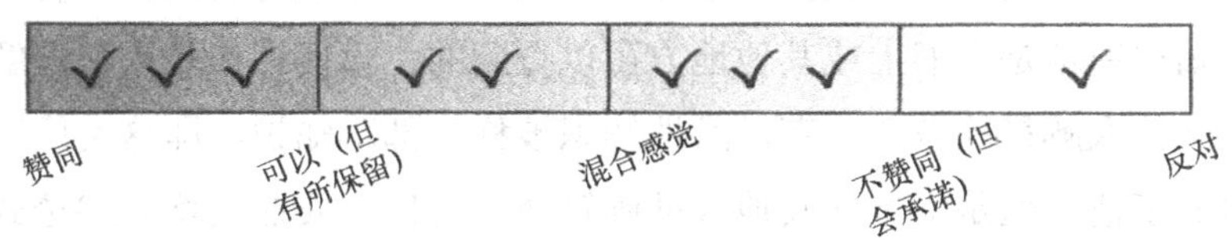

图 3-17 决策光谱

Jim Highsmith 的模型是有效的，因为它允许人们在表示支持某项决策的同时，表达他们的保留意见。如果我们希望在尊重不同意见并让每个人都参与进来的情况下达成协议，那么，给人们一个表达自己关切的机会是很重要的。

3．信息发射源

信息发射源是指在干系人都能看到、都可见的地方显示信息，目的是让干系人可以看见项目和项目进展的当前状态，这些信息包括已完成的信息、进行中的信息及其他重要信息。信息发射源的概念是由 Alistair Cockbum（《敏捷宣言》签署人之一）提出的，与“信息冷冻机”中被锁定的实践形成对比。在“信息冷冻机”中，没有人知道进展如何。

最受欢迎的信息发射源如下：

（1）任务板/看板。

（2）大型可视化表格，如燃尽图、燃起图、累积流图。

（3）持续集成构建健康指示，如熔岩灯、可视化电子大屏。

（4）Wiki 或者门户网站。

（5）公众号或其他新媒体。

（6）在线协同软件。

（7）内部杂志。

（8）电梯海报、厕刊。

4．面对面沟通

敏捷 12 原则中强调了面对面沟通，因为这是最有效的沟通方式，特别是基于白板的写写画画。因此，团队要尽可能本地化，面对面地坐在一起办公。

5．渗透式沟通

信息一旦被保留下来，就变成了隐性知识。隐性知识与显性知识有很大的区别，显性知识通常是在书上或其他地方可以查到的；隐性知识是人们理解的，但可能难以向他人解释的东西。有时隐性知识被称为部落知识，即这是团队中每个人都明白的事情，但是很难向其他人准确解释。我们需要通过增强渗透式沟通，让隐性知识尽量传播开来。

> “我们知道的比我们能说的多。”
>
> —— Michael Polanyi《隐性维度》，1983

渗透式沟通在敏捷中非常重要，因为它描述了一个人获取信息的能力及方式，通常是指在没有直接对其关注的情况下，获取信息的方式，这进一步降低了信息传递的成本。渗透式沟通是团队空间工具（如信息发射源）的直接结果，会让你通过各种方式获得信息，如一个非直接参与的他人对话、一个电话、团队中人们的非语言暗示（肢体动作、语气等）、团队“行话”等。

3.4 关键人际技巧

“在任何组织层面，一些人之所以成为领导者，不是因为他们做了什么，而是因为他们本身使然。”

——Jim Highsmith

人际交往技能虽然很难量化，但在敏捷中起着重要作用，这涉及领导力、沟通、激励他人和延续愿景。

许多人际交往技能对某些人来说是天生的，而其他人可能需要更加努力才能提高这一技能。一些人可能会发现他们需要走出自己的舒适区，让自己沉浸在敏捷文化中，然后毫不犹豫地投入进去，也有人可能更习惯于一套更严格的项目管理流程。在敏捷日益流行的今天，勇于尝试新事物，掌握新技能才能让你快速成长。

1. 服务型领导（Servant Leader）

服务型领导的创始人 Robert K. Greenleaf 对服务型领导进行了如下表述：

“服务型领导首先是一个服务者。它源于人们想要奉献的天然感受，而后，有意识的选择使一个人渴望成为领导。测试一些人是否为服务型领导的最好的方法如下：那些被服务者的个性是否更加成熟？他们在被服务的同时，是否变得更加健康、智慧、自由、自主，并且更有可能成为服务者？同时，对社会上享有最少特权的人的影响是什么？他们会从中受益吗？或者至少不会被剥夺更多的权益？”

——Robert K. Greenleaf

根据 Robert K. Greenleaf 这段话，我们知道服务型领导首先是服务者，其次才是领导者。

《敏捷宣言》中所说的“个体和互动高于流程和工具”“客户合作高于合同谈判”，其实也强调了对合作互动的重视，服务他人（团队成员）而非自己，并且通过支持个人成长来提升团队绩效。敏捷 12 原则的第 5 条：“激发个体的斗志，以他们为核心搭建项目。提供所需的环境和支援，辅以信任，从而达成目标。”这其实也是在强调服务型领导。在 Scrum 中，在对 Scrum Master 这个角色进行定义时，也是首先强调是一个服务型领导，不仅要执行流程，更要帮助团队扫除障碍，保护团队不受外界打扰，带领团队实现自管理、自组织并持续改进。

《服务型领导：卓有成效的管理模式》一书的作者斯皮尔斯对服务型领导做了进一步的归纳和总结，提出了服务型领导的如下 10 大特征。

（1）倾听：既然服务型领导主要的工作是搭建平台，为员工创造适合发展的工作环境，那么就需要积极倾听以了解员工的心声，了解他们的真实需求，让员工可以后顾无忧地为组织努力工作。当然，为了获得员工的真心话，必须结合引导技术等，先建立信任，这样才能让员工吐露心声。

（2）同理心：在工作过程中，要尝试理解对方，因为所处的位置不同，所以，看待问题的角度自然也不尽相同，有时候得到的结论不一致也需要理解。服务型领导关注的不再是个人的荣辱得失，而是要肯定员工为工作付出的辛勤努力。即使实现成果过程中出现了种种问题，也不能责难员工，应一起来解决问题。

（3）疗愈力：首先，服务型领导要懂得疗愈自己，出现问题时不能急躁，更不能“怒喷”员工、推卸责任。服务型领导不能是一个“容易受伤的人”，只有坚强的领导才能带出坚韧的团队。其次，在员工遭遇挫折时，领导要关心员工，帮助他们渡过难关，在这个过程中需要扮演一个“心理咨询师”和“教练”的角色。

（4）省察力：稻盛和夫提到——人都要“每日自省”，只有每天晚上反思当天的工作，不断去总结经验教训，才有可能提高，所谓的“顿悟”，可遇而不可求，只能靠每日积累。领导不能故步自封，沉积于过去的“丰功伟绩”中，需要不安于现状，接受各种挑战，持续提升能力。

（5）说服力：在某些组织的项目中，项目经理的权力不大甚至可能很小，在没有正式权力傍身时，就需要项目经理有足够的说服力，通过建立信任，晓之以理，动之以情，有时候需要做到以身作则来让员工能够接受项目经理的计划和工作，只有让员工做到“心服口服”，才能使员工全身心投入工作。

（6）抽象化：领导力中最常用的方式就是创建愿景，让员工为实现美好的愿景而努力工作。不过在实际工作中，通常把愿景用通俗的说法来替代——“画饼”。领导需要有抽象化的能力，通过工作提炼出愿景。愿景必须与实际工作有结合点，太飘忽、不能落地的愿景是无法指导和激励员工的。

（7）预见力：领导需要有敏锐的预见力，没人能保证自己不犯错误，但是有些事情通过过程中的一些迹象，是可以做出预判的，如果发现了问题的隐患，需要及时跟进解决，避免问题真的发生而造成损失。只有拥有准确的预见力，才能在最合适的时间做出最合理的决策。

（8）管家：服务型领导要像一个管家那样，一是要衷心，二是要有好的服务。这里的是“衷心”而非“忠心”，就是要在有忠心的同时还要有感情、情怀，这样才能持久。另外，要将服务作为工作的重心，既要服务所在的组织，也要服务员工，这样才能形成多赢的局面。

（9）致力于员工成长：服务型领导用心帮助组织内的每名员工成长，只有员工不断成长，才能面对未来各种复杂多变、有挑战性的工作，才能为组织创造更大的价值。而且员工能在组织的工作中得到成长，对员工也是一种激励。另外，除了员工的职业成长，对于员工的个人成长、心灵成长也要关注。

（10）建设社区：在组织内，实践社区（COP）更多的是非官方组织的民间交流形态，可以是专注于技术交流的（如架构师社区、iOS 工程师社区），也可以是关于运营的，还可以是针对产品或运维的。社区通常是跨越职能筒仓的，一方面，可以交流技能；另一方面，可以传播信息，激发协作，实现渗透式沟通。

成为服务型领导最大的障碍是自利之心，是“付出一点，得到很多”的私欲。出于自身利益而成为领导的人，会将自己的日程、安全、地位和满足感排在受其思想和行动影响的人们之前。肯·布兰佳和菲尔·霍奇斯在《服务型领导》（*The Servant Leader*）一书中主张：“如果领导者不能发自内心地进行领导，就永远不会成为服务型领导。”

这就是说，从服务自我的领导者转变为服务他人的领导者，真正的转变，需要内心的变化。

根据 PMI《敏捷实践指南》，“服务型领导的作用是促进团队发现和定义敏捷。服务型领导实践并传播敏捷”。服务型领导按照以下顺序从事项目工作。

（1）目的。与团队一起定义“为什么”或目的，以便他们能围绕项目目标进行合作互动。整个团队在项目层面而不是在人员层面优化。

（2）人员。目标确立后，鼓励团队创造一个人人都能成功的环境。要求每个团队成员在项目工作中做出贡献。

（3）过程。不要计划“完美”的敏捷过程，而要注重结果。如果跨职能团队能够经常交付有价值的软件并反思产品和过程，则团队就是敏捷的。团队将其过程称作什么并不重要。

以下服务型领导的特征让项目领导变得更加敏捷，促进团队的成功：

（1）提升自我意识。

（2）倾听。

（3）为团队服务。

（4）帮助他人成长。

（5）引导与控制。

（6）促进安全、尊重与信任。

（7）促进他人精力和才智提升。

如何落地呢？PMI《敏捷实践指南》中讲了两个具体的例子。

《敏捷宣言》的第一个价值观是“个体和互动高于流程和工具”。对服务型领导而言，更好的职责是认真审视那些阻碍团队敏捷或组织敏捷的过程，并努力使其合理化。

> “例如，如果一个部门需要大量文档，服务型领导的角色就能发挥作用，他们可以与部门合作，审查所需的文档，就敏捷交付如何满足这些需求达成共识提供协助，并对所需的文档数量进行评估，从而使团队能够将时间更多地用于提供有价值的产品，而不是创建详尽的文档。”
>
> ——PMI《敏捷实践指南》

服务型领导还应该关注其他冗长的过程，这些过程往往会造成瓶颈问题，阻碍团队或组织的敏捷性。可能需要处理的过程或部门包括财务部门、变更控制委员会或审计部门。服务型领导可以与他人携手合作，共同质疑和审核他们的过程，为敏捷团队和领导提供支持。

> "对团队而言，每两周交付一个工作产品仅仅是为了让产品进入队列或过程，而冗长的发布过程却可能需要 6 周或更长时间，这样做有什么好处呢？太多的组织都有这些"瓶颈"过程，正是它们阻碍了团队快速交付有价值的产品或服务。服务型领导有能力改变或消除这些组织障碍，为交付团队提供支持。"
>
> ——PMI《敏捷实践指南》

2．授权

授权是一门艺术，作用在于让自己从本不应由自己做的事中解脱出来，如果琐碎事务缠身，就无法集中精力做自己的事，同时，也不利于身边人的成长。授权就是学会把权利分出去。

做好授权，需要遵循如下理念。

（1）有权有责：设定目标；设定权责范围；权责统一。

（2）禁止重复授权：如果我们把同一任务授权多人，则对方会认为你不信任他，从而会引起内部的不团结。

（3）充分信任：我们不仅要会学会运用口头鼓励，还要学会用物质和金钱去鼓励，相信他们一定可以完成，鼓舞士气是很重要的。

（4）及时反馈：在执行任务过程中鼓励下属遇到困难及时反馈，商议解决。

授权过程可以参考如下 5 步。

（1）选好人：选头脑清醒和值得信任的人。

（2）派任务：这一步很关键，双方一定要对齐。

- 目的：告知受委派人你的目的是什么。
- 期限：告知受委派人你的任务应当在什么时间内完成。
- 执行方法：告知受委派人如何才能完成授权任务。
- 重述任务：受委派人听了以后再重述一遍，厘清怎么去做，再认真地去完成任务。

（3）会沟通：要定期询问任务的进展情况；信任大于检查，不要一味地询问，同时辅助他们去完成任务。

（4）给支持：提前告知受委派人授权任务所存在的困难，并且主动辅助解决问题。

（5）勤反馈：受委派人反馈信息，多去赞许他人的优点，共同反省缺点。

Jurgen Appelo 在《管理 3.0：培养和提升敏捷领导力》一书中提到了 7 种授权，分别是告知、推销、咨询、商定、建议、征询、委托，越往后授权力度越大。不是所有的事情都可以授权，即使授权也要分级，如图 3-18 所示。

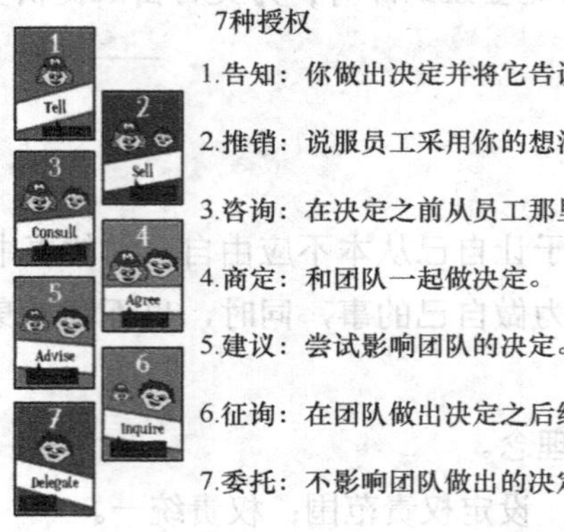

7种授权
1 Tell
2 Sell
3 Consult
4 Agree
5 Advise
6 Inquire
7 Delegate
1.告知：你做出决定并将它告诉下属。
2.推销：说服员工采用你的想法。
3.咨询：在决定之前从员工那里获得一些信息。
4.商定：和团队一起做决定。
5.建议：尝试影响团队的决定。
6.征询：在团队做出决定之后给予建议。
7.委托：不影响团队做出的决定。

图 3-18　7 种授权

资料来源：改编自《管理 3.0》。

3. 谈判

> “每当我们在工作中与另一个人互动时，我们都要做出选择：我们是努力要求尽可能多的价值，还是贡献价值而不担心我们得到的回报？”
>
> ——Adam Grant《给予与索取：成功的革命性方法》，2013

一看到谈判两个字，大多数人马上会浮现出要么你让步，要么我让步的场景，双方存在很难调和的矛盾。《敏捷宣言》第三条价值观“客户合作高于合同谈判”，是强调我们要双赢。

在敏捷项目中你需要协商什么？如果你是产品负责人，则你谈判的大部分内容都基于今天有价值的东西和客户想要的东西。有时，你不得不拒绝他们；否则，永远不会有一个明确的“完成”点。保持简单，并在每次迭代中创建最低限度的适销性，并不是在一个月的迭代中尽可能多地将功能塞进去，这是互让。

如果你是开发团队的一员，则你可能会和团队成员协商工作分配，和产品负责人协商什么可以做、什么不可以做。不管你做什么类型的谈判，都不是你赢了，另一方输了。这是关于妥协、协作和双赢的环境。

尽管谈判有时会有负面含义，但它可以包含一个非常健康的互让，以达成一个让所有人都满意的结论。成功谈判的第一步是意识到对方的想法可能与你的不同。如果双方都被允许表达这些想法，并在这些想法上进行合作，则可能会取得一些双方从未考虑过的新成果。要做到真正的敏捷，谈判只能以一种方式进行，那就是双方离开时感觉好像他们被聆听到了，并且可以就他们前进的方向达成一致。在这方面，这是一个双赢的努力。

4．积极聆听

积极聆听是国际教练联合会（ICF）列出的教练的核心能力之一，也是其作为教练认证过程中重要的一部分。积极聆听被定义为“能够完全专注于客户说出的和没有说出的内容，理解客户所说内容在其愿望背景下的含义，并支持客户的自我表达”。

你是否发现，当你和某人交谈时，你往往在他们说完句子、想法或观念之前，便开始计划你的回应了？

这就是我们所说的聆听的“第一个层级”——你在听，但是以一种漫不经心的方式。如果你想拥有一个更高价值的谈话，就需要进入一个新的聆听层级，在这个层级上，人们将全部注意力集中在对方身上，避免所有的分心，真正注意谈话者所使用的语言。

（1）层级 1：内容聆听，即仅仅听到说的内容，听者根据自己的信念模式去解读，忽略了说话者的真正意图。

（2）层级 2：专注聆听，即不仅听到了说话的内容，还关注了说话者的语音、语调等表达方式，把自己放在了说话者的角度，用移情的方式感受说话者的想法和情感。

（3）层级 3：全局聆听，即除了听到说的内容，关注说话者的语音语调，还注意到说话者的动作或者手势等肢体语言。例如，说话者一直在看手表，可能说明他对时间非常关注，担心错过其他重要的事情。

5. 冲突解决

大多数人一般不喜欢冲突——更不用说在工作环境中了。也许他不同意你的项目管理方式，或者你不同意某人对团队正在解决的问题提出的解决方案……各种场景不一而足，特别是针对处于塔克曼团队成长模型第二阶段（风暴期）的团队。冲突并不可怕，只要我们掌握好如何合理地处理冲突即可。

托马斯–基尔曼冲突模型（于 2003 年提出）是世界领先的冲突解决方法，它从坚持度和合作度两个方向出发，划分了 5 种常见的冲突处理方式：竞争、回避、退让、妥协和合作，如图 3-19 所示。

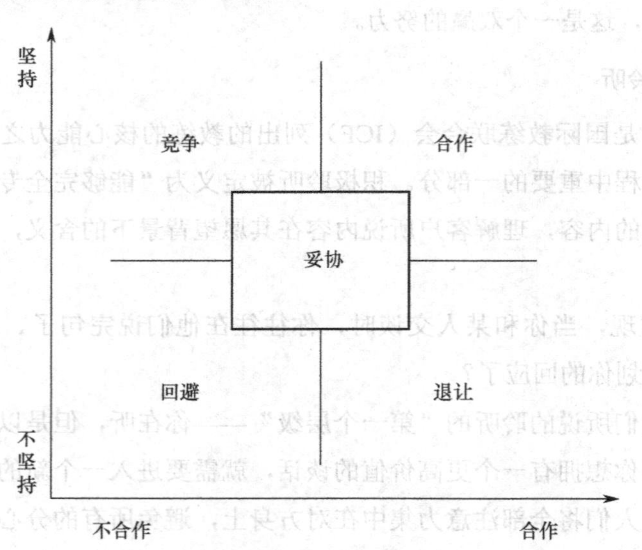

图 3-19 托马斯–基尔曼冲突模型

5 种冲突处理方式及释义如表 3-2 所示。

表 3-2 5 种冲突处理方式及释义

方式	释义
竞争	高度坚持且不合作，又称为强迫策略，指的是牺牲一部分成员的利益，换取自己的利益或团队整体的利益。其特征是正面冲突，直接发生争论、争吵或其他形式的对抗，为了取胜不惜任何代价。 不推荐

（续表）

方式	释义
回避	不坚持也不合作，冲突双方意识到冲突的存在，但试图忽略和放弃冲突，不采取任何措施与对方合作，也不维护自身利益，希望一躲了之。 不推荐
退让	不坚持且保持合作，指一方愿意把对方的要求和利益放在自己的要求和利益之上，做出自我牺牲，使对方达到目标，从而维持相互友好的关系
妥协	中等程度的合作，中等程度的坚持。冲突双方都让出一部分要求和利益，但同时也保存一部分要求和利益。其特点是没有明显的赢家和输家，他们愿意共同承担冲突问题，并接受一种双方都达不到彻底满足的解决方案。冲突双方的基本目标能达成，相互之间的关系也能维持良好，冲突能得到暂时解决，但也有可能留下了下一次冲突的隐患
合作	高度坚持且高度合作。冲突双方既考虑和维护自己的要求和利益，又充分考虑和维护对方的利益，尽可能使双方的利益都达到最大化，最终达成共识。合作方式的特点是冲突双方相互尊重与信任，对于自己和他人的利益都给予高度关注，坦率沟通，澄清差异，致力于双赢。合作的方式能使冲突得到完全消除。 这是敏捷中最推荐的方式

6. 善于说不

不能在适当时候拒绝他人，不仅会影响自己需求的满足、工作的进度、时间精力的分配，还会让自己在情感与精神上过度负荷，感到不公平、愤怒、仇恨等，最终影响一个人的心理与生理健康。

善于说不的3个技巧如下。

1）不要总是立刻回答对方的请求

你需要思考自己目前最需要优先处理的事情，以及答应了对方请求之后需要付出和牺牲的东西。不过，回应的时间也不宜拖得过久，因为迟迟不给答复才更有可能导致人们最害怕的那些负面结果的出现，如伤害了对方的感情。

2）当你决定拒绝时，诚恳地说明原因

具体告诉对方你是如何考虑的，并同时给出可能的建议。例如，“虽然我不能帮助你，但可能还有××××这些资源或许能帮到你”。因为通常当你拒绝了对方之后，对方最关心的往往是“接下来应该找谁帮忙”。

3）不要过度道歉

在说明原因时，尽量避免过于冗长的借口、频频道歉等，因为这些借口有可能让对方找到更多可以说服你的点，也让对方感觉只要多费些唇舌便可能说动

你，甚至给对方一种“你不帮我真的是你的错”“本来帮我就是你应尽的义务”等不健康的错觉。

7．适应性领导力

作为一个适应性强的领导者和敏捷的项目经理，必须能够转变观念，适应环境以进行有效的领导。这才能让你和你的团队关注增值，减少浪费，从而满足干系人的期望。

> “没有人真正做到敏捷——他们是敏捷的！”
>
> ——Hunt J. Ashley，2018

这句话强调敏捷是一种存在的方式，即变得敏捷（Being Agile），而不是一套做事的过程，即做敏捷（Doing Agile）。即使已经学习了所有的方法和框架，贯穿其中的不变主题是有效的和适应性强的服务型领导。

说起来容易做起来难，没有人期望你总是完美的。记住，在敏捷中有一种不责备的文化，因此，错误是可以预料和接受的。错误是我们学习的方式，也是成长为领导者的方式；适应并成为一个终身学习者；有效地管理变革，并实践服务型领导；解决问题，在需要时提供指导，并在自己需要时接受指导。

适应你的团队和环境是敏捷的关键，因为敏捷团队中没有一个职位能控制另一个职位，每个人都有自己的角色。你的工作是通过亲身实践和以身作则来树立最佳实践和行为榜样。

3.5 练习题

1．当敏捷团队成员协作决策并拥有产品所有权时，这种决策模型被称为（　　）。

A．命令型　　　　B．管理型

C．参与型　　　　D．个体型

2．考虑对项目的影响时，在干系人名单中敏捷项目经理应给予哪位最高优先级？（　　）

A．能够妨碍项目实现目标的干系人

B．能够妨碍项目的干系人

C．能够妨碍项目按预算交付的干系人

D．像朋友一样工作并帮助准备干系人名单的干系人

3．在基于 Web 的软件项目中，项目业务负责人向团队成员询问一个阶段性的状态，团队成员回应工作已完成，业务负责人感到困惑，因为在访问网站时，新功能不存在，是什么原因导致这种误解呢？（　　）

A．团队成员感到压力而夸大项目进展，以便让业务负责人满意

B．该特性的开发工作已完成，但该特性未发布

C．该特性的开发工作未获得项目干系人的批准

D．业务负责人未能在用户故事中定义该特性的验收标准

4．Wilson 和他隶属的敏捷团队正在举行关于干系人管理的讨论。为什么干系人管理是一个敏捷团队重要的话题?（　　）

A．因为干系人积极参与是项目成功的关键

B．因为职责任务不分配到干系人的话，会造成范围蔓延

C．因为管理干系人的需求是必要的以防止产品待办列表扩展

D．因为防止干系人影响开发团队有助于提高速度

5．由于用户故事中的一项功能不完整，敏捷项目经理对召开与项目干系人的迭代评审会议感到担忧，团队应该怎么做？（　　）

A．调查团队，并获得一致同意，决定是否应该召开评审会议

B．按计划参加评审会议，接受对已完成工作的反馈

C．推迟评审会议，并在所有用户故事均已完成的情况下重新支持评审会议

D．通过获得项目干系人的一致同意，确定是否应该召开评审会议

6．迭代审核会议中应邀请干系人吗？（　　）

A．不应该，因为迭代审核会议中只预留给产品团队，来保证用户故事通过验收测试

B．应该，因为迭代审核会议是特地为干系人和产品负责人准备的，所以产品负责人当然应该邀请干系人

C．应该，因为这是敏捷框架的关键成分，在框架中向干系人示范产品功能的最新增量，来进行检查、反馈和调整

D．不应该，因为迭代审核会议是团队非公开的，这样可采取必要的时间来进行对绩效的反思和做持续完善

7．在迭代计划期间，产品负责人和团队对某次迭代的情况存在不同的感受，敏捷项目管理师建议用一种更透明的方式来沟通工作进展情况，敏捷项目经理应使用哪种工具？（　　）

A．信息看板　　B．石川图

C．鱼骨图　　D．计划扑克技术

8．一家企业拥有开发高品质创新产品的目标，企业为团队提供了具体参数，以便使团队能够完成开发并获得目标市场，团队需要在交付高品质产品的同时增加业务价值，若要完成这个目标，团队应该怎么做？（　　）

A．经常进行迭代、获得反馈，并优先考虑项目干系人的利益

B．进行规模大小估计，制作模型，获得管理层的批准

C．减少规划时间，邀请客户参加，增加回顾时间

D．经常进行评审，获得反馈，确保项目干系人参与

9．Sprint 的速度低于预期，敏捷团队成员应该怎么做？（　　）

A．限制团队成员和客户之间的沟通，以防不必要的焦虑

B．管理沟通，重置相应团队成员和干系人的期望

C．管理几名团队成员和客户之间的沟通，让他们可以将信息传达给其他成员

D．引导团队成员之间一对一沟通，以减少冲突和低效率

10．项目干系人对一个新的敏捷项目和敏捷团队都拥有明确目标，为什么项目干系人定期沟通团队目标很重要？（　　）

A．为了限制外部介入产品开发

B．为了确保目标受到激励

C．为了重新调整团队目标

D．为了提供交叉培训机会

11．产品负责人一直听取一个项目干系人的意见，远远超过其他项目干系人，敏捷管理专业人士应该怎么做？（　　）

A．允许干系人和产品负责人自己解决问题

B．与干系人安排一次专门会议，以澄清他们的需求

C．与产品负责人的主管经理沟通

D．指导团队遵循产品负责人的优先级

12．在为新产品工作时，敏捷团队应该如何确保与外部干系人保持一致？（　　）

A．查看项目愿景说明书

B．要求产品负责人提供详细的产品规范文件

C．召开项目启动大会分配角色

D．与 Scrum Master 合作，确保遵循敏捷原则

13．原型的定义及在项目中的用途是（　　）。

A．原型并不用于项目中

B．原型是初始计划，用于滚动计划中

C．原型是指为干系人展示设计概念的一种低成本和低风险的方法

D．原型是指等待产品待办事项验收的用户故事

14．Jessica 作为一个合格的敏捷实践者，相信知识共享的价值。下列哪项是知识共享最好的定义？（　　）

A．所有干系人和团队成员之间的信息协同营造一个信息共享的项目环境

B．在需要了解的信息的基础上共享

C．在产品负责人与首席开发工程师之间，共享开发团队为了实施绩效改进计划的信息

D．及时信息共享

15．你是敏捷项目的经理，你发现有一个关键干系人是团队的主要干扰人。他频繁地从团队中获取项目状况信息，提供建议，有时也会变更需求。对此，你应该做什么？（　　）

A．升级问题并禁止他进入团队

B．邀请干系人参与适当的规划或审查会议，要求他提供自己的观点

C．倾听干系人的陈述，但忽略他的建议

D．直接告诉干系人在迭代周期中不要打扰团队

16．项目干系人对开发团队信心不足。下列哪项对干系人的信心建设最有

效？（　　）

A．和干系人参与更多的会议来促进沟通

B．低缺陷数

C．一个自组织的团队

D．在每次迭代结束后交付有着更多相关功能的工作软件

17．一个事项的状态被视为“已完成”，必须满足哪项条件？（　）

A．团队与项目发起人达成该事项已完成的一致意见

B．产品负责人接受该事项已完成

C．产品负责人和客户批准用户故事

D．团队和客户批准用户故事

18．完成任务后，敏捷管理专业人士建议在当前迭代中添加一个故事。在 Sprint 中仍然存在未完成的承诺的故事。敏捷管理专业人士应该怎么做？（　　）

A．在正在从事的 Sprint 之外，要求产品负责人提供一个新故事

B．独立完成故事，因为团队组成质量低

C．等到回顾会议，要求团队批准开展新的故事

D．提供团队新资源支持，帮助完成 Sprint 中的其他故事

19．一个干系人抱怨团队发送过多的电子邮件进行审批。团队领导注意到团队与该干系人的工作相互隔绝，几乎没有机会互动。为了解决这个问题，团队领导建议进行更频繁的面对面需求评审，团队领导建议的是什么？（　）

A．渗透式沟通　　B．协作

C．集中办公　　D．结对编程

20．产品负责人指出一个未发布的已识别目标无法得到满足。若要确保未来发布满足目标，则敏捷管理专业人士应该怎么做？（　）

A．在下一次 Sprint 计划会议前，让产品负责人对产品需求列表排列优先顺序

B．通知产品负责人 Sprint 成本

C．确保产品负责人与干系人一起设想产品

D．从产品负责人获得批准的 ROI

第 4 章

打造高绩效敏捷团队

团队是指一些技能互补、有着共同目标和愿景、共同承担责任的人。团队与团伙有着本质区别。建立一个高绩效的团队对项目的成功至关重要，敏捷强调以人为本，如何激发每个个体的主动性与能动性是敏捷转型成功的关键所在。

一个高绩效的团队具有以下几个特征：

（1）授权正确的成员。

（2）建立信任。

（3）稳定可持续的工作节奏。

（4）真诚、开放沟通。

（5）定期回顾和反思。

（6）团队领导负责消除所有障碍并提供指导。

（7）自组织。

（8）协作。

（9）建设性对抗。

4.1 跨职能人员组织

敏捷产品开发是由敏捷团队来负责实施的。敏捷团队是小型团队，规模在 10 人左右。敏捷团队结构示例如图 4-1 所示，通常客户与组织内团队组成虚拟的敏捷团队。

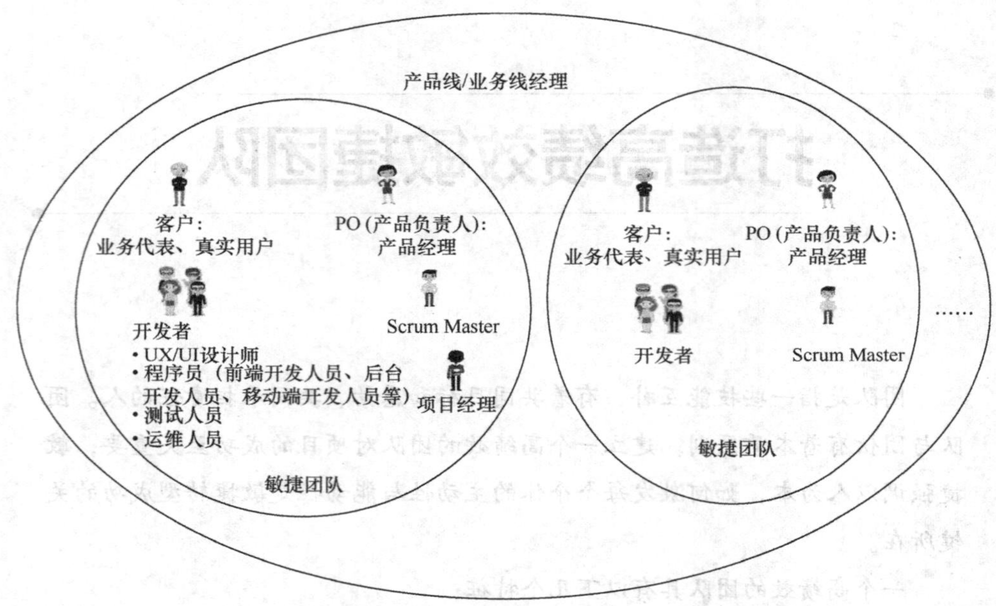

图 4-1 敏捷团队结构示例

1. 产品线/业务线经理

（1）负责高价值、高质量、高效率的产品交付。

（2）促进团队技能的提升。

（3）加速工作方式的改进。

（4）承担绩效、招聘等团队管理职责。

2. 客户

（1）真实用户：实际使用产品的用户，对产品有自己的个人期望和诉求。

（2）业务代表：代表一个或多个业务线/业务单元的众多真实用户；整合各方业务需求及对业务需求排优先级；对产品进行整体规划；编写 BRD（商业

需求文档）。

3. PO

（1）为产品规划愿景。

（2）编写 PRD（产品需求文档）。

（3）为投资回报率（ROI）负责。

（4）负责定义、验收、运营产品。

（5）维护产品需求列表。

（6）一般由产品经理或者业务分析师担任。

4. 开发者

（1）2021 年 11 月《Scrum 指南》之前的版本，将开发者称为开发团队，目的是体现 Scrum Master、PO 和开发者是在同一个团队（Scrum 团队或敏捷团队）内，并且仅仅是 3 个角色。

（2）开发者聚焦特性开发，可独立交付产品功能。

（3）开发者具有自组织、跨职能、独立交付特性的特点，包含交付产品所需的所有技能的人员，如 UX/UI 设计师、程序员（前端开发人员、后台开发人员、移动端开发人员等）、测试人员和运维人员。

5. Scrum Master/敏捷促进者

（1）负责敏捷的落地和持续保持。

（2）辅导团队采用各种敏捷方法或实践（如 Scrum 和 XP），并促使团队变得更加敏捷。

（3）引导团队消除障碍，持续改进工作方式。

（4）通常由积极主动的团队成员兼任。

6. 项目经理

（1）因为大部分管理职能已经由 PO、开发者和 Scrum Master 分别承担，所以，小型产品不需要项目经理；而大型复杂解决方案或者甲乙方项目，需要项目经理负责更大的挑战和更宏观的管理和治理。

（2）组织协调、推动项目问题的解决，如机器资源和人力不足问题、外部依赖等。

（3）定期向敏捷团队及干系人汇报项目的进展、问题和风险。

（4）对项目的范围、进度、成本、质量和价值进行监控。

（5）外部协同方的沟通、同步，例如，跨部门上下游团队、外部供应商等。

关于敏捷团队中的其他特殊情况如下。

（1）对于 ToB 产品，真实用户和业务代表通常来源于业务部门。

（2）PO 通常来源于研发部门的产品经理。

（3）开发者中的 UX/UI 设计师、前端开发人员，通常由多个敏捷团队共享。

（4）对于测试人员，如果敏捷团队没有专职测试人员，程序员就需要提升测试技能，承担系统测试工作。

（5）运维人员也是开发者，主要负责应用/系统的运维，通常由程序员轮值，以便形成开发运维一体化的全功能团队。

敏捷项目得益于这种跨职能团队结构，这种结构能改善团队内部和团队之间的合作。

4.2 塔克曼模型：团队发展的 5 个阶段

布鲁斯·塔克曼（Bruce Tuckman）的团队发展阶段模型可以用来辨识团队构建与发展的关键性因素，并对团队的历史发展给以解释。团队发展的 5 个阶段包括形成期、震荡期、规范期、成熟期和解散期（解散期是在 1977 年加入的）。根据布鲁斯·塔克曼的观点，5 个阶段都是必需的、不可逾越的。团队在成长、迎接挑战、处理问题、发现方案、规划、处置结果等一系列过程中必然要经过上述 5 个阶段。如图 4-2 所示，在各阶段，团队的状态及工作绩效表现也是不一样的。

（1）形成期：启蒙阶段，也称项目形成阶段，团队刚刚组建，相互之间开始试探。试探的目的是辨识团队的人际边界及任务边界。通过试探，建立起团队成员的相互关系、团队成员与团队领导之间的关系，以及各项团队标准等。

在形成期，团队成员基本是独立工作的，有可能被动协作，部分团队成员还有可能表现出不稳定、忧虑的特征。

（2）震荡期：各种观念激烈竞争、碰撞，项目处于震荡阶段。团队开始获取团队发展的信心，但是存在人际冲突、分化的问题。

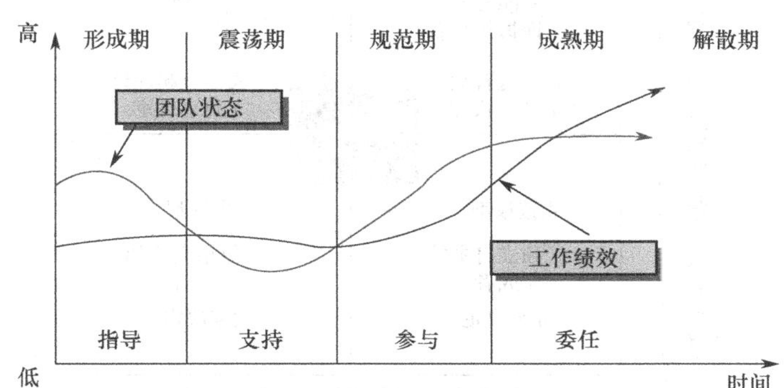

图 4-2 塔克曼团队发展阶段模型

团队成员面对其他成员的观点、见解，更想要展现个人性格特征；还会表现出对团队目标、期望、角色及责任的不满和挫折感。

（3）规范期：规则、价值、行为、方法、工具均已建立，项目处于规范阶段。团队绩效开始提高，团队开始形成自己的身份特征。

团队成员调整自己的行为，以使得团队发展更加自然、流畅；开始有意识地解决问题，实现组织和谐；整体动机增强。

（4）成熟期：团队角色更为灵活和功能化，团队能量积聚于一体，项目处于成熟阶段。

在成熟期，团队运作如一个整体；工作顺利、高效完成，冲突可以及时解决，不需要外部监督。

团队成员对于任务层面的工作职责有清晰的理解；不需要监督，能够自治；随处可见“我能做”的积极工作态度；互助协作。

（5）解散期：任务完成，团队解散，成员离开项目，项目处于解散阶段。有学者将解散期描述为“哀痛期”，反映了团队成员的一种失落感。团队成员动机水平下降，关于团队未来的不确定性开始回升。

我们希望敏捷团队是持续稳定的、长期存在的。不要总是经历塔克曼模型的几个阶段，毕竟达到成熟期需要时间，而且工作绩效也受到影响。对于敏捷领导者，在不同阶段应该采取不同的工作风格。

不同领导风格如图 4-3 所示。

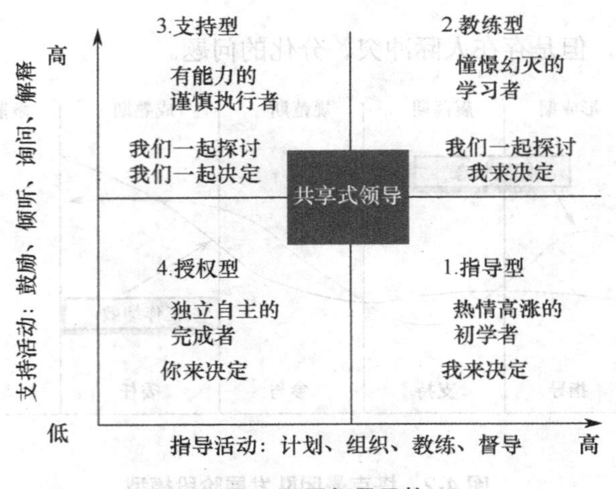

图 4-3　不同领导风格

不同阶段的不同领导风格如表 4-1 所示。

表 4-1　不同阶段的不同领导风格

阶段	成员情绪	典型疑问/行为	工作重点	工作风格
形成期	兴奋、期望、焦虑、怀疑	我的目的是什么 我的角色和任务是什么 我能和别人合得来吗	指导、分析	指导型
震荡期	挫折、愤怒、紧张、对立	我的职责是什么 我该如何配合别人 我知道他的缺点，可不知道如何帮助他	冲突管理、运用影响	教练型
规范期	明确、信任、规范、交流	关系确立 接受团队规则 逐步有凝聚力	帮助建立关系	支持型
成熟期	开放、沟通、积极、激情	具有集体感、荣誉感 积极开放 配合默契	授权	授权型

4.3　守破离：敏捷实践落地模型

在敏捷管理中，经常会借鉴日本剑道中的思想——“守破离”。“守破离”的大概意思和中国武侠小说中练剑的境界类似。守，就是要遵循既有的招式，一丝不苟地练习，“心中无剑，手中有剑”；破，就是要根据自己的情况，对招式中不合适的地方做局部的改善，做到“心中有剑，手中有剑”；离，是最高的境界，不需要想招式，只需要根据实际情况采取最合适的措施，做出最合适的应对，克敌制胜，那就是“心中无剑，手中无剑”，如图 4-4 所示。

图 4-4　敏捷中的“守破离”

在敏捷实践过程中，“守破离”的含义如下。

（1）守：提供一种具体的方法（规范/流程），可供初学者遵循以获得成功。

（2）破：在“守”的基础上，了解更多可选的方法，并了解每种方法的异同、适用范围，选择适合的实践。

（3）离：对各种方法融会贯通，不拘泥于具体的形式而运用自如，能够发明自己的实践。

这个模型启示我们在落地敏捷的过程中，不要急于求成，一定要先守再破、再离，不要上来就强调我们的项目不一样，我们的文化不一样，我们的业务不一样，我们的技术积累不一样，因此，那些成熟的实践都不适合，上来就“离”，就想搞自己的特色，这是不对的，毕竟就像 Scrum 框架，里面的实践都是经过千锤百炼、经过很多团队验证过的，已经是最简化的版本。

4.4　德雷福斯模型：技能获取的 5 个级别

德雷福斯模型（Dreyfus Model）最早是由德雷福斯兄弟在 20 世纪 70 年代提出的，是被广泛认同的技能习得（Skill Acquisition）模型。德雷福斯兄弟考查了行业技术能手，包括商用客机飞行员和世界著名国际象棋大师。他们的研究表明，从新手到专家的过程中，人们不只是知道更多或者获得了技术，而且在如何认识世界、如何解决问题及如何形成使用的思维模型等方面体验到了根本性的区别。

德雷福斯模型描述了从新手到专家经历的 5 个级别，如图 4-5 所示。

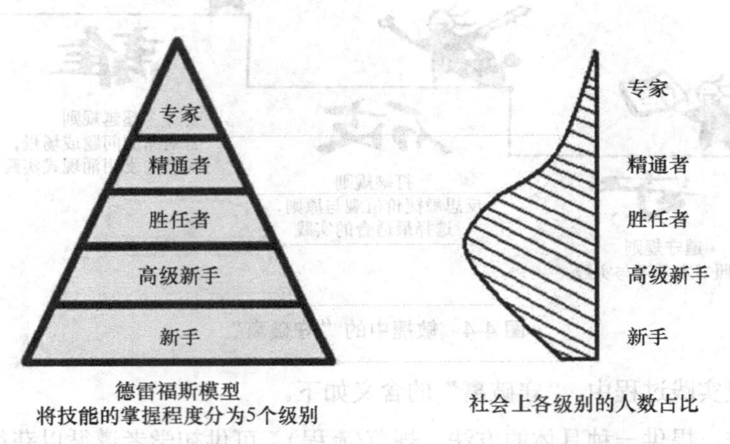

图 4-5　德雷福斯模型

1. 新手

新手需要详细指导，手把手地教，这是因为新手不知道哪些技能或者知识有效，也不知道哪些经验更加重要，刚入门，没有知识可供他们进行评估。新手需要频繁快速地获得成就感和有规律的反馈，因此，一本入门指导书籍或手册会很有帮助，当然，传帮带是最有效的，如我们经常讲的“导师”机制。

2. 高级新手

高级新手对基本步骤、单独的任务已经熟悉了，而且可以把它们进行有机组合。虽然他们仍然在很大程度上是面向任务而不是面向目标的，但是他们已经开始有些概念了。这也是一个学习者最危险的阶段，虽然他们知道自己已经学到了不少，但这还不足以让他们远离麻烦。只有积累足够的经验，高级新手才能拥有足够的能力胜任某些高阶工作。

3. 胜任者

胜任者开始进入面向目标的工作模式。他们能够把一系列任务组合起来以达成某个目标，也许组合顺序不是最佳的，但通常可以发挥作用。胜任者希望对于给定的目标，能够得到别人的信任而自行达成这个目标。相反，如果要试图详细告诉他们应该怎么做，这些胜任者就会觉得很烦躁，就像青春期的孩子一样，家长过多的嘱咐就成了烦人的唠叨。大部分人在大部分技能上很难超越“胜任者”的水平，即使他们每天在工作中使用。这是人类的基本特性，一旦有所收获，就不想再投入精力了，而且对大部分活动来说，所谓的收获只不过是把工作做完而已。

4. 精通者

精通者不仅能够按要求高效完成简单常规的任务，还能完成复杂困难的任务。精通者对他们负责的工作能够得心应手、熟能生巧，积累了许多模式，形成了一定的工作直觉，很多任务和工作可以自动实现。从“新手”发展到“胜任者”基本上是线性的过程，而发展到“精通者”代表了一个台阶的提升。一个人必须积极选择才能促成这个转变的开始。通过对某件事情重复足够的次数是可以达到“胜任”的。例如，格拉德维尔先生在《异类》一书中提到的“10000 小时定律”，但要想变得“精通”，必须有明确的心理诉求。

5. 专家

专家可能要花费数年的努力才能达成。正如从“胜任者”到“精通者”的转变一样，转变为“专家”也是非线性的过程。专家工作时几乎完全是自发的状态，而且很少犯错误。他们不仅能够完成自己的工作，而且能够站在更高的层面“替”整个行业和领域思考及实践，能够创新出系统化的方法论，解决新的、更复杂和宏大的问题，这样的人屈指可数。

在一个团队或者一个组织中，特别是在互联网公司（平均 20%～30%的年离职率），绝大多数人其实是新手或高级新手，胜任者很少，至于精通者和专家更是少之又少。我们不能期望每个团队成员都是精通者或者专家，即使组建了这样的团队，也不一定就是高效的团队，例如，由 11 个前锋组成的球队比赛成绩反而会很差，毕竟还得有人去干“脏活、累活”。

这个模型给我们的启示是，针对不同能力的人，应采取不同的策略来帮助他成长，这也是敏捷服务型领导的必备特质，毕竟敏捷团队基本都是由精通者和专家组成的混合团队。

4.5 自管理自组织

享誉世界的“现代管理学之父”彼得·德鲁克在《知识社会》一书中提出，我们正在面临每隔几百年就会发生的一场变革，而这一次，我们将共同进入知识社会。在知识社会中，知识正在迅速成为社会的核心资源，知识工作者将成为知识社会的主导。

> “知识社会必须下放权力。在这种社会中，每种组织必须能够迅速决策，这就需要将权力下放给那些接近组织运作、市场、技术、社会变化、环境变化、人口变化的人去做决策——这些都必须被视为创新的机会，并得到利用。”
>
> ——彼得·德鲁克

针对知识工作者，管理的最高境界是无为而治。无为而治的核心理念是自组织、自管理。“群众是真正的英雄”，自组织、自管理，给员工留下自由发挥的空间，依靠员工的自觉自愿，自己激励自己、自己约束自己、自己主动协助同事，各司其职，齐心协力，实现组织的目标，这也就是说他们自己能够选择如何以最好的方式完成工作，而不是由团队之外的人来指导。敏捷 12 原则中的第 11 条——“最好的架构、需求和设计出自自组织团队”，也强调了这一点的重要性。

> “他们是自组织的。没有人（包括 Scrum Master）有权告诉开发者们应该如何把产品需求列表变成潜在可发布的功能增量。”
>
> ——Ken Schwaber《Scrum 指南》，2017

团队专家理查德·哈克曼给出的团队权力矩阵描述了敏捷团队的 4 个演进层次，如图 4-6 所示。大多数团队一开始都不是敏捷的，都是传统的“被管理”团队，经过敏捷转型，才逐步从自管理到自设计，最终实现自组织。在这个过程中，团队的职责越来越多，而管理者的职责越来越少。

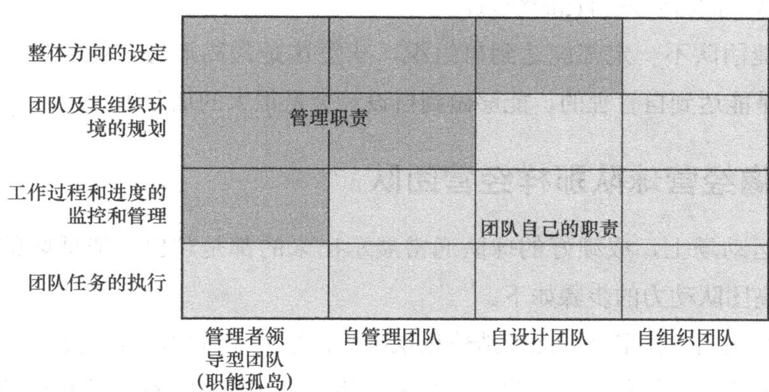

图 4-6　敏捷团队的演进层次

从管理者的视角来说，其负责团队的 4 项职能。

（1）整体方向的设定：管理者为团队制订明确的方向，如年度目标、季度目标等。

（2）团队及其组织环境的规划：管理者为团队目标的落地制订计划，同时配置相应的环境，包含硬件、软件和人员方面的调配。

（3）工作过程和进度的监控和管理：管理者负责团队计划落地中的流程管理、过程中的进度跟踪和问题的协调处理等。

（4）团队任务的执行：这一点由团队落实，管理者不参与。

从团队自己的职责来说，团队的发展可分为 4 个层次。

（1）管理者领导型团队：团队处于管理者强管控的状态，团队成员只接受命令、执行任务。传统的项目管理团队基本属于这一类型。

（2）自管理团队：领导者决定团队的大方向，团队自己管理具体事情的执行过程，还负责监控和管理自己的表现。例如，敏捷团队在日常的迭代中自己进行计划会、站会、评审会、回顾会、需求梳理等。

（3）自设计团队：团队有权修改他们团队的构成或他们在其中运作的组织环境的某些方面（如工作环境、工作流程）。管理者依然为团队设定总体方向，但是给成员其他方面的全权。

（4）自组织团队：管理者完全授权给团队，团队能够决定应该做什么，并决定如何做，同时管理自己的绩效。

敏捷团队不一定都能达到自组织，毕竟这是最高形态，能够达到的少之又少；要是能达到自管理的，能够做到自设计会是很大的加分项。

4.6　像经营球队那样经营团队

在运动场上，成绩好的球队通常展示出来的都是超出一般球队的活力与动力，提高团队动力的步骤如下。

（1）氛围：在多个层面营造快乐氛围，快乐的团队生产效率高。

（2）反馈：提供反馈指导，肯定和感谢团队成员的工作，为团队成员的能力提升提供指导与训练。

（3）授权：授权团队成员做关键决策，信任团队的能力。

（4）内驱力：自主感、掌控感和目标感会让人感到快乐，驱动力更强。

（5）简单规则：没有规矩不成方圆，但规则一定要简单。

（6）目标统一：有吸引力的愿景或目标是团队前进的原动力。

1. 橄榄球团队

1986 年，Hirotaka Takeuchi（竹内弘高）与 Ikujiro Nonaka（野中郁次郎）发表了名为《新的新产品开发游戏》（*The New New Product Development Game*）的文章，文中提到：“在当今快节奏、竞争激烈的商业新产品开发领域，速度和灵活性至关重要。公司越来越意识到，旧的、顺序的方法根本无法完成新产品的开发工作。相反，日本和美国的公司正在使用一种整体的方法，就像橄榄球一样，当球作为一个整体在球场上移动时，球在团队中传递。”

关于这种方法，在当时还没有明确的名称，2001 年《敏捷宣言》签署之后，才有了“敏捷软件开发”这个类别，两位作者总结了这种整体方法有 6 个特点：“内置的不稳定性、自组织的项目团队、重叠的开发阶段、多重学习、微妙的控制和学习的组织转移。这 6 块组装起来就像一个拼图，形成了一个快速灵活的新产品开发过程。重要的是，新方法可以起到变革推动的作用：它是将创造性的、市场驱动的想法和流程引入旧的、僵化的组织中的工具。”

文中还对橄榄球方法进行了描述：“在橄榄球方法下，产品开发过程从一个精心挑选的多学科团队的不断互动中产生，团队成员从开始到结束都在一起工作。该过程不是在定义好的、高度结构化的阶段中进行的，而是在团队成员的相互作用下产生的。例如，一组工程师可能会在可行性测试（第二阶段）的所有结果出现之前就开始设计产品（第三阶段）。或者，团队可能会因为稍后的信息而被迫重新考虑某个决定。团队不会停止，而是进行迭代实验。这在开发过程的最终阶段也会发生。”

这是最早的关于敏捷方法的论文，Scrum 借鉴了其中的很多观点。Scrum 这个术语也是从橄榄球中借来的，在橄榄球场上称为“密集争球”，指双方队员排成密集队形争球，由抢到球的一方发起进攻。

既然敏捷源于橄榄球队，那么我们可以思考如何像球队那样经营团队。

2. 跨职能无角色

在橄榄球或者足球场上，球员被赋予不同的角色，如前锋、中后卫、边后卫、中场、前卫、守门员等，各自有各自的职责及主要负责的区域，这强调的是跨职能。

现代足球强调团队整体协同，能做到全攻全守最佳，即使不能，也会有自己的特色，或以攻代守，或以守代攻。但无论如何，每个队员不能“只管自己门前雪，不管他人瓦上霜”。前锋除了进球，也要协助防守；后卫除了防守，关键时候如果有机会能够进球，就不能等前锋来完成。这意味着不能把职责分得那么清，强调无角色。

同理，敏捷团队也必须秉承这样的理念。团队必须具备能够端到端完成需求的不同职能人员，组成“特性团队”（Feature Team），力争每个迭代都能做到潜在可交付，同时，团队需要密切协同，相互补位。

3. T 型技能

最受教练欢迎的队员类型之一就是能够踢几个位置的“万金油”球员，这样能让教练在排兵布阵时更加从容，因为这样的球员在场上能够无缝切换几个位置，一旦教练要改变打法，或者有人受伤需要替换时，“万金油”球员就能立刻发挥作用。

同样，敏捷团队也需要有类似作用的人员，一般把他们定义为“T 型人才”，即一专多能；如果能够做到“两专多能”，就是难得的“π 型人才”；如果是多专多能，就是所谓的“全栈人才”，这类人才到哪里都会特别受欢迎。

为了储备这类人才，除了招聘，还可以通过“知识分享、实践社区、结对工作”等方式打造，实现一个学习型组织。

4. 两个披萨团队

每个球队的上场人数都不会很多，足球和橄榄球是 11 人，篮球是 5 人，排球是 6 人。关于敏捷团队最佳人数的描述，通常会提到发源于亚马逊的“两个披萨团队”。据说，在亚马逊，团队能够保留的最多人数取决于市场上能买到的两个披萨能不能让这个团队吃饱。虽然这个说法不是很科学，但是说明了一个基本原则——保持高效，我们需要的是精英小团队，毕竟人越多，沟通协作成本越高，而且是呈指数级增长的。团队人数对生产率的影响如表 4-2 所示。

表 4-2 团队人数对生产率的影响

团队大小	1～4 人	5～10 人	11 人
平均关系数量	3 个	26 个	55 个
估计的平均管理时间	15 分钟	48 分钟	68 分钟
生产率	可接受	优秀	最差

注：关于平均管理时间，取自 PMI 预估，即总工作量的 10%～25%。

关于团队大小与生产效率的关系，还有更多的证据，如 Jeff Sutherland 在《敏捷革命》中的观点。

“劳伦斯·普特南（Lawrence Putnam）是软件开发领域的一位传奇人物，他一生都致力于研究工作时间与效率的问题。他的研究成果表明，如果一个项目的参与者超过 20 个，那么与参与者只有 5 人或少于 5 人时相比，需要付出的努力就会更多，而且不是多出一星半点。和小团队相比，大团队需花费 5 倍以上的时间才能完成任务。他一次又一次地看到这种现象，于是，到 20 世纪 90 年代中期，他决定开展一项大范围的研究，以确定一个团队究竟维持在多大规模才算合适。他从数百家公司中选取了 491 个中型项目。这些项目都需要设计出新产品或新功能，而不是对固有产品或功能进行修修补补。他根据团队规模对这些项目进行了分类，很快就发现，一旦团队规模超过了 8 人，项目耗费的时间就会非常多。要完成同样的工作量，3～7 人的团队所需时间只有 9～20 人的团队所需时间的 25%左右。这种情况在数以百计的项目中反复出现。大规模团队完成的工作反而比较少，这似乎是人性的一个铁律。"

——Jeff Sutherland《敏捷革命》，2015

5. 减少干扰

提升团队效率最大的障碍之一是不能让团队成员全心专注。多年来，通常是在危急时刻，我们组建"老虎队"和"特警队"来处理特殊问题，目的就是让他们保持专注。然而，大多数组织喜欢同时给团队成员分配多个项目的工作，这被认为是对"稀缺资源"的有效利用。

研究表明，从事一个以上项目的人每次从一个项目转移到另一个项目都会产生成本。主要成本是上下文切换所需的时间。像打电话这样的简单中断，可能会花费 15 分钟恢复。任务越复杂，切换需要的时间就越多。如果从事的项目超过两个，成本可能会更高。多任务切换成本如图 4-7 所示。

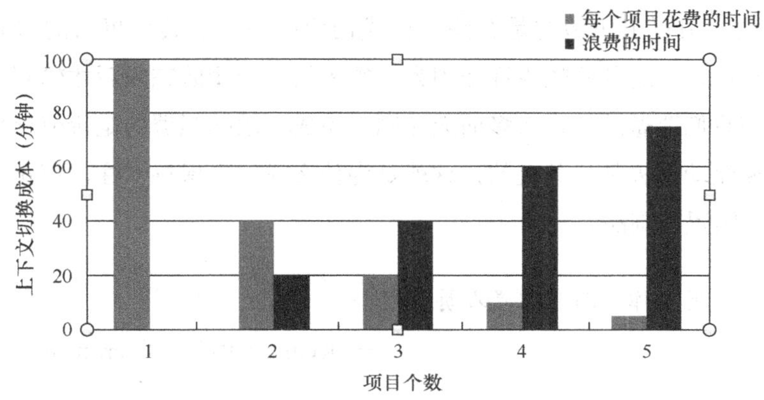

图 4-7 多任务切换成本

资料来源：InfoQ 网站。

注意，这里提到的“多任务”是指多个项目的任务。有人可能会说，敏捷团队是跨职能的，每天都忙于各种各样的活动，包括需求的阐述、分析、设计、测试和编码，这难道不是多任务吗？答案与上下文的宽窄范围有关。如果是不同的项目，则在需求或技术上的跳跃越大，需要的切换时间就越多。作为一个保持专注的敏捷团队，所有的日常活动都是针对一个狭窄的功能和技术范围的。一个迭代通常只涉及少数几个故事，尽管需要的活动是多种多样的，但内容是狭窄的，这样切换会相对容易。当然，敏捷中还有许多让所有人专注的方式，如任务板、持续集成、自动化测试、结对工作和回顾等。

在亚马逊，为了让团队保持专注，不受外界打扰，提倡“独立单线程团队”。

“所谓‘独立’，就是像软件团队 API 一样享有组织独立性。所谓‘单线程’，是指他们不做其他任何事情。”

——Colin Bryar《亚马逊逆向工作法》，2020

这种团队对具体的特性或功能享有清晰而明确的所有权，可以尽量不依赖或影响其他团队推进工作，这就是“独立单线程团队”的优势。

6. 关注闲置工作，而非闲置人员

在敏捷中，闲置工作（Idle Work）比闲置人员（Idle Worker）更浪费，经济危害也更大。闲置工作指的是有些工作我们想做却由于其他事情的阻碍无法做（如构建或测试）。这种停顿也许是因为必须等另一个团队完成后才轮到我们做，或者是因为我们要做的工作太多而无法同时完成。敏捷强调的是价值交付，如何让价值快速流动出去是最关键的，这就是为什么我们要保持专注，停止开始新的工作，关注闲置在制品。

“关注闲置工作，而非闲置人员。”

——Kenneth Rubin《Scrum 精髓》，2014

这个理念是最难被管理者接受的，因为在传统的项目管理理念中，一直是把人当作资源来看的，之所以要做计划，绘制甘特图，想控制变更，是因为想实现资源的最大化利用，因此，一旦看到人员出现闲置，就会认为出现了浪费。

这就像 CPU 一样，当 CPU 的利用率达到100%时，就不会再工作了，因此，谷歌会留给员工 20%的自由时间；37Signals 提倡每周工作 4 天，对于敏捷迭代计划，通常建议团队只计划 80%的工作量，预留 20%的机动处理，如线上问题、平时各种会议等。

如果你是一个 4×100m 接力的教练员，就一定不会让每个运动员都跑 400m，因为你应该只关注接力棒的行进速度；如果你是一个足球或者橄榄球教练员，则你应该关注是否有进球，而不是每个球员是不是在场上狂奔一万米。因为承载价值的是接力棒、是球，只需要让价值快速移动起来，达成目标。

如果你开始关注闲置人员，就变成了一种监控，就是对团队的不信任。毕竟我们要打造的是自管理自组织团队，那么就需要遵守承诺，不去打扰团队，允许团队自己管理好自己的工作。

7. 愿景对齐

伟大的球队通常有着伟大的愿景与目标，并以此吸引伟大的球员与教练一起努力奋斗。同样，成功的高绩效敏捷团队也要有愿景与目标的对齐，因为自组织自管理需要目标的牵引。

流媒体音乐服务平台 Spotify 模式的小队，类似于一个高度自治的、迷你的“创业公司”。一方面，小队要保持自主性；另一方面，也要兼顾公司在产品上的整体一致性。

通常认为，一致性和自主性就像天平的两端，如果自主性高，则一致性低，是矛盾的，是不可调和的。Spotify 认为，这是两个不同的维度，是可以调和的，如图 4-8 所示。

（1）低一致性、低自主性：管理者没有告诉团队要做什么，团队也不清楚要做什么及怎么做。

（2）高一致性、低自主性：管理者明确告诉团队要做什么及怎么做，团队需要绝对执行。

（3）高一致性、高自主性：管理者聚焦要解决什么问题，由团队自己去找出解决问题的方法。

（4）低一致性、高自主性：管理者未跟团队“对齐”要实现什么，团队成员各行其是，管理者很无助。

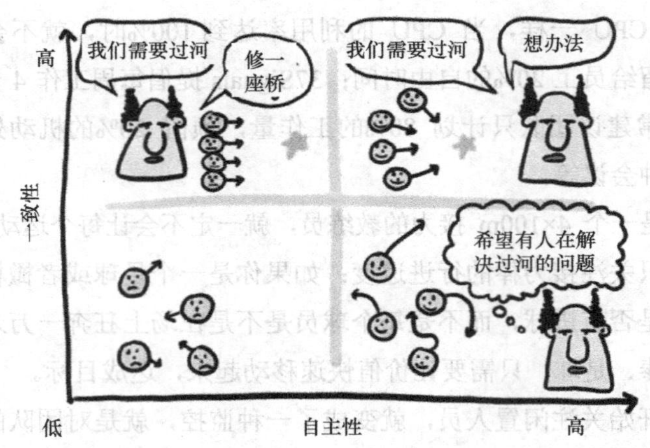

图 4-8 一致性与自主性

资料来源：Henrik Kniberg 网站。

很明显，理想情况是高一致性、高自主性，这时既保证了方向的正确性，所有人的目标是统一的，团队又有很高的自主性，效率是最高的。

8. 团队工作协议

工作协议是由团队共同商议，达成一致遵守的一组规则、纪律、流程的组合，目的是让团队持续保持高效和成功。

工作协议不是自上向下实施的命令、规定、制度，而是由团队自己商议决定的。Scrum Master 或敏捷促进者需要引导团队制订工作协议，但是达成哪些工作协议由团队自己商定。这样，才能体现团队的自管理、自组织。毕竟只有团队自己达成的规则，才是团队自愿遵守的。

根据塔克曼模型，刚组建敏捷团队时是建立工作协议的最好时机。

切记一点，敏捷是一种经验式过程，即流程和规则随着团队的需要涌现制订，因此，工作协议不能是一成不变的，需要与时俱进。

4.7 利于协作的环境

敏捷 12 原则的第 5 条是“激发个体的斗志，以他们为核心搭建项目。提供所需的环境和支援，辅以信任，从而达成目标”。

理查德·哈克曼（Richard Hackman）给出的团队权力矩阵中的“自设计团队”也强调对“组织环境的规划”。可见，一个有利于高度协作的环境对于敏捷团队是至关重要的，理想的团队工作空间就像一个作战室（War Room），如图 4-9 所示，有用户故事地图、任务看板、讨论白板等，团队成员面对面坐在一起，这些都有利于面对面沟通和渗透式沟通（Osmotic Communication），让信息在团队成员之间无意识地进行共享。

图 4-9 利于协作的工作环境

1. 可视化一切

将一切能够可视化的内容尽量可视化，如团队共享愿景、团队工作协议、项目目标、产品路线图、完成的定义、迭代目标、关键待改进项、任务板/看板、用户故事地图等。

2. 适合协作的物理空间

> “你不希望为了完成建模的工作而必须等待可用的会议室；你不想总是担心有人会擦掉你白板上的内容，或是扔掉你的索引卡片。我曾经在这样一些公司工作过，他们的工作空间严重匮乏，我们必须等好几天才能得到一个可用的会议室，项目进程也因此而被中断。”
>
> ——Scott Ambler（规范敏捷交付 DA 方法论创始人）

团队成员可以面对面坐在一起，能够看到对方；可以有一个随时讨论问题的白板、投影或者电视；在极限编程中，建议设立“caves”（洞穴区域）和“common”（公共范围）两个区，“caves”是一个私人的孤立且安静的环境，如电话房；“common”是一个公共的空间，在此常有渗透沟通和协作。

Mishkin Bertieg 在他的博客上记录了创建健康高效的工作空间时需要考虑的 8 个重要领域，虽然有些看起来很好实现，但是在执行的过程中，却是很难达成的。

（1）阳光、空气、自然。充足的自然光、流通的空气和鲜活的植物构成了一个绝佳的环境，人在其中可以感觉非常舒适。

（2）空间布局。人们需要在彼此旁边工作，进行面对面的交流。他们同样需要一个半私人的空间来进行讨论或打电话。这些空间的墙的面积要足够大，足以布置白板。

（3）人体工学。高度合适并且舒适的桌椅，灵活配合不同人的人体工学需求。

（4）个人隐私。每个人都需要有一点自己单独调配的时间。有些组织会提供彼此分开的迷你会议室或旅馆式个人空间。有些组织允许员工在团队房间之外有自己的个人小隔间。

（5）个性化。一个人可以灵活处理并个性化自己的空间。人们可以在其中放置自己的照片、玩具、植物，以及其他的随身物品，来构建一个属于自己的地盘。

（6）对外的可见性。组织内的其他人员要能够走到敏捷工作团队的旁边，可以观察团队成员在做什么。门、窗或休息室都应该对外开放。

（7）方便性。洗手间、咖啡、打印机和其他的公用设备要容易接触到。团队没有必要也不应该与办公室内其他设备隔离开。

（8）噪声。团队在一起工作时声音会比较大，要保证团队房间之外的人不会被这些声音影响。

3. 心理安全

拥有一个心理安全的环境对于促进团队协作不可或缺。如果你曾经害怕做出改变或者分享你的想法，那么你的团队空间就不是“安全的”。这是一种“无责备文化”的转变，只有让团队感到舒适，才能同时促进工作和学习。如果有人犯了错误，不应该是个体受到指责，应该是团队集体承担责任，一起去解决。

> “胜则举杯相庆，败则拼死相救。体现企业或个人应对危机的态度和作风，彰显一种无所畏惧、不怕失败、坦然应对的气度和雅量、格局，这在华为后续发展中出现的危难时刻体现得淋漓尽致。”
>
> ——任正非在华为内部讲话之《胜利祝酒辞》，1994年6月7日

4．分布式团队

如果组织将团队分布在多个地点，则建议每个地点都有一个功能齐全的跨职能团队，与其他团队一起从事同一项目，即跨团队的协作。

如果团队内部不得不面临分布式工作的困扰，如下实践可以采纳。

（1）数字化工具：如一些在线敏捷项目管理软件、虚拟卡片墙、Wiki、即时通信软件等。

（2）面对面协同计划：不定期让异地团队成员有面对面协作的计划，特别是在第一个迭代计划开始时。在SAFe中，定期要求一个敏捷发布火车（通常50～125人）集体面对面做计划，现场大量沟通，联合计划，效率更高。

（3）鱼缸窗口：每天工作时，团队成员都开启视频会议，或者一个能相互看到异地全局的视频，便于成员自然地看到彼此并进行互动，减少消息滞后。

（4）远程结对：团队成员通过虚拟会议工具来共享屏幕，这种方式几乎和面对面沟通一样有效。

4.8 团队和个体辅导

敏捷12原则的第12条强调了持续改进的重要性：“团队定期地反思如何能提高成效，并依此调整自身的举止表现。”

团队除了通过迭代回顾等形式自我反思，还可以通过他人视角来进行反思，

如通过有经验的教练。一个刚刚组建的团队需要通过指导，快速迈向高绩效，即使一个伟大的高绩效团队，在某些时候也可能需要一些指导。

能够为团队或个体提供辅导，对敏捷教练的要求是很高的，不仅要精通敏捷价值观、原则及敏捷方法论，还要懂产品和业务，也要懂组织管理，还要能通过强力的发问与倾听技巧，对团队进行引导式共创，最终从做敏捷（Doing Agile）逐步过渡到变得敏捷（Being Agile），并持续精进。

做敏捷与变得敏捷的对比如表 4-3 所示。

表 4-3　做敏捷与变得敏捷的对比

做敏捷	变得敏捷
问题驱动	价值驱动
领导决策	内建质量
关注实践	持续学习
关注项目	对等的
增量式交付	持续交付
标准化	自组织
效率优先	授权
刻意地	自主、非刻意地
回答“如何做”（How）	回答“为什么”（Why）

4.9　敏捷绩效考核

> “无论何种绩效考核方法，都服务于两个目的：一个目的是帮助组织达成目标；另一个目的是激励员工。”
>
> ——管婷婷《敏捷团队绩效考核》，2020

绩效考核的第一个目的是帮助组织达成其战略目标。由于敏捷方法的适用场景具有高度的易变性、模糊性和复杂性等特点，所以，与其他组织相比，敏捷组织达成战略目标的方式有很大的不同。在成熟稳定的行业中，达成战略目标的方式是遵循最佳实践所制订的计划，并且严格执行计划，直到目标达成。在敏捷方法适用的行业中，以战略目标为导向，通过频繁交付，尽早获取反馈，并且根据反馈及时调整计划。在调整的过程中充分授权各级单位，支持试错，因此，敏捷绩效考核并不是按照预设的指标、计划和进度进行，其考核指标要具备灵活性，以价值为导向，并减少对价值生产过程的过度干预和限制。

绩效考核的第二个目的是激励员工。绩效考核的结果往往与奖惩挂钩，但如果简单地与奖惩挂钩，可能会加剧员工之间或部门之间的竞争，不利于彼此的协作。在成熟行业，人们遵循流程和岗位职责的规定进行协作，竞争可以促使人们提升自己的水平，但不会阻碍人们的横向协作。在敏捷团队中，协作模式需要能够应对变化。如果人们担心在绩效考核中失败而减少合作，从而建立起部门墙、岗位墙，那么，无疑会导致整个团队乃至整个组织在市场上失败。

因此，针对敏捷团队的绩效考核，需要和传统团队区分开来。

> “对于敏捷团队所需的绩效考核方法，至少能够满足以下条件：提高软技能的考核权重。重激励，轻考核。响应变化高于遵循计划。激励方式多样化。帮助组织持续改进。”
>
> ——管婷婷《敏捷团队绩效考核》，2020

为了打造高绩效敏捷团队，管理者需要把握如下 3 个关键“考核”思想的转变。

（1）从考核个人绩效转变为考核团队成效，即以产品或者价值交付的好坏来评价团队表现。

（2）从横向比较员工绩效转变为纵向比较个人成长。对于个人的成长，企业应该定义清楚每个角色的胜任力模型，从而帮助员工设定自我提升计划，而不进行员工之间的横向比较。

（3）从长周期考核转变为及时反馈与调整。缩短反馈周期有利于及时改进，相互反馈有利于增进成员之间的信任和理解。

除了绩效，该如何更好地激励员工呢？这就需要找到员工的驱动力。

驱动力在历史上已经经过了 1.0 时代和 2.0 时代。在 1.0 时代，驱动力来自生存，吃饱穿暖；在 2.0 时代，是奖惩制度，我们追求绩效的提升，提高生产力，追求卓越，奖励“好的行为”，惩罚“坏的行为”；在 3.0 时代，就是内驱力，而非外驱力。

> “对知识工作者最好的激励，就是工作本身。”
>
> ——德鲁克

为了更好地激发知识工作者的潜能，作为管理者就要慎重地设计每个员工的工作，让每个员工在工作中找到成就感，让工作本身驱动他们愿意为之付出。

4.10 敏捷领导力

Jurgen Appelo 在《管理 3.0：培养和提升敏捷领导力》一书中对管理学的发展进行了概括性总结，认为在 3.0 之前，还存在 1.0 与 2.0 两个阶段。

1. 管理 1.0 =层次体系

> “我要工作的这些员工，我只要他们的双手就可以了，我不需要整个人。”
>
> ——亨利·福特（福特汽车创始人）

这是工业时代企业主的普遍心态，将生产过程流程化、精细化、机械化，极致追求效率。工人是流水线上的工具，个人的意愿完全得不到尊重，企业不需要有“思想的人”，而仅仅需要“快速完成操作的工具人”。这背后的理论是 X 理论。

> “人是机器；像管理机器一样管理组织，管理者认为整体的改进需要监视、维修和更换零件。”
>
> ——X 理论

泰勒的科学管理在 1.0 时代极大地提高了生产效率，组织的典型特征是层次体系，依赖英雄式管理者或专家来力挽狂澜。

2. 管理 2.0 =流程

Jurgen Appelo 将平衡计分卡、六西格玛、约束理论、全面质量管理、精益生产、流程再造，以及《一分钟经理人》《领导力 21 法则》《从优秀到卓越》这些工具、理论和书籍归入管理 2.0 的范畴，作为对 1.0 的补充，这些模型依然是建立在一种假设基础上的，即由上层进行管理。它们帮助高层管理者更好地设计组织架构，并且依靠流程来管理。管理 2.0 有时管用，有时不管用，总体来说就是这套东西虽然很流行，但已经过时了。

> “这些东西有时是正确的，有时却是错误的。他们推陈出新的速度比为小孩换尿布的速度还快。”
>
> ——Jurgen Appelo《管理 3.0：培养和提升敏捷领导力》，2012

其中比较成功的是丰田的精益生产，背后的理论也在进化，以 Y 理论为主。

> “人是社会人；管理人员已经意识到成为服务型领导的重要，但仍然坚持层次型结构。管理者仍然是在管理单独的团队成员。”
>
> ——Y 理论

3. 管理 3.0 =复杂性

从 21 世纪开始，我们已经进入一个“复杂”的时代，曾经有一个代表性热词——VUCA（Volatile、Uncertain、Complex、Ambiguous，易变不稳定、不确定、复杂、模糊）。另外，有一个很重要的观点，就是“所有的组织都是网状系统”。

> “人们可以将组织描述成层次体系，但这并不能改变组织实际上是网状系统这个事实。”
>
> ——Jurgen Appelo《管理 3.0：培养和提升敏捷领导力》，2012

几年前常讲的互联网思维、去中心化、扁平化等，其实含义差不多。社会复杂性向我们展示：

> “管理主要关乎员工及其人际关系，而非部门和利益。”
>
> ——Jurgen Appelo《管理 3.0：培养和提升敏捷领导力》，2012

这一点和敏捷组织是不谋而合的，也是前文强调的敏捷绩效管理和传统绩效管理要有很大的不同。网状系统强调的是协作：团队需要自组织，自管理；管理是所有人的责任。这背后更加重视以人为本。

> “管理就是要持续地激励员工、赋能团队、调和约束、培养能力、壮大组织结构和全面改进。”
>
> ——Jurgen Appelo《管理 3.0：培养和提升敏捷领导力》，2012

4．敏捷领导力

关于敏捷领导力，业界有如下两个误区。

误区 1：领导的职责是鼓舞人心和引领方向，而管理则是具体执行。认为领导在管理之上。

——错。因为在某些方面，任何人都可以成为领导。所有员工，从高层的主管到底层的开发者，都可以鼓舞他人并给他人指引方向。这个观点和温伯格在《成为技术领导者》一书中表达的思想相同，在几位技术人员处理一个故障时，并不是最活跃、提供最多想法的人是领导，而是那个沉浸在问题分析中并最终给出解决方法的人是领导。

误区 2：自组织的人不需要管理者管理，只需要有远见卓识的领导。

——错。持这种观点的人经常拿出的例子是维基百科、Linux 或其他公益组织做出的巨大成就，因为参与者有着共同的目标并为之努力做事。遗憾的是，这些案例都不涉及商业。如果任何人对组织的资产没有所有权，那么，也不需要人管理这些资产。企业是拥有资产的，关心组织命运的人要能判断自组织的结果是“好”还是“坏”。自组织和层次体系并没有好坏之分，不能只靠信仰做事情，还要有科学基础。

Jurgen Appelo 把上面两种领导观点分别定义为“王子式领导”和“神父式领导”，在现实商业环境下，我们更需要的是“实干家式领导”。

> “现实要求我们对管理和领导采取实用主义。每个业务都必须站在所有者的角度进行管理。管理者要有领导能力，但很多领导角色都可以由组织中自组织（不是管理）起来的人来担任。这些非正式领导者应当明白自组织不怎么受所有者意愿的支配。这一切都是在管理者授权的情况下发生的。”
>
> ——Jurgen Appelo《管理3.0：培养和提升敏捷领导力》，2012

我们必须意识到管理层级体系依然是一个基本的必需品，但大量工作会在一个人人平等的社会化网络中完成，领导者与跟随者并存，敏捷领导力的精髓如下：

（1）每个人随时是领导者。

（2）每个人随时是跟随者。

（3）知道如何跟随、何时跟随，同领导同样重要。

（4）敏捷领导者会帮助他人也成为敏捷领导者。

在一个自管理、自组织的团队中，敏捷领导者都是服务型领导，他们常见的行为准则如下：

（1）团队成员自主决策敏捷实践和方法。

（2）允许团队自主管理和自我约束。

（3）授权团队适当的决策。

（4）激励团队创造力和探索新技术。

（5）阐述产品愿景，持续进行愿景激励以完成整体目标。

（6）移除团队遇到的障碍和问题。

（7）宣传敏捷的价值观和理念。

（8）确保所有干系人有效协作。

（9）依据工作环境改变领导风格，以此确保有力支持敏捷价值和原则。

4.11 练习题

1．在敏捷和其他项目管理类型中，团队激励是成功的关键因素，提高团队激励的一个方法是（　　）。

A．尽可能少地提供领导力　　B．提供匿名批评的讨论机会

C．提供有建设性的反馈　　D．少监督

2．Stacey 打算安排一次头脑风暴会议来激发创意的产生，以解决团队最近面临的一些问题。Stacey 不应该采用下列哪种方法？（ ）

A．让参与者在会议之前都蒙在鼓里以制造惊喜

B．让多领域或多样化群体参与，这样可以从不同视角出发

C．给参与者提前发送准备好的材料，这样让他们知道期望做什么，以及他们被期望做什么

D．有一个吸引人的和经验丰富的主持人引导头脑风暴会议

3．亨利和他的团队刚刚对即将进行的迭代所需要的构建、测试和集成几个特征进行决策，在此团队协作中进行决策时所使用的决策模式是（　　）。

A．排他性　　B．参与性

C．包容性　　D．长处性

4．以下哪项是对敏捷领导者的最佳定义？（　　）

A．是指把所有任务委托给没有任何合作的开发者

B．是指授权开发者使其获得产品的所有权，并在一个协作环境中做重大决策的人

C．是指保持对主要决策的控制，并把所有功能和任务托付给团队成员的人

D．是指授权开发小组做无关紧要的决定，让大家感觉是在进行自组织的人

5．一家公司开始实行敏捷实践，以便更好地接触全球客户和市场，在过渡期间，很多团队都在与这个变化做斗争，因此影响士气。敏捷教练应该怎样做才能最好地利用敏捷实践并实现高绩效？（　　）

A．与团队成员单独开会，为他们提供项目及其对组织带来好处的一个大蓝图

B．与团队及其经理紧密合作，通过辅导、指导、教学和推进来识别和解决问题

C．仅在团队层面教导，提供有关期望的信息，并帮助个人提升技能

D．获得干系人对团队有效性的反馈，并与团队分享

6. 以下哪项可以合理说明为什么授权团队在敏捷中被认为“是重要的”？（　　）

A. 为了清楚顾客的需求，授权团队需要广泛地参与管理

B. 授权团队致力于领导和传递价值，而不是被他人领导

C. 授权团队需慢慢适应不断变化的需求，来减小范围蔓延的风险

D. 授权团队需保持僵化来应对不断变化的顾客需求，同时需要致力于传达具体要求

7. 在新进行的敏捷项目中，你作为项目领导，应追求成为怎样的领导？（　　）

A. 不断批评团队成员，这样可以使他们意识到自己的缺点并提高自己的绩效

B. 不断激励团队成员，提供自主管理和自我约束的开放的工作环境，注重客户、产品的质量和价值

C. 推动团队达到最大且不可持续的绩效水平以超出客户的期望

D. 激励团队在自上而下的决策开发环境中，注重进度、成本和范围

8. 以下不属于使用信息发射源的优点的是（　　）。

A. 为所有团队成员跟踪进展提供便利

B. 为沟通节省时间消耗

C. 提高软件开发者的效率

D. 促进团队沟通

9. 同理心是在团队中产生信任的一种有价值的人类情感。敏捷项目中哪种类型的共鸣能帮助建立信任？（　　）

A. 客户和程序员的共鸣、程序员和测试员的共鸣

B. 客户和干系人的共鸣、客户和产品负责人的共鸣

C. 干系人和客户的共鸣、客户和程序员的共鸣

D. 客户和产品负责人的共鸣、程序员和测试者的共鸣

10. 一名团队成员在每日站会上迟到，团队绩效降低，敏捷项目经理应该怎么办？（　　）

A. 指示另一名团队成员确定原因

B．将该团队成员从团队中开除

C．等待该团队成员请求一次会议

D．接洽该团队成员，以确定如何提供支持

11．一名敏捷团队成员的任务落后时，Scrum Master 应该怎么做？（ ）

A．将任务移交给在 Sprint 中有余力的另一名团队成员

B．让团队提供建议

C．召开一对一会议，鼓励该团队成员履行任务承诺

D．通知关键项目干系人

12．一个项目将由 9 名现有成员及 9 名新成员组成的团队开始，Scrum Master 觉得团队太大了，想将其分解成 3 个团队，Scrum Master 设定了一个制约因素，每个团队都拥有相同数量的现有团队进行知识和经验共享，若要完成这项工作，Scrum Master 应该怎么做？（ ）

A．向团队成员的职能经理寻求如何给团队成员分组方面的指导

B．观察哪些团队成员在一起感觉比较舒服，然后进行相应的分配

C．确保成员开始自组织为具有有效技能分布的小团队

D．根据 Scrum Master 所了解的技能将团队成员分配给各自的团队

13．一个新的敏捷团队教练注意到一名团队成员正在影响团队的大部分决策，教练应该怎么做？（ ）

A．允许团队成员继续影响，因为敏捷团队是自组织的

B．如果团队速度下降，则介入

C．向其他团队成员提出探究性问题，以鼓励不同意见

D．用更具协作性的个人替换团队成员

14．敏捷教练正在与一个团队合作，为通过电话提出请求的客户提供服务，在日常承诺和重新规划会议期间，团队成员表示，由于他们缺乏足够的产品知识，无法解决客户问题。敏捷教练应该怎么做？（ ）

A．促进团队讨论，识别知识差距，并确定解决这些差距的最佳方式

B．在任何缺乏知识的领域，为团队成员提供培训

C．与这些团队成员的直线经理开会，讨论他们的培养计划

D．要求直线经理分配具备所需技术知识的团队成员

15. 什么对敏捷团队的激励有正面作用？（　　）

A. 团队规模　　B. 管理工具

C. 个人认可　　D. 企业声誉

16. 公司决定为一个新项目实施敏捷，并成立一个敏捷团队。为确保成功，应如何组织敏捷团队？（　　）

A. 通过技能组合　　B. 跨职能

C. 自发组织　　D. 通过阶段

17. 下面哪项最好地描述了敏捷项目中使用的服务型领导方法？（　　）

A. 一个人指导团队提供清晰而简明的方向

B. 通过迭代产生工作的实践，其中一个领导者明显突出

C. 设立一个明确的领导者，团队成员作为追随者的做法

D. 注重理解和解决团队成员的需求和个人发展的实践

18. 一名位于国外的团队成员推荐一种新的、基于网络的会议应用程序，将在不产生额外成本的情况下改善通信。但本地团队反对该应用程序，并倾向于面对面会议。敏捷管理专业人士应该怎么做？（　　）

A. 鼓励团队尝试新的应用程序，然后重新评估该应用程序

B. 解释新的应用程序未被所有团队成员批准并讨论替代解决方案

C. 确定什么应用程序最适合团队

D. 要求产品负责人决定哪个应用程序最适合团队

19. 以服务型领导方式，如何授权团队？（　　）

A. 一切事情都让团队做决定

B. 它提供了一个独裁的决策方法

C. 通过一个明确的领导者来管理团队

D. 通过指导和鼓励来支持团队

20. 两名团队成员之间的分歧对多个项目的团队速度产生了负面影响，敏捷团队领导应该怎么做？（　　）

A. 鼓励团队成员私下保持分歧，并确保他们保持专业精神

B. 通过允许他们自己达成解决方案，在项目的自组织框架内工作

C. 加入讨论，并为团队做出决策

D. 将这种情况上报给上级管理层

第5章

适应性规划

无论什么类型的项目，无论多大规模的项目，计划对于项目的成功都是非常重要的。通过做计划，一方面能够帮助我们规划资源与时间，另一方面可以帮助我们了解项目是否正常运行。现实中，人们通常会进入两个极端：要么根本不做任何计划，要么投入巨大的精力期望做出一个完美的计划。但如 Mike Cohn 在《敏捷估计与规划》中所讲："将一个（足够）优秀的计划打造成一个完美的计划，可能抵不上为此所付出的精力。"

《敏捷宣言》第 4 条是"响应变化高于遵循计划"，强调要更多地拥抱和响应外界变化，而不要被计划束缚；强调不要做大的一次性计划，而是要经常做小计划，根据反馈调整计划。在敏捷场景下，团队会进行大量的规划活动，但这些活动应该被更为均衡地分布于项目的整个交付过程，只有这样，才能增强计划的适应性，这是与传统计划方式的根本不同。

5.1 适应性规划的要点

项目管理知识体系中强调前期计划的重要性，主要集中在项目范围规划、时间规划、成本规划、质量规划、人力资源、沟通规划、风险规划、采购规划、干系人规划，以及变更管理、配置管理和过程改进等相关计划上。这些过程在项目开始之前就需要执行。传统模式下的做事方式是“规划、规划、规划—执行”，而敏捷方式强调“规划—执行—调整”“规划—执行—调整”，将规划落在项目的全生命周期中。通过不断规划，加强适应性，只有这样，才能更好地应对项目目标与实施方法的双重“不确定性”，毕竟“不确定性”是不能被“规划”的，同时，也能带来如下好处：

（1）减少浪费，毕竟计划是不增值的，过度追求完美是浪费。

（2）通过探索与反馈，及时调整，可以实现最终价值最大化。

（3）降低风险与不确定性。

（4）提供更好的决策支持，随时调整。

（5）传递信息，保证透明，增强信任感。

想要正确做好计划，我们需要先了解一下规划失败的原因，Mike Cohn 总结了如下 5 点原因：

（1）基于活动而不是功能进行规划。

（2）多任务导致更多的延迟。

（3）不按优先级开发功能。

（4）忽视了不确定性。

（5）把估算当作承诺。

Ward Cunningham（《敏捷宣言》签署人之一，技术债概念的首位提出者）说过：

> “更多的是对您要了解什么，而不是对它（产品）会是什么来做规划。”
>
> ——Ward Cunningham，2004

在敏捷项目中，应该用获得的新知识与新技能来指导正在进行的工作。新的产品知识可以帮助我们更好地认识正确的产品或解决方案；新的项目知识可以帮助我们了解该怎么做、如何协作、如何处理风险等。

为了帮助团队更好地做好规划，Kenneth Rubin 在《Scrum 精髓》中总结了如下 7 条关键原则：

（1）假设事先无法制订完美计划。

（2）事先规划有帮助，但不宜过度。

（3）最后责任时刻再敲定计划。

（4）关注调整与重新规划胜于遵循计划。

（5）正确管理在制品。

（6）提倡更小、更频繁的发布。

（7）计划快速学习并在必要时调整。

5.2 多层级规划

在整个产品开发或者项目交付过程中，需要在多个层级上进行规划，不同层级的规划有不同的关注点。如图 5-1 所示，计划发生在所有层级中；内部层级在外部层级范围内；外部层级参与内部层级并从内部层级获得反馈；敏捷团队或敏捷项目规划主要在内侧的 3 个层级中，外侧的 3 个层级主要在商业和组织层面应用。

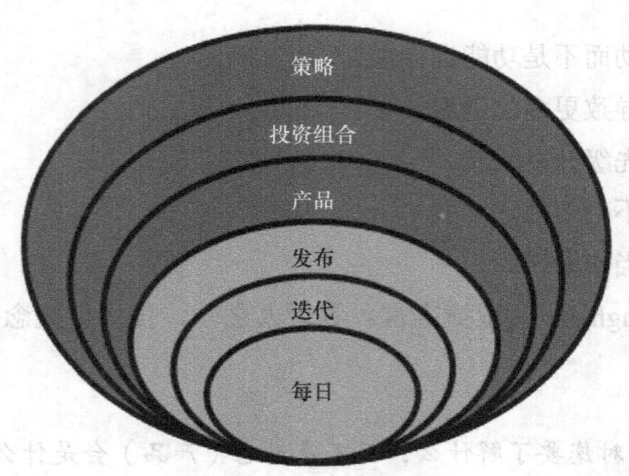

图 5-1 不同层级的规划

1. 策略规划

策略层面包含领导达成一致的整体商业目标和路线图，这种规划对组织而言是至关重要的。

> “不要用战术上的勤奋掩盖战略上的懒惰。”
>
> ——雷军（小米集团创始人）

雷军这句话说明了战略的重要性，很多成功并存活下来的公司都是因为其拥有“战略级的成功”。什么叫战略级的成功？

> “如果你考虑今后一年干什么，那你马上就会想到有很多的竞争对手。但是，如果你考虑三年以后干什么，你就会发现你的对手就少多了。如果你思考的是五年、七年，甚至十年以后，你该做什么，那你就想不起来谁是你的对手。”
>
> ——贝索斯（亚马逊创始人）

2. 投资组合规划

投资组合规划包含能实现策略规划愿景的产品及投资策略，即确定要完成什么产品、按照什么顺序完成、持续多长时间及投资多少。从概念上讲，投资组合规划的层级高于产品规划（因为组合处理的是一个产品集），但投资组合规划的一个主要输入是来自产品规划活动构想出来的产品概念。

投资组合规划周期通常是年度或者半年。

3. 产品规划

产品规划的目的是获得潜在产品的基本特性并为创建该产品而制订大致计划。它包含如下几个子活动。

（1）愿景：产品愿景清楚描述要从哪些方面为用户或客户的干系人提供价值。

（2）概要产品需求列表：这是我们常说的产品需求列表（Product Backlog，PBL）的概要描述，因此，这里更多的可能是史诗（Epic）或者特性（Feature）级别。后文将详细介绍这两个概念。

（3）产品路线图：它传递的信息是产品随着时间的推移如何以增量方式构建和交付，以及驱动每个版本的重要因素。即使你的组织注重持续部署，产品路线图也可以帮助组织考虑更大的特性集，规划固定范围版本和固定时间版本。

通常，产品规划周期是几个月或者更长。

4．发布规划

发布规划（或版本规划）主要考虑支撑产品规划的每次发布的可交付物和特性；针对增量交付取得范围、日期和预算之间的平衡。

在实践中，可以把产品路线图和产品需求列表联系起来，从而可以清晰地看到产品路线图中的版本包含哪些内容，如图 5-2 所示。

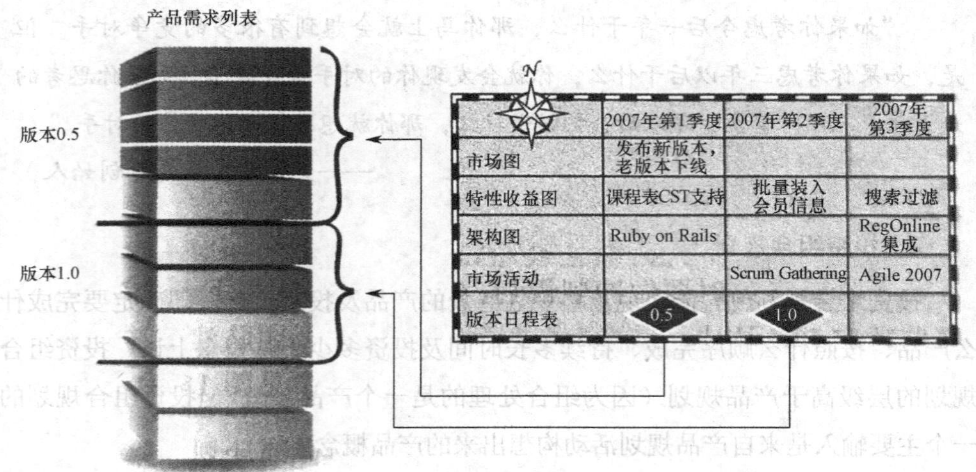

图 5-2　产品路线图（右）中的版本规划与产品需求列表对应关系

资料来源：Ken Rubin《Scrum 精髓》。

发布规划周期通常是 3～6 个月。

5．迭代规划

在迭代规划时，团队对在下一个迭代中要做哪些特定产品待办事项（Product Backlog Item，PBI）达成一致意见，并拆解成任务，然后认领，最终形成一份迭代待办事项。团队需要对形成的计划内容做出承诺。

发布与迭代的关系如图 5-3 所示。一个版本可能得跨一个或多个迭代才能发布，也有可能不需要一个迭代就可发布。另外，发布的边界不一定是迭代的边界，发布与迭代要解耦，做到“按节奏开发，按需要发布”。

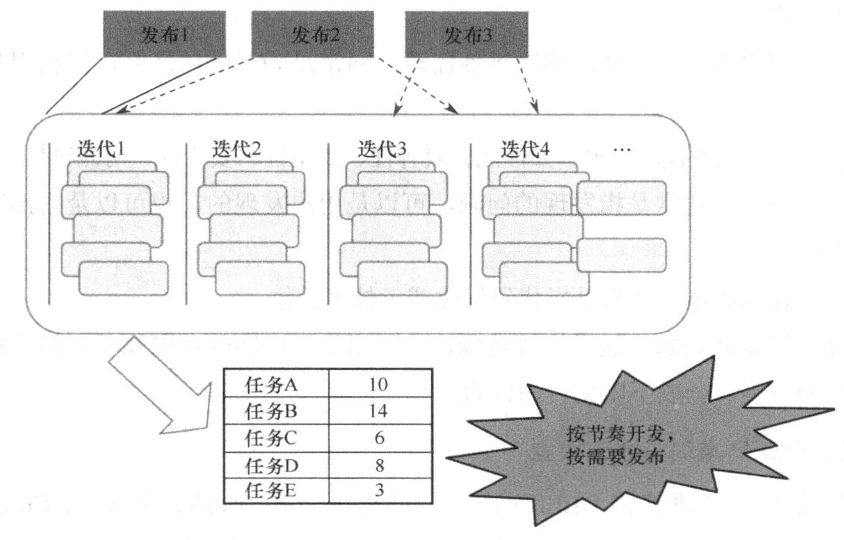

图 5-3 发布与迭代的关系

迭代规划周期通常是 1～3 周。

6. 每日规划

在多数情况下，每日规划发生在每日站会上，但不是绝对的，也可以根据事情的紧急程度，有针对性地做出计划调整。

5.3 PBL 梳理

在产品规划阶段产出了 PBL，并基于这个概要内容做出发布规划。在进入迭代规划前，顶部内容需要满足 DoR。为了达到 DoR，需要对 PBL 进行持续的梳理，建议当前迭代中间为下一迭代要做的内容提前进行梳理，不要等到迭代开始再梳理。梳理工作涉及 PBI 的创建、细化、排序、估算等。

1. PBL

PBL 承载了一个项目或者一个产品所有要做的事情，从上到下按照优先级进行排序，通常包含功能性需求和非功能性需求两大类。

（1）特性或用户需求：具备价值的功能点。通常采用故事形式描述，但也不是必须用这种形式；根据颗粒度大小可以区分为史诗、特性、用户故事，详细程序逐渐明确。

（2）变更或增强功能：指改进性需求，通常是为了优化产品，根据用户的反馈而来。

（3）非功能性技术需求：如性能、兼容性、易用性、安全性、可测试性等。

（4）缺陷：通常是指发现的问题，可以是用户发现的，也可以是内部团队人员发现的。

（5）技术改造：通常是指代码优化或者技术升级。

（6）探索性需求：这类比较特殊，一般用于帮助团队获取知识，排除风险，探索可能方案，一般不以交付为目的。

2. DEEP 准则与冰山模型

好的 PBL 管理符合 DEEP 准则，这是由 Roman Pichler 和 Mike Cohn 发明的，分别代表详略得当的、涌现的、做过估算的和排列好顺序的。

（1）详略得当的。大多数 PBL 中的条目会非常多，想要把所有条目一一确认清楚并分析出具体怎么做，对于维护 PBL 的人或者团队，要求是非常高的，不仅每天消耗的工时巨大，还要承担已经花费巨大工时分析的需求不需要交付的风险，这也是一种浪费。而且，这样做就进入了传统瀑布模式，是不提倡的。对于优先级较高的故事，最近 1～2 个迭代是马上要做的，需要尽可能地详细设计，必须满足 DoR。对于不需要马上做的条目，简单描述即可，作为占位项放在那里，提示团队还有这样一件事需要继续分析。

（2）涌现的。一个好的 PBL 除了详略得当，还应该是涌现的。PBL 中的 PBI 数量和内容是随时变化的。随着软件的交付及用户的反馈，当初规划的内容可能会变，或者修改优先级，或者会新增 PBI，也可能被删除等。

（3）做过估算的。在需求梳理会上，产品负责人与开发团队会对高优先级的条目进行估算。估算的目的有两个：其一，为迭代计划会做准备。结合迭代内的投入人员及历史速率，可以较快速地确定迭代的内容。其二，确认需求就绪。如果没办法估算（工时或者故事点），则认为需求还未准备好，很多方面还没有搞清楚。对于粗略的条目，如果本身优先级低，则可以给出一个粗略的标识。它的意义是提醒我们，还有一个大的、不清楚的事项待调研。

（4）排列好顺序的。PBL 是按照价值进行优先级排序的，价值高的在顶部。

优先级排序标明哪些是当前就需要做的，哪些是后续马上需要做的，哪些是未来再考虑做的。

整体规划合理的 PBL 应该是冰山形态，如图 5-4 所示，露出水面部分是最近 1～2 个迭代马上要做的，需要满足 DoR；中间部分是版本已经规划好、要发布的，但是还不急于马上要做的；底部是为未来版本占位的，提醒我们可能还有事情要做。

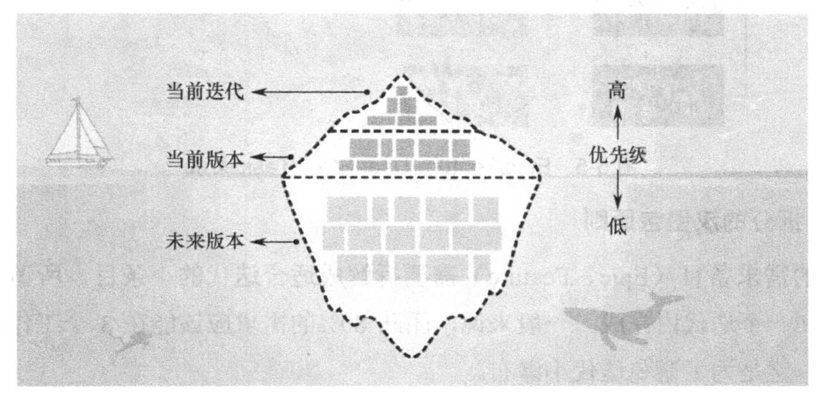

图 5-4　冰山模型

3. Epic/Feature/User Story/Task

Epic/Feature/User Story/Task 的定义如表 5-1 所示。

表 5-1　Epic/Feature/User Story/Task 的定义

条目	定义
Epic（史诗）	Epic 一般规模大、复杂性高，无法或不容易估算，一般需要拆解为 Feature 或者 User Story，有时会对应一个发布版本
Feature（特性）	Feature 是可以为顾客提供端到端价值的需求，它代表一个产品可以做什么或提供什么服务；通常需要拆分为 User Story，方便进行估算与开发
User Story（用户故事）	User Story 是进入迭代开发的最小需求单元，通常几个 User Story 组合在一起对外发布
Task（任务）	Task 通常是开发团队为了完成某个需求而拆解出来的具体任务，如一个 App 项目通常可以拆成数据库任务、前端开发任务、后端开发任务、测试任务等

Epic/Feature/User Story/Task 关系如图 5-5 所示。Epic 属于最大颗粒度，可以拆解成 Feature，然后被拆解成 User Story，最后通过若干 Task 实现，交付给客户。

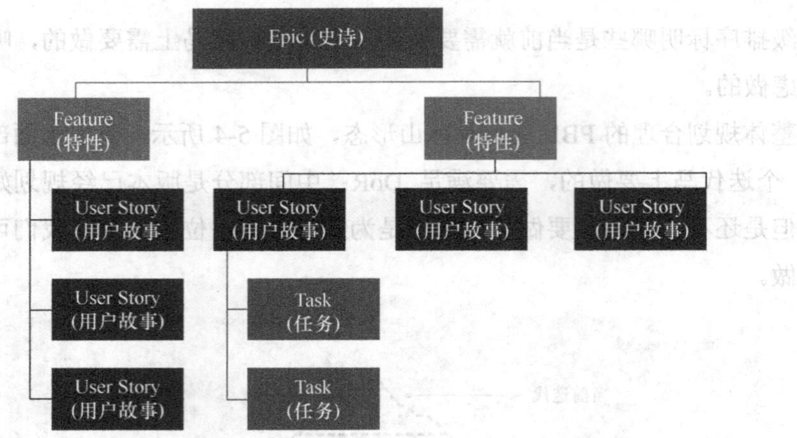

图 5-5　Epic/Feature/User Story/Task 关系

4．拆分的汉堡包原则

大的需求条目（Epic、Feature）需要拆解成适合迭代的小条目。所谓适合，是指能在一个迭代内完成。一般来说，团队 80%的需求应该能在 3 个工作日内完成开发，这是为了避免迭代小瀑布。

敏捷教练 Samantha Laing 与 Karen Greaves 提出了汉堡包切分原则，如图 5-6 所示。汉堡包切分原则建议切分时要像吃汉堡包那样，竖向端到端地切分（如图 5-6 中右侧画对钩所示），不要按照分层横向切（如图 5-6 中左侧画错叉所示），这样不仅会造成依赖，还不利于测试与快速交付。

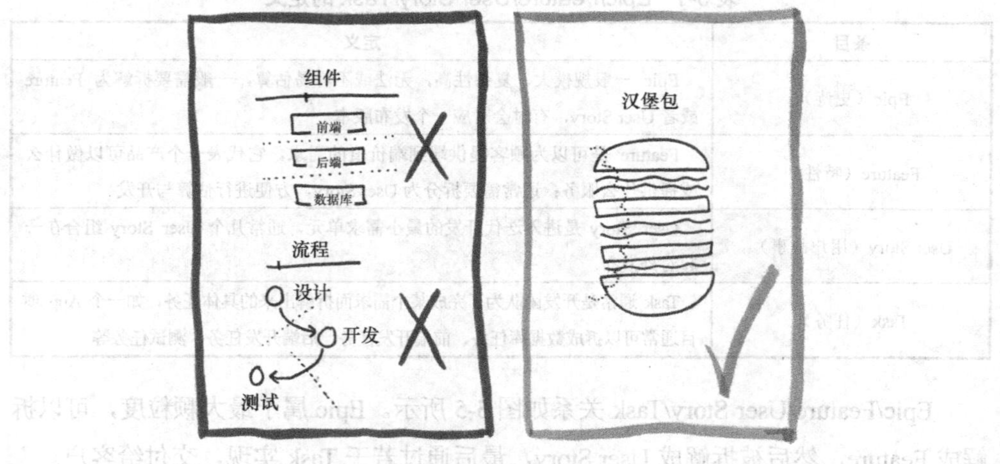

图 5-6　汉堡包切分原则

5. 何时由谁梳理 PBL

PBL 及梳理活动关键负责人及驱动者是产品负责人，有且仅有一个。这里提到有且仅有一个，意思是由一个人拍板负责，毕竟“人人都负责，人人不负责”。但可以由多个人（如普通产品经理、业务分析师协助产品负责人）完成相关梳理工作。

PBL 梳理是一个持续不断、合作完成的活动，由产品负责人牵头，包括内外部干系人中的主要参与者，还包括 Scrum Master 和开发团队。

在产品开发过程中，产品负责人可以与内外部干系人会面并不断执行梳理活动，频率不限，只要合理即可。在时间、空间允许的情况下，可以小范围地多次梳理，也可以是全员会议，这由产品负责人根据情况把握。关键是要避免整个 PBL 梳理耗时过长，梳理的效果未达预期而造成士气低落。在进行迭代计划时，建议预留 5%～10%的时间用于 PBL 梳理。

5.4 敏捷估算

1. 估算的原则

对成熟的敏捷团队来说，有时是不用做估算的，因为估算也是一种浪费，它不直接创造价值，是一项非常昂贵的活动。在实际应用中，需要在投入时间、成本、估算偏差上做出平衡。例如，两周的迭代工作量，如果需求满足 DoR，那么应该在两小时内完成估算。估算误差在 20%以内都是可以接受的，毕竟是在“估”，而不是在“计算”。建议考虑如下原则：

（1）尽量全员参加。

（2）估算的关键目的是沟通，对需求达成一致理解。

（3）估算不是承诺。

（4）估算不要追求 100%准确。

（5）对需求与任务的估算，使用不同的度量单位。

2. 理想日估算法

在极限编程中，理想日被称为完美编程日。理想日估算是指完成一件事情需要的理想时间（天/小时）。理想的潜在假设如下：

（1）正在进行唯一的任务。

（2）没有中断。

（3）所有需要的信息都有。

（4）没有依赖。

理想日估算不等于可能完成的实际时间，在理想日估算被转化为实际时间时会遇到很多干扰，如评审、会议、电话、Bug 修复及其他干扰等。通常一个人上班 8 小时，真正能花在交付工作上的时间可能是 5～6 小时，另外 2 小时被各种事情干扰了。如果理想日估算是 1 天（8 小时），那么，真正完成可能需要 1.5 天（10～11 小时）。

理想日估算法的好处在于容易理解，估算容易起步。

3．功能点估算法

功能点估算法是 20 世纪 70 年代由 IBM 提出的，是站在业务角度对软件规模的一种度量。功能点的多少代表软件规模的大小，这里说的功能点是标准的功能点，按照标准的估算方法，每个人对特定需求估算出的功能点数是一致的。

功能点估算法主要针对以功能为主的软件系统，如各种管理系统、ERP 系统等。包含大量算法的产品（如视频系统、图像处理系统、杀毒软件、网络游戏等）、后台优化类项目（如数据库优化、界面优化等）、硬件产品等不适合使用功能点估算法。

4．宽带德尔菲估算法

宽带德尔菲估算法是建立在传统德尔菲技术基础上的，具体方法是在会议中只讨论估算时可能会遇到的问题，估算本身和所花费的成本不做讨论。会议讨论后让每个人分开，独立估算，一定要注意，让每个人在做估算时远离群体，避免相互打扰。接下来召回团队成员，汇集所有的估算，并在图表中画出来，展示估算值的分布，每个估算都不写估算者的名字。最后团队讨论存在估计差异的情况，并设法达成共识。

5．故事点估算法

故事点是用于表达用户故事、功能或其他工作的总体规模的度量单位。故事点估算法是对开发该功能所需的工作量、开发工作的复杂性及蕴藏的风险等方面的综合。

故事点是一个虚拟单位，不映射人天或者人小时。一个 3 点的用户故事约是一个 1 点的 3 倍大，因此，这里是相对大小，不是周期。

在用故事点估算法时，需要先选定一个参照物，给它确定一个基础点数，然后其他所有待估算的条目和这个参照物做对比，得出估算值。

两种常用的参照物故事点设定方式如下：

（1）在将要处理的用户故事中选择最小的故事，设定为 1 个故事点。

（2）选择一个基本处于中等的用户故事，给它分配一个处于取值范围中间的点值，如 3 点或 5 点。

6. 计划纸牌估算法

计划纸牌估算法是目前比较著名的估算技术，也是敏捷相对估算的一种，是对故事点估算法的具体应用。计划纸牌因被 Mike Cohn 在《敏捷估计与规划》一书中提及而广为流传，如图 5-7 所示。

图 5-7 计划纸牌

估算时，每个人都会得到如图 5-7 所示的 13 张扑克牌，扑克牌上标记的数字是准斐波那契数列，采用这个数列的目的是增加区分度，让大家能快速达成一致。通常，计划纸牌的使用流程如下：

（1）选一个中等大小的条目作为参照，把它视为 2 或 3。

（2）每个人每次独立出一张牌，不要提前亮牌，要统一亮牌。

（3）如果分歧很大，则多讨论。

（4）如果相差不远，则使用较高的那个数。

（5）逐个估算每个条目的相对大小。

7．亲和估算法

亲和估算法是一种被团队成员用来快速估算大量用户故事的技术，如图 5-8 所示，通常是先将估算取值（故事点或者 T 恤大小）横向一排放置好，然后每个人针对待估算的条目，根据自己的判断，移动到对应的分类，既可以顺序移动，也可以同时移动，直到最终大家都停下来，不再移动，中间过程保持静默。

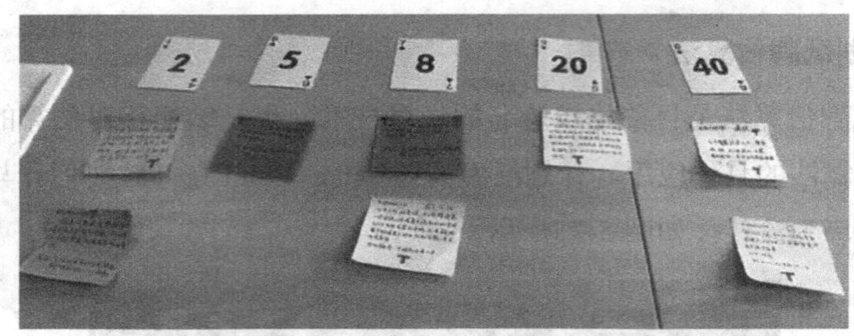

图 5-8　亲和估算法示意图

8．T 恤尺码估算法

T 恤尺码估算法也是一种相对估算法，使用 T 恤尺码作为尺度，如图 5-9 所示。在进行用户故事估算前，每个 T 恤尺码的基准需要由团队决定。

图 5-9　T 恤尺码估算法示意图

这种估算方式存在如下两个问题：

（1）相互之间不能累加，如果完成时被问到所有故事的总和，就很难表述（1个S、4个M、3个L）。

（2）L比M到底大多少？不同的人有不同的看法，容易产生冲突。

9. 三角估算法

“三角估算法”也称“PERT”（Program Evaluation and Review Technique）法，在计算每项活动的工期时都要考虑3种可能性：最悲观的工期、最可能的工期和最乐观的工期，然后计算出该活动的期望工期。PERT法计算的是期望工期。

贝塔分布：

均值/期望值=（乐观+4×最可能+悲观）/6

三角分布：

期望=（乐观+最可能+悲观）/3

对估算结果做三角测量与评估确认，具体做法如下：

（1）在估算一个故事时，根据这个故事与其他一个或多个故事的关系来估算，假定第一个故事估算为4个故事点，第二个故事为2个故事点，在把这2个故事放在一起考虑时，程序员都应该认可4个故事点的故事是2个故事点的故事的2倍。

（2）3个故事点的故事大小应该介于4个故事点的故事大小和2个故事点的故事大小。

（3）如果上面的三角测量的结果不对，则团队应该重新估算。

5.5 团队速率

详见2.6节。

5.6 关键计划工具

1. MVP与MMF

MVP与MMF经常在各种场合出现，而且具有不同的解读。这里采纳敏捷联盟（Agile Alliance）的观点。

"最小可行产品（MVP）是精益创业的一个概念，它强调学习对新产品开发的影响。将 MVP 定义为一个新产品的版本，这个版本允许一个团队以最少的努力收集最大数量的客户验证式学习。这个验证式学习的形式是你的客户是否真的会购买你的产品。"

——敏捷联盟

《精益创业》一书的作者 Eric Ries 的观点如下：

"MVP 是一种产品设计的方法，旨在用极低的成本快速实现产品初期版本，快速推向市场获取种子用户，通过一些小而美的用户调研方式获取产品使用反馈，并基于此做持续性的设计优化和产品迭代。"

——Eric Ries，2010

这两个观点都提到了低成本快速验证的关键要点。那么，敏捷是如何促进 MVP 的呢？如图 5-10 所示，在构建阶段需要用敏捷迭代递增式交付的思想，让这个"开发—测量—认知"反馈循环转得更快，理想情况应该是以天或小时为单位进行计算。

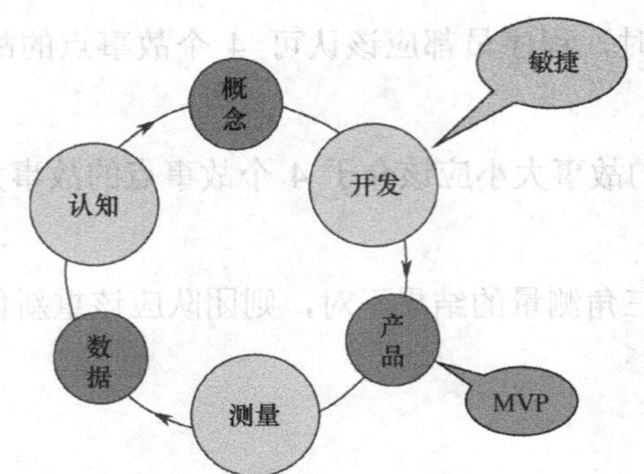

图 5-10 "开发—测量—认知"反馈循环

关于 MMF，敏捷联盟的观点如下：

"一个小的、自包含的特性，可以快速开发，并为用户提供重要的价值——最小可售功能（MMF）。"

——敏捷联盟

很多团队也可能将一个关注学习的 MVP 与一个关注收益的最小市场特性（MMF）或最小市场产品（MMP）混淆。MMF 为客户提供价值，而 MVP 的目的是学习更多关于最终产品的知识。一个 MVP 可以不是 MMF，也可以是一个 MMF，还可以是几个 MMF。二者虽然不是同一个概念，但都强化了这样一个理念，即应该以最低限度的功能获得一个特定的结果。

MVP 首先必须是一个产品，是有价值的，不能像图 5-11(a)一样，只有轮子或者外壳，是没法使用的。这个产品应该是迭代递增的，不应该跳跃，即不能像图 5-11(b)一样，从滑板车、自行车、摩托车再到轿车。正确的 MVP 演进应该如图 5-11(c)所示：首先有驾驶室及 4 个轮子，然后逐步添加要素，增强用户体验。

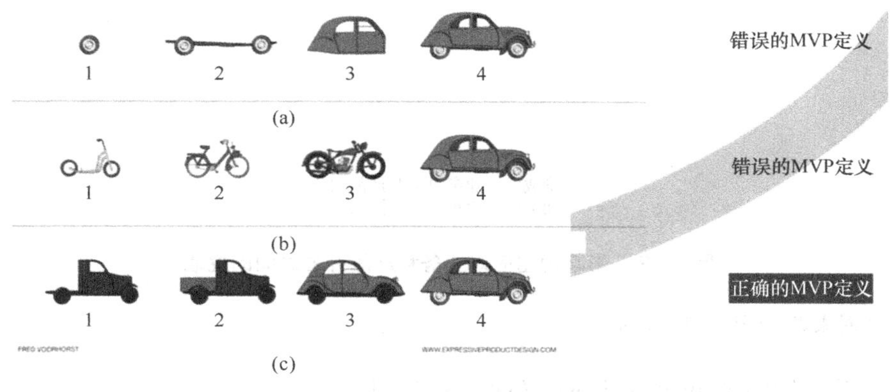

图 5-11 MVP 的定义

2. 影响地图

产品开发的任务是通过交付功能（或服务）达成商业目标，通常这对应组织的两个功能：一部分人关注业务——客户需求和产品目标；另一部分人关注开发——用什么技术、怎样实现。因此，产品开发要面对如下两个挑战：

（1）业务职能和开发职能之间的理解、沟通和协作的隔阂，它带来极大的沟通和管理的耗费。

（2）业务目标和产品功能之间关联的模糊导致范围的蔓延，以及范围与目标之间的不一致。

影响地图可以应对业务和产品开发之间的挑战，如图 5-12 所示，实现从业务目标到产品功能的映射，打通协作的“部门墙”。

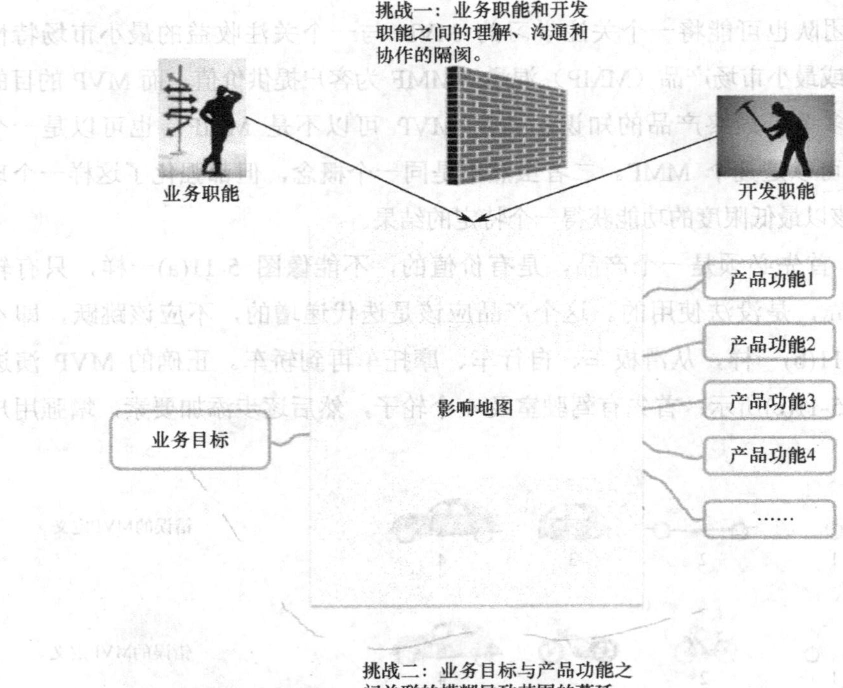

图 5-12　影响地图应对业务和产品开发之间的挑战

资料来源：《精益产品开发》。

影响地图的 Why-Who-How-What 结构如图 5-13 所示。

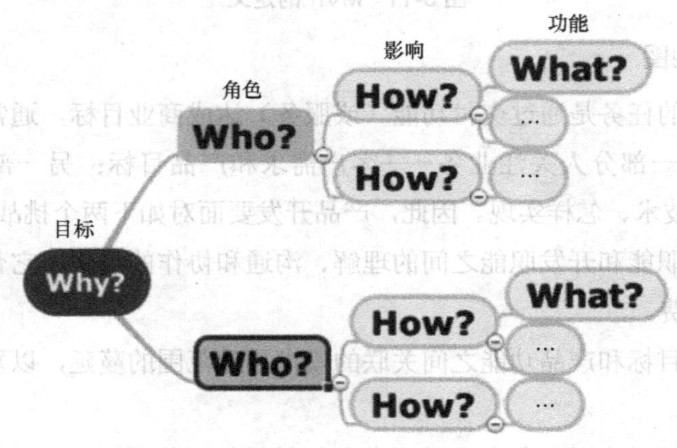

图 5-13　影响地图的 Why-Who-How-What 结构

第一层：目标（Why），就是要实现的业务目标或要解决客户的核心问题是什么。目标应该具体、清晰和可衡量，符合SMART原则。

第二层：角色（Who），就是可以通过影响谁的行为来实现目标或消除实现目标的阻碍。角色通常包含主要用户（如产品的直接使用者）、次要用户（如安装和维护人员）、产品干系人（虽然不使用产品但会被产品影响或影响产品的人，如采购的决策者、竞争对手）等。

第三层：影响（How），就是怎样影响角色的行为来达成目标。这里既包含产生促进目标实现的正面行为，也包含消除阻碍目标实现的负面行为。

第四层：功能（What），就是要交付什么产品功能或希望服务产生的影响，它决定了产品的范围。

客服中心影响地图实例如图5-14所示，其关键要点是跨职能团队共创、逐层拆解、形成树状结构、叶子节点可以分层并划分优先级、动态执行及调整。

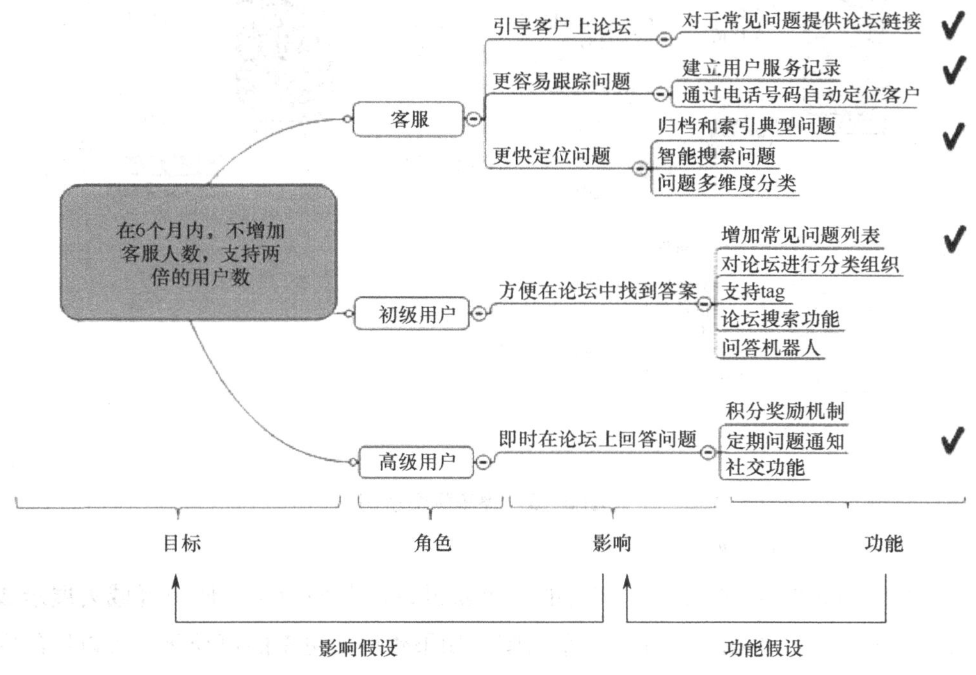

图5-14 客服中心影响地图实例

资料来源：《精益产品开发》。

3．用户故事地图

关于这部分内容，参见 3.2 节，在用户故事地图中可以看到每个故事卡片在整个产品规划中的布局。

4．停车场图

停车场图是一个敏捷文档，用来对用户故事按主题进行分类和管理，包括主题名称、用户故事数量、展现故事点完成百分比的进度图表。图 5-15 所示为停车场图示例，有一个“库存管理”主题，其中“库存检索”包含 5 个用户故事，故事点完成度为 85%，“库存详情”包含 15 个用户故事，故事点完成度为 75%。对于有 80 个故事点的“库存检索”，85%的完成度表明 60 个故事点已经完成，并不是 5 个故事中的 3 个故事已完成，因为所有故事的故事点并不是均等的。

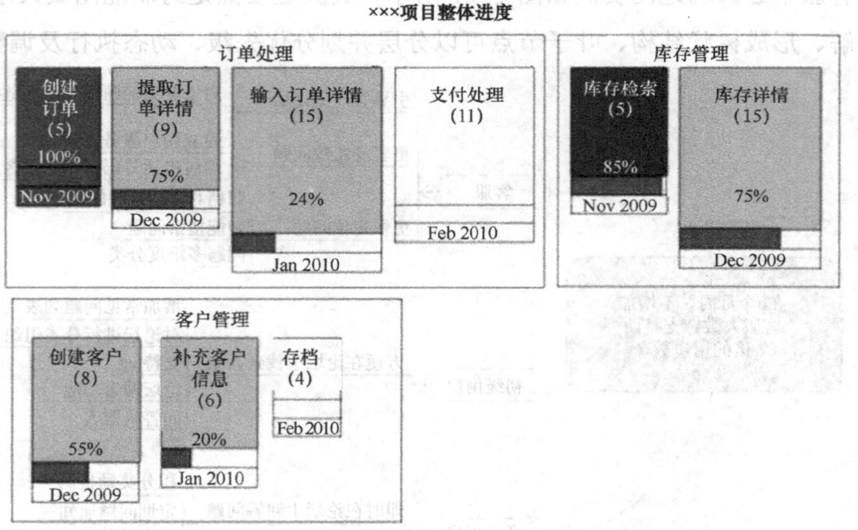

图 5-15　停车场图示例

资料来源：InfoQ 网站。

Mike Griffiths 在 2009 年写的《重新讨论停车场图——使用区域去展示成就》一文中提到“相对尺寸”停车场图。如果想增加更多的可视化，可以用红绿灯颜色代表故事完成的程度，如绿色代表已完成，红色代表已延误，黄色代表有风险。相对尺寸是原始尺寸停车场图的改进版，较大的矩形表示有较大的估值（故事点）。

5. 树图

树图又称热图，也是一种可视化方式，可以用来可视化大型产品的待办事项，这个方式由 Mike Cohn 发表于 2008 年。在如图 5-16 所示的树图示例中，深色的块表示下一步的史诗已取得一定进展，它们的面积与史诗的规模成正比。此树图告诉我们，因为已经完成了许多大型史诗，所以，这个产品的版本基本准备就绪了。

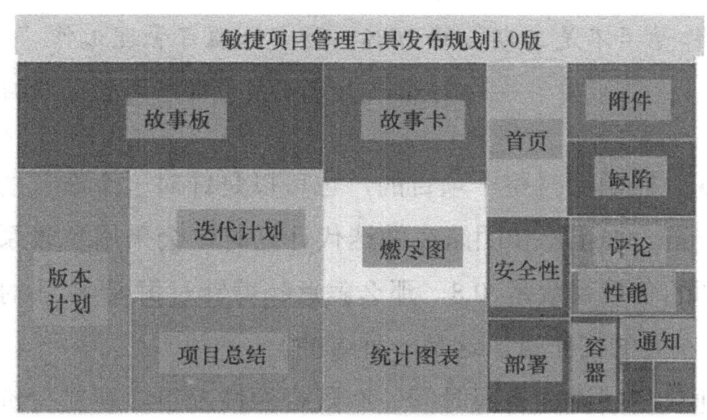

图 5-16 树图示例

6. 标靶图

图 5-17 所示为标靶图，是由 Nicholas Muldoon 在《针对产品的史诗（Epic）可视化》一书中提出的，每个史诗图形化的“计划”由每块区域表示，每个方块符号就是一个故事。最里面的圆圈是当前版本，它外围的 5 个圆圈是接下来的 5 个版本。圆圈外面的符号是计划外的故事。如果想增加更多的可视化，可以用红绿灯颜色代表故事完成的程度，如绿色代表已完成，红色代表已延误，黄色代表有风险。尽管该图显示了时间维度，但不能真实显示出故事之间的相对大小。

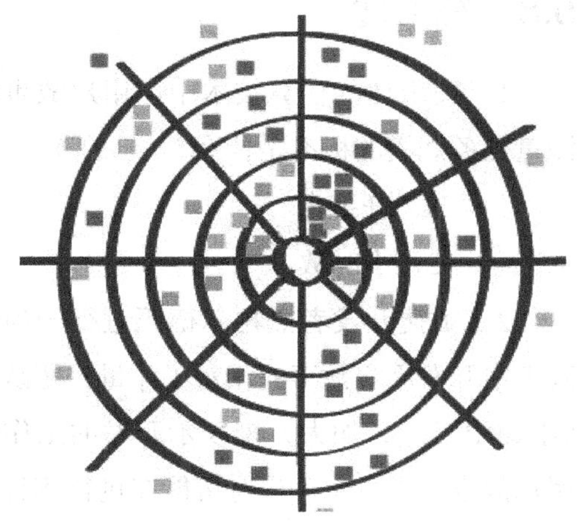

图 5-17 标靶图

5.7 计划缓冲

成功的项目经理应对风险的一个策略就是设置进度缓冲，以应对估算误差、需求蔓延、质量冲击、意外事件等。应该预留多少呢？项目管理专家 Fergus O’Connell 的建议如下：

> “如果你的组织中已经有这方面的经验法则，那么请使用它。如果没有，就拿项目总工作量（不是工期）的 10%，预留给项目管理工作。”
>
> ——Fergus O’Connell《事半功倍的项目管理》，2021

这个规则既可以是针对整个项目的，也可以是针对一个迭代的。有些敏捷项目经理或者 Scrum Master 和团队在做迭代计划时，会采用负载系数的概念，例如，一个工程师的负载系数是 0.8，那么就意味着针对每天 8 小时的工作时间，只安排 6.5 小时左右的工作量，这是一种缓冲。

此外，敏捷项目强调在有限时间、有限资源情况下实现交付价值的最大化。前文提到的 MMF、MoSCoW 都是一种功能缓冲，即在保证最基本、最必要的功能的情况下，功能是可以取舍的。

进度缓冲、功能缓冲或其他缓冲方式，可以根据情况结合使用。

5.8 练习题

1．在敏捷的估算技术中，用户故事的规模通常用故事点测量。那么，用于测量任务规模的标准是什么？（　　）

A．任务点　　B．功能点

C．小时数　　D．故事板

2．敏捷开发者杰拉尔德正进行一项计划活动，需要估算一个大型产品需求列表中开发用户故事的相对工作量。团队计划将用户故事赋值为不同的 T 恤尺码（小、中、大、加大）来表示开发的工作量。这次计划活动高效并且迅速地估算用户故事。杰拉尔德最有可能在进行哪种计划活动？（　　）

A．T 恤估算　　B．亲和估算

C．相对估算　　D．无穷估算

3．通过对比两个用户故事来估算开发一个用户故事的相对工作量的敏捷估算技能是（　　）。

A．计划扑克　　B．三点估算

C．三角测量法　　D．对比分析

4．敏捷开发者汉克正在估算开发、测试和发布一个用户故事，排除任何干扰因素之后需要多长时间。汉克运用的敏捷估算方法是（　　）。

A．每天故事　　B．理想故事天数

C．故事点　　D．理想时长

5．Gina 的敏捷团队开启了一个大型、复杂的项目，估计会持续 3 年。她的团队决定只详细计划接下来的几次迭代，同时在远一些的迭代上只做较高层级的计划。团队正在进行哪种类型的计划？（　　）

A．行进波计划　　B．发布计划

C．逐步完善　　D．滚动计划

6．敏捷项目中验证和确认发生的频率是（　　）。

A．只在客户要求的时候　　B．很少

C．每次发布两次　　D．频繁

7．一名新高管加入一个项目，不清楚一些特性的意图，该项目的敏捷管理专业人士了解到这一点，敏捷管理人士应该怎么做？（　　）

A．安排一次产品负责人与高管的会议

B．邀请该高管参加发布计划会议

C．邀请该高管参加 Sprint 演示

D．邀请该高管参加改善（Kaizen）活动

8．在敏捷估算中，如果按照理想天数进行估算，哪些应被忽略、扣除？（　　）

A．非工作日、仅单个开发人员实施、理想状况下不间断工作

B．拖延、障碍、非工作日、多个开发人员负责一个用户故事的可能性

C．周末、假期和理想的工作条件

D. 延迟、障碍和理想的工作天数

9. 某位团队执行主管正在检查一张图表，和他的 4 个敏捷团队在上一个迭代里的速率进行比较，你认为据此推断哪个团队生产力最高的方法可靠吗？（　　）

A. 不可靠，速率必须在理想时间的上下文中才能得到团队间生产力比较的准确结果

B. 不可靠，速率本身并不是用来横向比较团队绩效的指标

C. 可靠，只要组织对用户故事复杂度定义了标准化的基线

D. 可靠，只要敏捷团队都统一使用故事点或都统一使用理想时间

10. 敏捷中常用的度量指标是速率，那么速率是指（　　）。

A. 对每个迭代完成的用户故事点或故事数量的衡量

B. 对每次发布完成的用户故事点数量的衡量

C. 对每天完成的用户故事点的数量的衡量

D. 对每个迭代完成的迭代计划的数量的衡量

11. 一个敏捷团队正在为一年后发布的产品工作，已经规划了所有迭代，首先应该进行什么类型的规划？（　　）

A. 愿景　　B. 适应

C. 发布　　D. 迭代

12. 在敏捷项目管理方法中，有一种计划称为发布计划。发布计划的重要之处在于（　　）。

A. 它有助于确保客户和敏捷团队了解产品的前景、验收标准和高层次的产品发布计划

B. 它有助于团队了解客户的投资组合的风险

C. 它有助于客户具体化对将发布产品的要求

D. 它有助于敏捷团队将用户故事分解成任务

13. 哪两个工件是敏捷实践者用来总结所发布的计划的？（　　）

A. 产品愿景和项目数据表

B. 项目停车场和故事卡片布局

C．项目章程和 Sprint 的变更报告

D．产品愿景和项目章程

14．敏捷管理专业人士与产品负责人开会，以获取一个新项目的详细信息，产品负责人希望查看高层级范围、成本和进度估算。敏捷管理专业人士应该做什么？（　　）

A．在生成估算值之前，与团队召开一次发布规划会议

B．创建一份通用项目进度计划，按资源分配成本，并按迭代分解成本

C．要求产品负责人首先创建一份范围文档，作为制订估算的输入

D．创建初步估算，将其提交给产品负责人，并随着团队输入不断进行修改

15．敏捷项目的管理框架阶段是（　　）。

A．构想、推测、探索、适应、结束

B．计划、执行、检查、行动、重新规划

C．概念、设计、构建、移交

D．需求、设计、编码、测试

16．敏捷团队正在创建一个团队的发布计划，发布计划应包含哪些信息？（　　）

A．为完成每个任务或故事而执行的一系列详细活动

B．开发人员的概要任务，列出他们需要工作的用户故事

C．需要在特定版本中开发的故事详细范围、估算和验收标准

D．对可能开发什么及什么时间展开的粗略范围规划和期望

17．Patty 在复查一件对产品需求的高层级概述的敏捷工件，相当一部分的产品特性都将完成。Patty 最可能在评审哪个图表？（　　）

A．项目路线图　　B．流程路线图

C．产品路线图　　D．规划路线图

18．负责整个产品愿景的产品负责人要提供详细的项目计划，敏捷项目团队应该花时间规划什么？（　　）

A．具有高确定性的立即任务和必须完成的结束任务

B．具有高确定性的必须完成的结束任务

C．具有低确定性的立即任务和必须完成的结束任务

D．具有较高确定性的立即任务，以及具有较低确定性的即将到来的任务

19．用户故事的 INVEST 属性是指什么？（　　）

A．增加、净、变化、超过、范围、培训

B．项目依赖、无功能的、价值、探索性、冲刺、时间盒

C．创新、嵌套的、想象力、预算能力、可扩展、团队

D．独立的、可协商的、有价值的、可估算的、小的、可测试的

20．以下哪个是对宽带德尔菲估算最佳的描述？（　　）

A．团队成员各自给出故事的估算，然后讨论以达成一致

B．对现有的项目团队的绩效进行分析，来确定一些相似的用户故事的实际持续时间

C．团队成员给每个任务分配相似的大小，故事点基于迭代待办事项中的三角估算

D．团队成员给每个用户故事一个最悲观的和最乐观的估算值，这两个值的平均值就是故事点数

第 6 章

Scrum 框架

作为流行的敏捷框架，Scrum 在实施敏捷转型的公司中，总计约有 75% 的应用率（数据来自《VersionOne 第 14 次敏捷实施状态调查》），这从侧面证明了 Scrum 的流行。流行的原因有很多，如简单易行、不涉及工程技术、有 Scrum 联盟、相关图书多等。但是，越简单的东西，落地越难，因为它虽然告诉我们要做什么，但没有具体细节，这就是很多公司虽然采用了 Scrum，却未取得期望成果的原因。要想落地好敏捷，除了要了解基本框架知识，还需要掌握前面几章的关键内容。

6.1 Scrum 框架简介

1. Scrum 简史

1986 年，竹内弘高和野中郁次郎在《哈佛商业评论》中发表文章——《新的新产品开发游戏》（*The New New Product Development Game*）。这篇文章描述了一种类似于橄榄球球队工作模式的方法，“产品开发过程是在一个精心挑选的多学科团队的持续互动中产生的，团队成员从头到尾都在一起工作”“这种团队自组织、自管理，有能力决定如何开展工作，并获得了根据自己意愿做事的授权”。这篇文章经常被引用为 Scrum 框架的灵感来源。

1988 年，时间盒（Time Box）被描述为 Scott Schultz 的快速迭代开发成型法的基石，这种方法被应用于杜邦公司的副业——信息工程协会。我们在讲述 Scrum 框架的起源时，会经常提到时间盒，毕竟时间盒是 Scrum 的“灵魂”之一，不遵守时间盒，很多实践的效果就很难显现出来。

1995 年，在 OOPSLA’95 会议上，Schwaber 和 Sutherland 共同发表论文，系统介绍了 Scrum 方法，这正式标志着 Scrum 的诞生。Scrum 框架目前能够成为团队级敏捷的主流框架，与之前及这之后的“兼收并蓄”有着极大的关系。

1997 年，Ken Schwaber 描述了“Scrum 每日站会”（这在其早期的著作中并未出现，如 1995 年的文章《Scrum 开发过程》），这个活动后来被 Mike Beedle 重新整理到了世界第一本 Scrum 书中。

2000 年，Ken Schwaber 首次描述了“燃尽图”（Burndown Chart）。在富达投资集团工作时，他试图为 Scrum 团队提供一个简单的工具包，于是发明了燃尽图，并在其网站上做了正式描述。

2001 年，Ken Schwaber 和 Mike Beedle 推出世界上第一本 Scrum 书籍——《Scrum 敏捷软件开发》，系统地介绍了 Scrum 开发方法，标志着 Scrum 框架的完善。

2002 年，Ken Schwaber 和 Mike Cohn 共同创办了 Scrum 联盟。

2. Scrum 框架概述

Scrum 不是一个类似于 ISO9000 或者 CMMI 的标准过程，而是一个适合打造自组织、自管理团队的协同框架。如前文所讲，Scrum 一词来源于英式橄榄球，是争球的一种方式，如图 6-1 所示，Scrum 框架借用这个词比喻产品开发团队是一个整体协作的团队，共同进行冲刺，达成团队目标。

图 6-1　橄榄球中的 Scrum

Scrum 是基于试验性过程（经验主义）的框架，用来解决不确定性复杂问题和开发复杂产品。试验性过程的 3 个支柱分别是透明、检查和调整，Scrum 依赖这 3 个支柱。5～8 人的 Scrum 团队作为一个整体，以一种迭代、增量式的方式来优化对未来的预测并控制风险。

Scrum 框架如图 6-2 所示。Scrum 框架包含如下内容：①3 种角色——产品负责人（Product Owner，PO）、开发团队（Development Team）和 Scrum Master；②3 个工件（Artifact，或交付物）——产品需求列表（Product Backlog，PBL）、迭代待办列表（Sprint Backlog，SBL）和潜在可发布产品增量（Potentially Shippable Product Increment，PSPI）；③5 个事件（Event，或活动）——迭代（在 Scrum 中称为 Sprint 冲刺，代表团队需要在迭代这个时间盒里进行产品交付，即迭代执行）、迭代计划会议、每日站会、迭代评审会议和迭代回顾会议；④5 个价值观——承诺、勇气、专注、开放和尊重。在日常实践中，为了帮助团队梳理产品需求列表，为下一个迭代做好准备，通常会在迭代过程中加入一个会议，即产品需求列表梳理会议，如图 6-2 中的活动 3 所示。同理，团队在第一次执行迭代时，需要进行“0.梳理”活动。

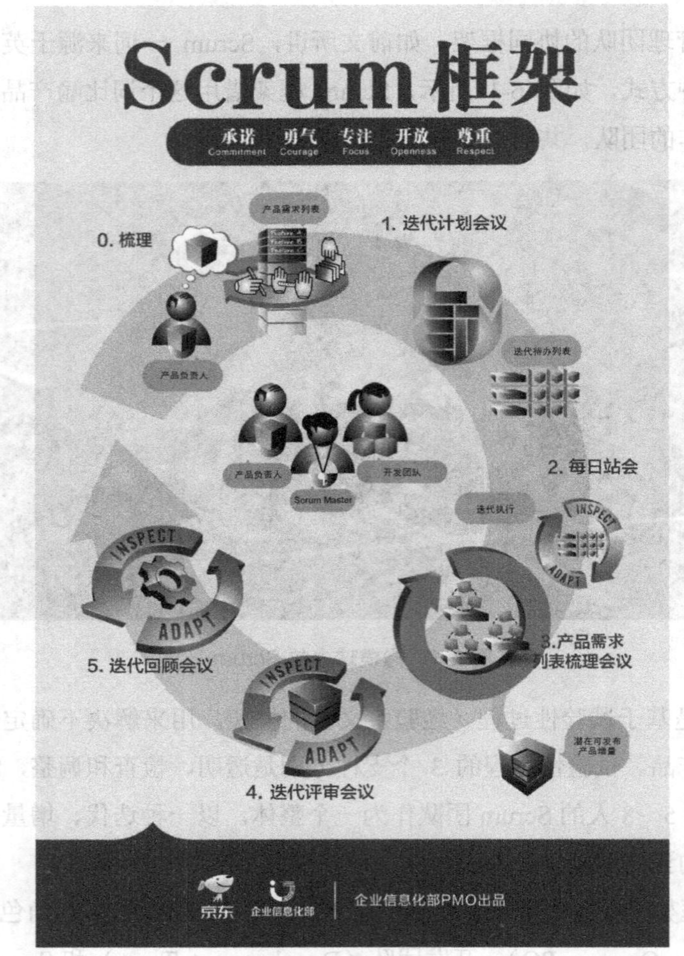

图 6-2 Scrum 框架

资料来源：改编自《Scrum 精髓》。

6.2 Scrum 的 5 个价值观

Scrum 价值观如图 6-3 所示。当承诺（Commitment）、勇气（Courage）、专注（Focus）、开放（Openness）和尊重（Respect）5 大价值观为 Scrum 团队所践行与内化时，Scrum 透明（Transparency）、检查（Inspection）和调整（Adaptation）3 大支柱成为现实，并且在每个人之间构建信任。Scrum 团队成员通过 Scrum 的角色、事件和工件来学习、探索这些价值观。

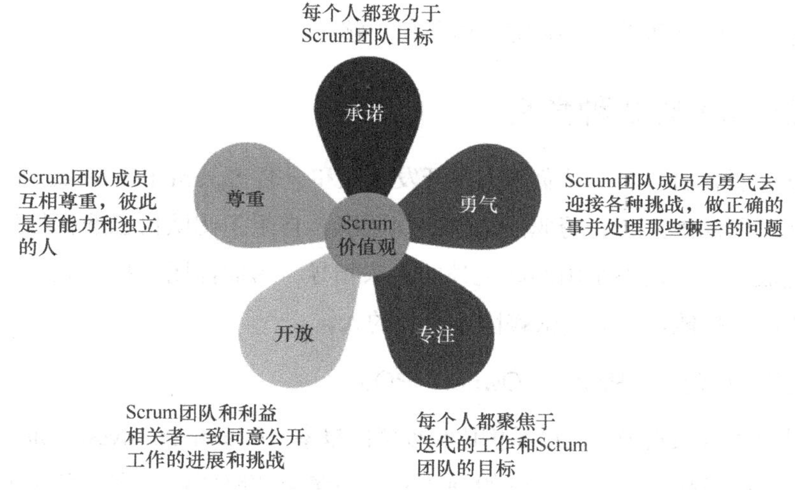

图 6-3　Scrum 价值观

1. 承诺

团队在迭代开始时做出承诺，并在迭代期间尽全力履行承诺。一旦发现未预测到的障碍有可能影响目标的达成，团队需要立即公开透明地上报升级问题。

2. 勇气

Scrum 团队成员有勇气去迎接各种挑战，做正确的事并处理那些棘手的问题。

3. 专注

一段时间内只专注于少数几件事情。Stop Starting 和 Start Finishing（未开始的工作暂缓开始，已经开始的工作聚焦完成）。团队的能力（精力）是有限的，在有限能力和有限时间范围内，专注于最有价值的事情，以取得更好的成果，完成迭代工作，达成迭代目标。

4. 开放

在团队中公开工作的进展和挑战，即可视化、透明，这样很容易暴露出风险问题和障碍，并且透明也是尊重、信任的基础。

5. 尊重

Scrum 团队成员相互尊重，彼此是有能力和独立的人。他们是坐在一起的、长期稳定的，这有助于加深彼此的尊重和了解。

6.3 Scrum 的 3 种角色

Scrum 团队由一名产品负责人、开发团队和一名 Scrum Master 组成。Scrum 团队是面对面同地办公、跨职能的自组织团队。自组织团队自己选择如何以最好的方式完成工作，而不是由团队之外的人来指导。跨职能团队拥有完成工作所需的全部职能、技能，不需要依赖团队之外的人。

1. 产品负责人（Product Owner，PO）

产品负责人负责最大化产品价值和投资回报率（Return On Investment，ROI），具有产品的决策权。从为什么开始到建立产品愿景和路线图，产品负责人是产品需求列表的唯一负责人，持续增加、删除、修改或细化产品待办事项，并根据业务、用户反馈，为最好地实现业务目标，将产品需求列表排定优先顺序；决定版本发布日期和内容，接受或退回工作成果；回答产品的“为什么”（Why）和“是什么”（What）问题，确保做出正确的产品。

2. 开发团队（Development Team）

开发团队负责在每个迭代结束时交付潜在可发布并且真正“完成”的产品增量（经过测试的可运行的代码）。开发团队由 5~9 人组成，他们是面对面同地办公的，同时是全职的、自组织的，成员是跨职能的，包括具备交付产品所需的各种技能（如视觉交互设计技能、前端技能、后端技能、测试技能等）的专业人士。他们决定工作量、迭代的容量及迭代交付的产品增量，同时持续自我改进。回答产品的“如何开发和构建”（How）问题，确保正确高效地交付产品。

3. Scrum Master

Scrum Master 负责将所有相关角色的思维方式顺利转变成敏捷思维，并确保按照 Scrum 框架顺利运作。Scrum Master 是一个服务型领导（Servant Leader），为团队提供培训、辅导、引导、教练等服务并以此来布道，保护团队迭代过程不受干扰，从而专注迭代交付目标，帮助团队暴露、移除障碍和浪费，引导团队形成迭代回顾的习惯，推动团队持续改进。

Scrum 角色的职责和候选人如表 6-1 所示。

表 6-1 Scrum 角色的职责和候选人

角色	职责	候选人
产品负责人	Why & What	产品经理
开发团队	How	包含交互设计人员、开发人员和测试人员等负责交付的人员
Scrum Master	布道和引导团队按照 Scrum 运作	开放、积极的项目经理、开发或测试人员等

6.4 Scrum 的 3 种交付物

为了使 Scrum 团队有效进行迭代，需要提前准备好迭代的输入，以利于在迭代开始前决定即将进行的迭代内容，最后在迭代结束时交付计划的内容（潜在可发布的产品增量）。迭代前的输入是 Scrum 的第一个工件，即产品需求列表；迭代计划要开发的内容是 Scrum 的第二个工件，即迭代待办列表；迭代的产出效果是第三个工件，即产品增量。

1. 产品需求列表

产品需求列表是一份动态包含符合产品愿景的各种功能和对用户有价值的其他工作（如探针、基础设施、架构、重构、缺陷等），开发团队要完成的任何工作都会体现在产品需求列表中，并由产品负责人全权负责。相应的工作项或条目称为产品待办事项（Product Backlog Item，PBI）。通常，PBI 以用户视角，采用用户故事（User Story）格式来进行描述。一个好的产品需求列表应符合 DEEP 原则及冰山模型，详见 5.3 节。

2. 迭代待办列表

迭代待办列表是一组为当前迭代选出的产品待办事项或用户故事，同时加上交付产品增量和实现迭代目标的计划。其是团队完成迭代的预测，包括迭代目标、选择的用户故事，以及如何完成用户故事的任务（如开发前端任务、开发业务逻辑任务、设计和修改数据库任务、编写测试用例任务、执行测试任务等）。任务需要被估算成理想小时，最好是一天以内，通常为 2～6 小时。迭代待办列表使开发团队用来达成迭代目标的所有工作变得清晰可见。为了确保持续改进，一般至少包括一项在先前回顾会议中确定下来的高优先级改进事项。迭代待办列表示意图如图 6-4 所示。

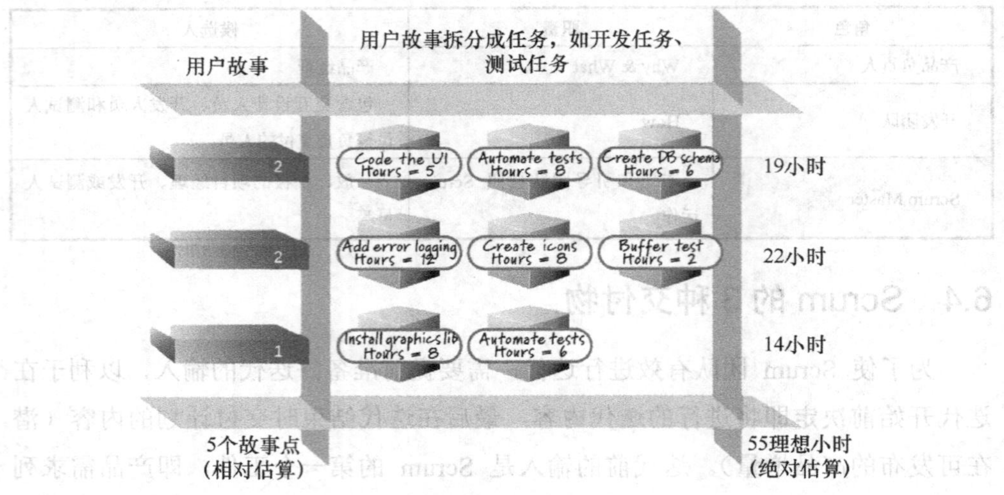

图 6-4 迭代待办列表示意图

资料来源：改编自《Scrum 精髓》。

迭代待办列表存活于当前迭代中，是团队承诺要完成的。承诺的用户故事列表在迭代期间不可以更改，但从用户故事拆分而来的具体任务，则是不断涌现的，可增减或者修改，该列表由开发团队全权负责。

3. 产品增量

产品增量是迭代完成的所有待办事项的总和，以及之前所有迭代所产生的增量的价值总和。在迭代的最后，新的增量必须是“完成”的，这意味着它必须可用并且达到了 Scrum 团队“完成”的定义的标准。

增量是迈向愿景或目标的一步，因此又被称为潜在可发布产品增量（Potentially Shippable Product Increment，PSPI）。潜在可发布是关于软件质量的陈述，而不是关于软件价值或可销售性的陈述。当产品可能要发布时，意味着一旦产品负责人根据业务需要进行业务决策，决定将产品上线，那么这个增量就可以上线（发布到生产环境中）了。

通常发布和迭代是解耦的，可以在迭代边界发布产品增量，也可以在迭代中间，产品负责人根据业务决策发布已经“完成”的部分迭代待办列表事项。

6.5 Scrum 的 5 个事件

Scrum 使用固定的事件来产生规律性，将不可预测的、不确定的事件变成规律性的、预定义好的事件，从而提高透明性，减少开销，提高效率。所有事件都是有时间盒限定的，也就是说，将每个事件限制在最长的时间范围内，时间到了，事件就结束。时间盒非常重要，一定要遵守，否则，可能会失序，得不到预期的结果。

Scrum 的 5 个经典事件包含迭代、迭代计划会议、每日站会、迭代评审会议和迭代回顾会议。除此之外，如前文提到的，在实践落地过程中，还有一个产品需求列表梳理会议。各会议的时间以迭代日历的形式可视化，如图 6-5 所示。

迭代（2周）

周一	周二	周三	周四	周五
迭代 计划会议	每日站会	每日站会	每日站会	每日站会

周一	周二	周三	周四	周五
每日站会	每日站会	每日站会	每日站会	每日站会
	产品需求 列表 梳理会议			迭代 评审会议 迭代 回顾会议

图 6-5 迭代日历

迭代除了本身作为一个事件，还是其他所有事件的容器。对于一个迭代时间盒，迭代执行前需要规划迭代要完成什么，即迭代计划会议；迭代执行过程中需要跟踪进度处理风险以便检视和调整，即每日站会；迭代执行结束后需要对产品增量进行检视和调整，即迭代评审会议；对团队工作方式进行检视和调整，即迭代回顾会议。

1. 迭代

为了表达整个团队全力以赴完成有价值（Outcome）而不是有产出（Output）的迭代目标，Scrum 将迭代称为冲刺。迭代是 Scrum 的核心，其长度（持续时间）建议为 1~3 周，在这段时间内构建一个“完成”的、可用的和潜在可发布的产品增量。前一个迭代结束后，下一个迭代紧接着立即开始。迭代时间盒如图 6-6 所示。

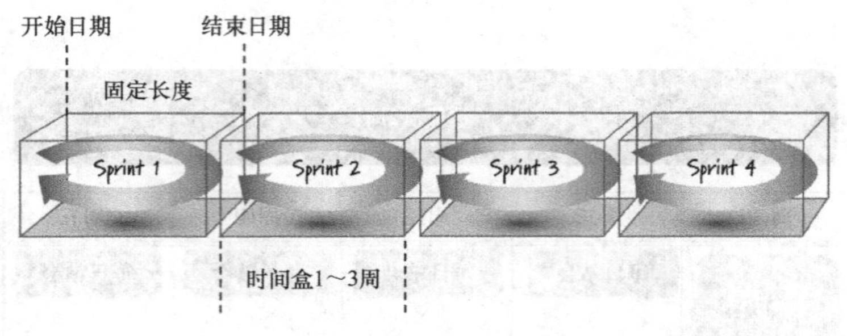

图 6-6 迭代时间盒

资料来源：改编自《Scrum 精髓》。

团队在持续迭代开发产品时，不能一次迭代 2 周、一次迭代 1 周、一次迭代 3 周等，迭代的长度需要保持一致，这样才能保证迭代的步调和节奏，使团队的开发有可持续性，并且在做迭代计划时，可以参考过去的迭代速率。

在迭代期间，不能做出有害于迭代目标的改变；不能降低目标的质量。另外，随着掌握的信息量的增加，产品负责人与开发团队之间对迭代范围内要做的事可能会重新协商。

迭代目标是当前迭代通过实现产品需求列表要达到的目的。它为开发团队提供指引，使得团队明确为什么要构建增量。迭代目标在迭代计划会议中确定，开发团队必须在工作中时刻谨记迭代目标。为了达成迭代目标，需要实现相应的功能和实施所需的技术。如果所需工作和预期不同，则开发团队需要与产品负责人沟通协商迭代待办列表的范围。

2. 迭代计划会议

在迭代计划会议中，计划在迭代中要做的工作。这份工作计划是由整个 Scrum 团队共同协作完成的。迭代计划会议是限时的，一周迭代最多 2 小时，两周迭代最多 4 小时。Scrum Master 要确保会议顺利举行，并且每个参会者都理解会议的目的。Scrum Master 要引导 Scrum 团队遵守时间盒的规则。

迭代计划会议回答以下问题：

（1）What——接下来的迭代交付的增量中要包含什么内容？

（2）How——要如何完成交付增量所需的工作？

迭代计划会议按照这两个问题分成两部分，如图 6-7 所示。

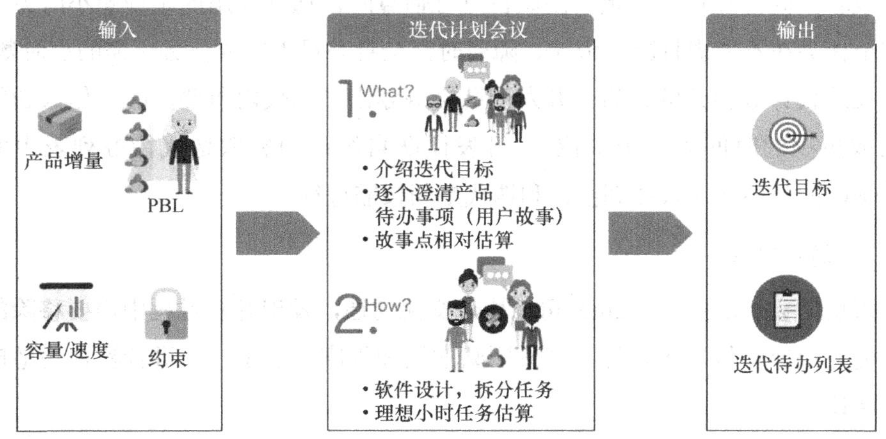

图 6-7 迭代计划会议

资料来源：改编自 Ashley-Christian Hardy 文章。

（1）迭代计划会议第一部分：这次迭代能做什么？开发团队预测在这次迭代中要开发的功能。产品负责人讲解迭代的目标，以及达成该目标所需完成的产品需求列表项。整个 Scrum 团队协同工作来理解迭代的工作。

迭代计划会议的输入是产品需求列表、最新的产品增量、开发团队在这个迭代中时间容量的预测及开发团队以往的迭代速度及相关约束。开发团队自己决定选择多少产品需求列表项。只有开发团队可以评估接下来的迭代可以完成多少工作。在迭代计划会议中，Scrum 团队还要草拟一个迭代目标。迭代目标是这个迭代通过实现产品需求列表项要达到的目的，同时它也为开发团队提供指引，使得开发团队明确开发产品增量的目的。

团队在进行估算时，通常采用的是敏捷估算。敏捷估算是一种相对估算方式，即故事点的方式。

（2）迭代计划会议第二部分：如何完成所选的工作？在设定了迭代目标并选出这个迭代要完成的产品需求列表项之后，开发团队将决定如何在迭代中把这些功能构建成“完成”的产品增量。这个迭代中所选出的产品需求列表项，加上交付它们的计划，就形成了迭代计划之后的工件，即迭代待办列表。

开发团队通常从产品设计开始，将用户故事分解成任务。任务有不同的大小，或者不同的预估工作量。团队在进行估算时，通常采用的是理想小时方式，即某个任务在不考虑打断、依赖、障碍时，全身心投入完成任务所需的小时数。

在迭代计划会议的最后，开发团队会规划出在迭代内所要做的工作（通常以一天或更少的时间为一个单位）。开发团队自组织地领取迭代待办列表中的任务，领取的任务在迭代计划会议和迭代期间按需进行。

3．每日站会

每日站会（Daily Scrum）可以增进交流沟通，发现开发过程中需要移除的障碍，促进快速地做决策，提高开发团队的认知程度。这是一个进行检视与适应的关键会议。

每日站会是开发团队的一个以 15 分钟为时间盒的事件。在每日站会上，开发团队为接下来的 24 小时的工作制订计划。通过检视上次每日站会以来的工作，预测即将到来的迭代工作来优化团队协作和效能。每日站会在同一时间、同一地点面对面举行，以便降低复杂性。每日站会示意图如图 6-8 所示。

开发团队通过每日站会来检视完成迭代目标的进度，并检视完成迭代待办列表的工作进度趋势。每日站会优化了开发团队达成迭代目标的可能性。每天，开发团队应该知道如何以自组织方式协同工作以达成迭代目标，并在迭代结束时开发出预期的增量。

图 6-8 每日站会示意图

资料来源：Ashley-Christian Hardy 文章。

会议的结构由开发团队设定。如果会议专注于达成迭代目标的进展，那么开发团队可以采用不同的方式进行。一些开发团队会以问题为导向来开会，有些开发团队会基于更多的讨论来开会。以下为示例：

（1）昨天，我为帮助开发团队达成迭代目标完成了什么？

（2）今天，我为帮助开发团队达成迭代目标计划准备做什么？

（3）是否有任何障碍在阻碍我或开发团队达成迭代目标？

开发团队或者开发团队成员通常会在每日站会后立即聚到一起进行更详细的讨论，或者为迭代中剩余的工作进行调整或重新计划。

4. 迭代评审会议

迭代评审（Sprint Review）会议是一个不需要准备 PPT、不需要花多少时间准备的非正式会议，它发生在迭代结束时，团队将集成过的、经过测试的产品增量，在测试环境（甚至预生产/类生产环境）中演示给产品负责人和业务方。迭代评审会议用来检视所交付的产品增量，产品负责人接受或拒绝完成的成果，同时根据业务方和产品负责人对产品增量的反馈，按需调整产品需求列表。

即使每个用户故事已经在迭代期间被产品负责人验收过，或者部分用户故事在迭代期间已经上线，仍然需要举行迭代评审会议，不过目的已经转变成团队对产品增量的整体和系统性的认知及反馈，以及团队对迭代交付成果的庆祝，当然，从时间上来说，花费的时间可能大大减少。

对于长度为一个月的 Sprint，评审会议的限时为 4 小时。对于较短的迭代，会议的时间会缩短。Scrum Master 要确保会议举行，并且每个参会者都明白会议的目的。Scrum Master 教导大家遵守时间盒的规则。

5．迭代回顾会议

迭代回顾会议是 Scrum 团队检视自身工作方式并创建下一个迭代改进行动计划的机会。迭代回顾会议发生在迭代评审会议结束之后，下一个迭代计划会议之前。迭代回顾会议示意图如图 6-9 所示。

图 6-9 迭代回顾会议示意图

资料来源：freescrumtraining 网站。

在迭代回顾会议中，Scrum 团队对当前迭代的工作方式，包括敏捷实践、Scrum 框架、团队的个体、人与人之间的关系、与其他团队的协作、过程、工具等进行回顾，保持做得好的方式，停止或避免不好的方式，以及针对需要改进提升的方面，提出下一个迭代可落地的改进行动计划，作为改进故事放入产品需求列表。

Scrum 团队要想真正敏捷起来，可以依赖的抓手就是迭代回顾会议，团队要确保此会议的持续发生，那么无论是 Doing Agile 还是 Being Agile，团队都有机会通过自己践行 Scrum 来持续改进。通常遵循先僵化（严格遵守 Scrum 框架及其他敏捷实践）、后优化（在基本框架范围内进行各种微调、组合和尝试）、再突破（融会贯通之后，形成适合团队自己的工作方式）的模式。

对于长度为一个月的迭代，会议的限时为 3 小时。对于较短的迭代，会议时间通常会缩短。

6.6 练习题

1．迭代评审会议对敏捷开发方法论来说是十分重要的。评审会议的目的是什么？（　　）

A．Scrum Master 审查进展并给出了有关纠正措施的指导

B．团队提供软件工作示范并征求反馈

C．客户和其他干系人对团队成员的绩效表现进行深入了解，同时对该团队的经理提供反馈

D．团队成员反思以往冲刺过程，并采取纠错行动

2．在每日站会中，哪 3 个问题需要经常回答？（　　）

A．你昨天做了什么？你今天准备做什么？你什么时候能完成迭代的工作？

B．你昨天做了什么？你今天准备做什么？你遇到了什么问题？

C．你的任务目前状况是什么？你什么时候可以完成它们？你有没有遇到风险和问题？

D．每次任务的状态是什么？已完成工作的占比是多少？项目的结束日期是什么时候？

3．由于一个技术难点，一名敏捷团队成员对于完成任务有困难，该名团队成员应该怎么做？（　　）

A．与 Scrum Master 一起解决这个问题

B．请求团队领导协助

C．咨询另一名团队经理

D．在下一次每日站会上讨论该问题

4．在 Scrum 开发团队中，谁负责确保团队遵循敏捷实践？（　　）

A．团队产品所有者

B．Scrum Master

C．项目经理

D．敏捷教练

5．敏捷开发的团队经理同时也扮演着 Scrum Master 的角色，他应该停止做什么事情？（　　）

A．保护团队不被干扰

B．对团队的绩效进行考核

C．确保所有任务都被分配和进行

D．思考如何增长公司业务

6．在处理一个 Sprint 用户故事时，团队成员提出了调整组织过程实现价值交付最大化的想法，向团队提出这个想法的最佳时机是什么？（　）

A．在下一次 Sprint 规划会议上

B．在下一次每日 Scrum 期间

C．在项目状态会上

D．在 Sprint 回顾会议上

7．在一次迭代计划会议期间，一位团队成员对用户故事感到越来越沮丧，这位团队成员的行为并不“新鲜”，并且在最近几次冲刺中一直是个问题，该团队成员表示团队无法完成已计划的所有工作。Scrum Master 应该如何处理这种情况？（　　）

A．在听到他的意见时，让团队成员发表意见

B．观察团队对这些评论的反应，看看他们是否同意

C．在继续进行会议之前，尝试尽快地缓和局势

D．记录这些评论并继续推进会议

8．Scrum 团队包括（　　）。

A．团队、Scrum Master 和客户　B．团队、项目经理和客户

C．团队、领导和构建师　　　　D．团队、Scrum Master 和产品所有者

9．作为团队中的 Scrum Master，你发现在每日站会期间，两个团队成员开始商讨技术细节。你应该做什么？（　）

A．只要这能增加价值，就让他们继续讨论

B．固定讨论时间，建议该成员在线下或是会议结束后进行讨论

C．邀请别人共同参与

D．提供自己对此的意见

10．在当前 Sprint 中，谁应该移除和记录出现的障碍？（ ）

A．项目经理　　B．产品负责人

C．敏捷团队　　D．Scrum Master

11．产品负责人一直听取一个项目干系人的意见，远远超过其他项目干系人，敏捷管理专业人士应该怎么做？（ ）

A．允许干系人和产品负责人自己解决问题

B．与干系人安排一次专门会议，以弄清楚他们的需求

C．与产品负责人的主管经理沟通

D．指导团队遵循产品负责人的优先级

12．一个事项的状态被视为“已完成”必须满足哪项条件？（ ）

A．团队与项目发起人达成该事项已经完成的一致意见

B．产品负责人接受该事项已完成

C．产品负责人和客户批准用户故事

D．团队和客户批准用户故事

13．通常一个迭代回顾会议的时间盒是多少？（ ）

A．4 小时　　B．8 小时

C．16 小时　　D．24 小时

14．一位高级相关方参与了冲刺评审，并在这期间提出了一些产品改进建议，该高级相关方要求查看冲刺回顾会议中的变更。Scrum Master 应该做什么？（ ）

A．推迟回顾会议，直到下一次冲刺结束

B．建议与团队开会，讨论并决定团队对该请求的反应

C．要求团队在回顾会议中展示至少其中一个增强功能

D．向该相关方解释，回顾会议是团队用来提高效率的

15．哪个是 PO 和团队之间沟通的桥梁？（ ）

A．燃尽图　　B．产品待办事项

C．Scrum 团队会议　　D．冲刺版本计划

16．开发团队对一个用户故事不能理解，你作为敏捷管理工程师需要怎么做？（　　）

A．要求 PO 参加迭代计划会议

B．对用户故事细化，以便能够理解

C．团队讨论采用最佳方案开发

D．要求 PO 参加回顾会

17．在迭代过程中，队员发现一项重大风险，他应该怎么做？（　　）

A．立刻采取行动降低风险

B．立刻和团队商量，开始对应

C．组织 PO 和团队开会

D．加入 PBL，下一个迭代对应

18．团队成员发现了一种好的做法，可以改进生产品性能与体验，你作为敏捷管理工程师，需要怎么做？（　　）

A．立刻实施

B．在团队同意后，在下一个迭代中实施

C．放到产品需求列表中

D．和 PO 沟通，得到正式的批准后实施

19．对每个功能的商业价值，由谁来负责定义？（　　）

A．PO　　B．督导委员会

C．SM　　D．团队

第7章

精益软件开发与看板方法

精益思想是敏捷理论的重要源泉之一，整个人类社会都从中受益颇深。精益和敏捷的软件开发方法都提倡拥抱变化并鼓励尽早从错误中学习，持续改进。相对而言，预测型方法则僵化一些，因为预测型方法认为变化与错误是致命的，需要控制变化。除此之外，敏捷与精益都强调消除浪费，价值驱动，以人为本，注重如何极大地激发一线员工的主动性与创新性。看板方法作为一种基于流程的交付模式，是对基于时间盒迭代交付模式的有益补充，也是精益思想在IT领域的再度应用。

7.1 精益思想

1．精益思想概述

> “精益思想是适合任何组织消除浪费、创造价值的最强有力的工具。”
>
> ——James Womack 和 Daniel Jones《精益思想》，2003

精益思想（Lean Thinking）源于 20 世纪 80 年代日本丰田公司发明的精益生产（Lean Production）方式。精益生产方式为日本汽车带来了质量与成本优势，使日本汽车工业一度反超美国汽车工业，让世界汽车工业重心向日本倾斜。

精益思想从理论的高度归纳了精益生产中所包含的新的管理思维，并将精益方式扩大到制造业以外的所有领域，尤其是第三产业，把精益生产方法外延到企业活动的各个方面，不再局限于生产领域，从而促使管理人员重新思考企业流程，消灭浪费，创造价值，赋能员工，打造持续改进的文化。

从字面意思来看，“精”体现在质量上，追求“尽善尽美”“精益求精”；“益”体现在成本上，只有成本低于行业平均成本的企业才能获得收益。因而，精益思想不单纯追求成本最低和企业眼中的质量最优，而是追求用户和企业都满意的质量，追求成本与质量的最佳配置，追求产品性能与价格的最优比。

精益思想落地实践包括精益生产、精益管理、精益设计、精益产品开发、精益用户体验、精益供应和精益创新等一系列思想，其核心是通过“及时适量”“零库存”“信号卡”“价值流”等现场管理手段实现“订单拉动生产”，从而确保产品质量并降低成本，提高质量，创造更多价值。

2．产生背景

“二战”结束不久，汽车工业中统治世界的生产模式是以福特公司为代表的大批量生产方式，这种生产方式以流水线形式、少品种、大批量生产产品。当时，大批量生产方式是先进的管理思想与方法，通过大量的专用设备及专业化的大批量生产，可以降低成本，提高生产率，满足稀缺型市场的大量未满足需求，福特 T 型车也成为目前为止世界上销量最高的一款车，如图 7-1 所示。

“人们可以订购任何颜色的汽车，只要它是黑色的。”

——亨利·福特

图 7-1 福特 T 型车

福特 T 型车的面世使 1908 年成为工业史上具有重要意义的一年：T 型车以其低廉的价格使汽车作为一种实用工具走进了寻常百姓之家，美国也自此成为“车轮上的国度”。

福特 T 型车的巨大成功来自福特公司创始人亨利·福特的数项革新，包括以流水装配线大规模作业代替传统个体手工制作，以及支付员工较高薪酬来拉动市场需求等措施。

与处于绝对优势的美国汽车工业相比，日本汽车工业则处于相对幼稚的阶段，丰田汽车公司从成立到 1950 年的十几年间，总产量甚至不及福特公司 1950 年一天的产量。汽车工业作为日本经济倍增计划的重点发展产业，日本派出了大量人员前往美国考查。丰田汽车公司在参观美国的几大汽车厂之后发现，采用大批量生产方式降低成本仍有进一步改进的余地，而且日本企业还面临需求不足与技术落后等严重困难；加上第二次世界大战后日本国内的资金严重不足，也难有大量的资金投入以保证日本国内的汽车生产达到有竞争力的规模，因此，他们认为在日本进行大批量、少品种的生产方式是不可取的，应考虑一种更能适应日本市场需求的生产组织策略。

以丰田的大野耐一等人为代表的精益生产的创始者们，在不断探索之后，终于找到了一套适合日本国情的汽车生产方式：准时制生产、全面质量管理、并行工程、充分协作的团队工作方式和集成的供应链关系管理，逐步创立了独特的多品种、小批量、高质量和低消耗的精益生产方法。

在丰田的生产方式中，每个工作单元都会从事多种产品的生产，这样的工人称为“多能工”，而不像福特的流水线中的工人只负责一种工作。丰田生产方式适用于多品种、小批量的产品。由于需求量少，不值得去建立专有产线，这就要求员工的多能以适应多品种的不同需求。在图 7-2 中，A 生产单元就是一个可以生产多种产品部件的单元，分别给 3 条生产线提供产品。一条生产线由多个负反馈系统组成，而每个生产单元又包含多个负反馈系统。丰田生产方式使用拉动式的生产，通过看板来实现拉动式生产的信息传递，如图 7-2 所示。

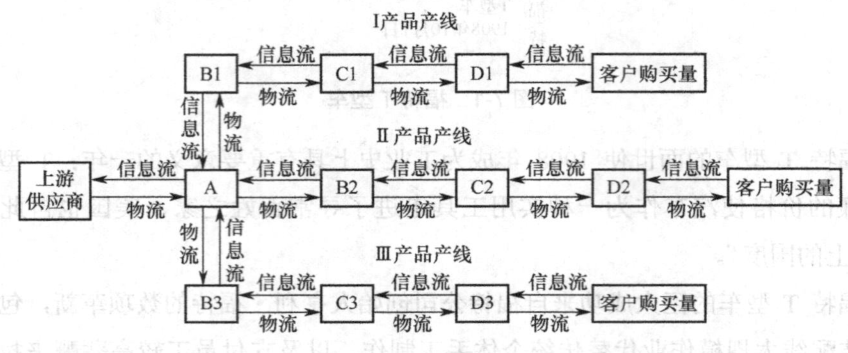

图 7-2　拉动式生产的信息传递

1973 年的石油危机，使日本的汽车工业闪亮登场。由于市场环境发生变化，已经由稀缺型经济转向富饶型经济，客户不再满足于同质化产品，希望有个性化产品。大批量生产所具有的弱点日趋明显，难以快速满足多样化的个性需求，丰田公司的精益生产方法，能通过客户订单拉动生产方式，满足这种需求，从而业绩开始上升，与其他汽车制造企业的距离越来越大，精益生产方式开始为世人所瞩目。

3. 发展历程

在市场竞争中遭受失败的美国汽车工业，在经历了曲折的认识过程后，终于意识到，致使其竞争失败的关键是美国汽车制造业的大批量生产方式输给了丰田的精益生产方式。

1985 年，美国麻省理工学院的 Daniel T. Jones 教授等筹资 500 万美元，用近 5 年的时间对 90 多家汽车厂进行了对比分析，并于 1992 年出版了《改变世界的机器》一书，把丰田生产方式定名为精益生产，并对其管理思想的特点与内涵进行了详细的描述。

20 世纪 90 年代，美国进行了一系列对精益生产的研究和实践，其中包括美国军方于 1993 年出台的美国“国防制造企业战略”“精益航空计划”等政府指令性的活动。除了汽车行业，还有更多的美国企业（如波音、洛克希德·马丁、普惠等）投入实施精益生产的大潮。在这个过程中，日本人提供了基本的思考和方法，用出色的实践证明了精益生产的强大生命力；美国学者、企业乃至政府的研究和实践，证明了精益思想在世界上的普遍意义，并升华为新一代的生产哲理。

在接下来的几年中，精益方法的许多变体诞生了，包括全面质量管理、准时制、六西格玛和约束理论。尽管我们可以有把握地说，他们的目标现在被称为精益，但这些运动中的每一个都融入了日本人的各种做法，使他们与竞争对手有所不同。这些流行的“精益”管理框架本质上是高度规范的，需要大量的培训才能完全吸收。

1996 年，James Womack 和 Daniel Jones 编写的《精益思想》(*Lean Thinking*)一书问世，精益生产方式由经验变成理论，新的生产方式正式诞生。该书进一步从理论的高度归纳了精益生产中所包含的新的管理思维，并将精益方式扩大到制造业以外的领域，尤其是第三产业，把精益生产方法外延到企业活动的各个方面，不再局限于生产领域，从而促使管理人员重新思考企业流程，消灭浪费，创造价值。

2001 年 4 月，丰田发布了《Toyota Way 2001 手册》，其更明确丰田的价值观，坚持“尊重、挑战”，贯彻“现地现物”，以智慧“持续改善”，发挥“团队精神”，简单明确的用词让世界各地的丰田员工容易理解与奉行，自然地渗透到新车开发、经营、销售、服务的各层面，而非局限于生产管理。在致辞中，丰田汽车社长张富士夫这样说道：

> “‘Toyota Way’随环境的变化而变动，作为丰田的强项将不断发展下去；在不断思索的过程中，理解丰田管理方式，发展和完善丰田管理方式的内容。”
>
> ——张富士夫（丰田汽车社长）

《Toyota Way 2001 手册》是在丰田快速扩张，靠派出日本人管理海外工厂已经不能满足需求的情况下，改变以往培养管理者的方式，系统地总结了丰田的理念和工作方法，既作为快速培养海外本土管理骨干的教材，也是对丰田管理体制的一次全面总结。

2004 年，Jeffrey K. Liker 出版了《丰田模式：来自世界最伟大制造企业的 14 个管理原则》。该书不仅在世界各地畅销，也赢得了 2005 年"新乡卓越奖"（Shingo Prize for Excellence），以及 2005 年美国工业工程学会年度书籍奖。

2003 年，在 3M 公司应用精益思想的 Mary Poppendieck 和 Tom Poppendieck，进一步提高了对精益与敏捷软件开发方法的一致性和互补性的认识，他们出版了《精益软件开发》一书。这是最早明确将精益思想直接和敏捷软件开发结合在一起的著作。当然，创建 Scrum 的杰夫·萨瑟兰（Jeff Sutherland）和肯·施瓦伯（Ken Schwaber）也借鉴研究了丰田模式和精益思想，因此 Scrum 的起源之一就是精益。

2004 年，David J. Anderson 在微软的 XIT 项目实践过程中发明了"看板方法"，并于 2006—2007 年在 Corbis 公司得到大规模运用，紧接着在全球迅速推广。David J. Anderson 在发明看板方法之初，便深受大野耐一的丰田生产系统、高德拉特的约束理论（TOC）、戴明的质量管理及敏捷开发的影响，因此，看板方法中的很多概念都可以从上述理论中找到影子。

2009 年，DevOps 运动的兴起，重点在于打破部门间的筒仓，促进跨部门的协同，实际上也是精益思想在软件交付方面更广泛领域的延伸应用。

上述精益思想发展的历程说明，精益思想是人、过程和技术的集成。无论是丰田生产方式，还是后来的精益生产、精益产品开发、DevOps，都是从技术的改变和技术的可行开始的，但最终人才是决定性的因素。相比于大批量生产，精益思想关键性的改革是组织结构和分工原则的变化，是激发员工积极性的重要进步。

4. 精益思想核心

James Womack 和 Daniel Jones 的《精益思想》是一本有趣而且写得很好的总结精益原则的书，这本书认为精益思想的核心就是以越来越少的投入——较少的人力、较少的设备、较短的时间和较小的场地创造出尽可能多的价值；同时也越来越接近用户，提供他们确实要的东西。这可能会给读者一个错误的印象，即精益的关键在于减少浪费、提高效率，但我们一定要认识到，除此之外，精益重点关注持续改进，创造组织知识，尊重公司各层次的精益团队成员。

“……在美国汽车制造商用尽了丰田成功的所有其他解释之后——低估的日元、温顺的劳动力、日本文化、高超的自动化——他们才最终承认，丰田的真正优势在于它能够利用‘普通’员工的智慧。”

——《哈佛商业评论》，2006

很多人学习丰田生产系统，会迷恋于整体流程、看板和其他精益工具的力量。但丰田内部经验丰富的领导一直告诉我们，这些工具和技术并不是关键。相反，丰田生产系统背后的动力是一家公司的管理承诺，即不断投资于员工，并促进一种持续改进的文化。

“（丰田生产系统）的精髓在于，每个员工都有机会以自己的工作方式发现问题、解决问题，并进行改进。”

——Wakamatsu 和 Kondo（Toyota 专家）

7.2　精益屋

精益屋是将丰田精益生产方式的各要素系统化图示的一种形式，由于其形状像一间屋，因而被称为精益屋，从精益文化培育的角度来描绘，如图 7-3 所示。

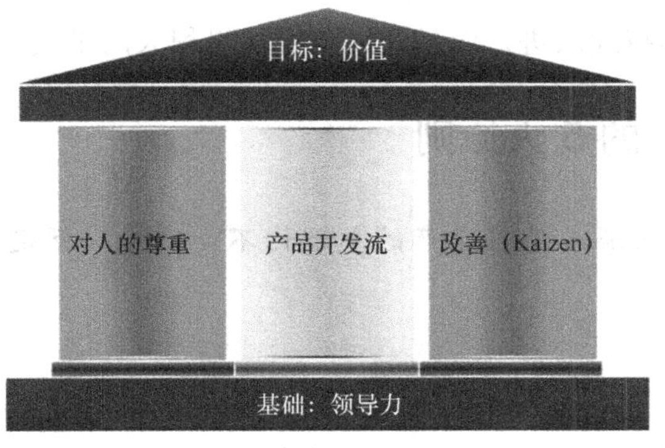

图 7-3　精益屋

1. 目标：价值

精益思想的目标是可持续的最短交货时间、最好的质量和价值（对人和社会）、最大的客户满意度、最低的成本、高昂的士气，以及带给员工的安全感。

丰田生产系统的创始人大野耐一的话与这一目标相呼应。

> “我们所做的一切就是观察时间线，从客户给我们订单那一刻到我们收到现金的那一刻。我们正在通过减少不增值的浪费来缩短时间。”
>
> ——大野耐一

2. 基础：领导力

精益思想的基础是领导力，领导力是团队成功的关键要素。领导者对成功采用精益–敏捷方法负有最终责任。

> “这样的责任不能委派。”
>
> ——爱德华兹·戴明（质量管理大师）

3. 3大支柱

精益思想的第一支柱是“对人的尊重”，这和《敏捷宣言》第一条是不谋而合的。敏捷也是借鉴了精益的很多思想与实践。精益思想的第二支柱是“产品开发流”，其背后强调的是价值的快速流动。敏捷强调价值交付，在制品限制也借自精益。精益思想的第三支柱是“Kaizen”，翻译为中文是“改善”，是日语的音译，也是强调持续改进，而且最终要实现累积大的量变。

7.3 精益思想的5大原则

> “在头脑中理解（精益生产的）理论不是问题，问题是把它们记在身体里。”
>
> ——大野耐一

詹姆斯·沃麦克（James Womack）和丹尼尔·琼斯（Daniel Jones）在他们

的著作《精益思想》中提炼出精益思想的 5 大原则，即顾客确定价值、识别价值流、价值流动、拉动、尽善尽美，如图 7-4 所示。

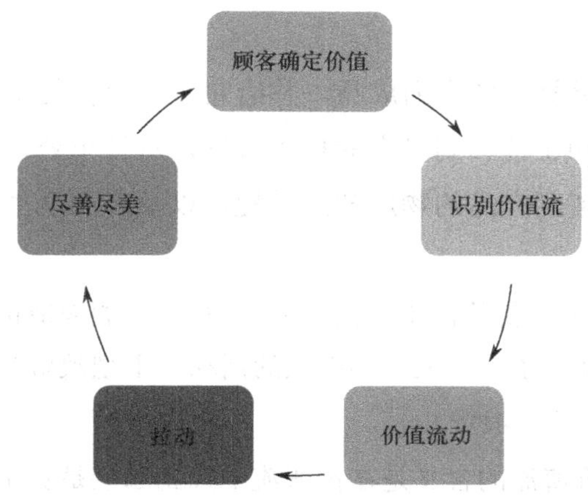

图 7-4 精益思想的 5 大原则

1. 顾客确定价值

顾客确定价值就是以客户的观点来确定企业从设计到生产再到交付的全部过程，实现客户需求的最大满足。以客户的观点确定价值必须将生产的全过程的多余消耗减至最少，不将额外的花销转嫁给用户。

例如，你从京东买了一件商品，因为京东配货错误，给了你错误的商品，需要快递员上门取回，并把新的货品发给你，你是否愿意为额外快递服务多付费呢？作为客户，你肯定不想多付，如果采用了“京准达”，那么或许你还会索赔。京东肯定也不会向你多收费，或许会给你其他补偿。

精益价值观将商家和客户的利益统一起来，而不是过去那种对立的观点。这其实就是提倡以客户为中心。

以客户为中心的价值观来审视企业的产品设计、制造过程、服务项目，会发现其中有太多的浪费，即不满足客户需求，过分的功能和多余的非增值消耗。当然，消灭这些浪费的直接受益者既是客户也是商家。

与之对照的是，企业过去的价值观都是以自己为中心的。完全由商家设计和制造的产品、完全由商家设计好的服务项目，大吹大擂那些目的在于增加盈利的、额外的甚至是“画蛇添足”的功能，并不一定是用户所需要的或必需的。最后将大量的浪费以成本的方式转嫁给用户，而用户享受到的仅仅是为实现这个转嫁的殷勤。

2．识别价值流

价值流是指从原材料转变为成品，并给它赋予价值的全部活动。这些活动包括从概念到设计和工程、到投产的技术过程，从订单处理到计划再到送货的信息过程，从原材料到产品的物质转换过程，以及产品全生命周期的支持和服务过程。

《精益思想》一书将价值流中的活动分为 3 类：能创造价值的活动、不能创造价值但在目前的技术条件下又不得不做的活动（Ⅰ型浪费）和不创造价值且可以立刻去除的活动（Ⅱ型浪费）。

精益思想识别价值流的含义是在价值流中找到哪些是真正增值的活动、哪些是可以立即去掉的不增值活动。精益思想将所有业务过程中消耗了资源而不增值的活动称为浪费。识别价值流就是发现浪费和消除浪费。

识别价值流的方法是“价值流分析”，首先按产品族为单位画出当前的价值流图，再以客户的观点分析每个活动的必要性。价值流分析成为实施精益思想最重要的工具。

价值流并不是从自己企业内部开始的，多数价值流都向前延伸到供应商，向后延伸到客户交付的活动。按照最终用户的观点全面地考查价值流、寻求全过程的整体最佳，特别是推敲部门之间交接的过程，往往存在着更多的浪费。

图 7-5 所示为 IDCF DevOps 案例研究小组在分析“火神山、雷神山建设项目”时做的价值流分析。在这个价值流中，以时间线维度展示了各类不同的工作是如何展开的、哪些是增值活动、哪些是非增值或必要但不增值活动及处理时间。

3．价值流动

如果“顾客确定价值”是精益思想的基本观点，“识别价值流”是精益思想的准备和入门的话，则“流动”和“拉动”就是精益思想实现价值的中坚力量。

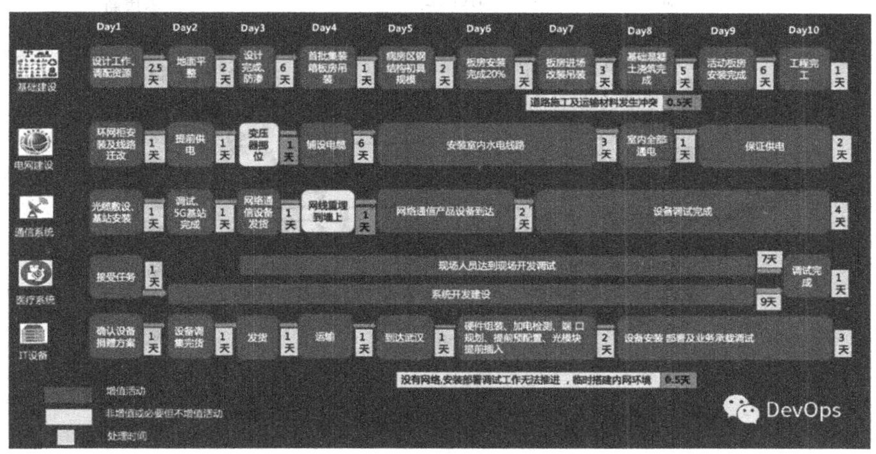

图 7-5　IDCF DevOps 案例小组在分析“火神山、雷神山建设项目”时做的价值流分析

精益思想要求创造价值的各步骤流动起来，强调的是不间断地“流动”。“价值流”本身的含义就是“动”的，但是由于根深蒂固的传统观念和做法，如部门的分工（部门间交接和转移时的等待）、大批量生产（机床旁边等待的在制品）等阻断了本应动起来的价值流。

> “一旦管理者学会看懂流动技术，就有可能把流动用于任意活动，而且在所有情况下流动原理都相同。”
>
> ——《精益思想》

精益将所有的停滞作为企业的浪费，号召“所有的人都必须和部门化的、批量生产的思想做斗争”，用持续改进、准时制（Just In Time，JIT）、单件流（One-Piece Flow）等方法在任何批量生产条件下创造价值的连续流动。

当然，使价值流流动起来，必须具备必要的环境条件。这些条件包括过失、废品和返工造成过程的中断、回流。实现连续的流动要求每个过程和每个产品都是正确的。全面质量管理和后来的六西格玛都成为精益思想的重要组成部分。

此外，要善用缓冲，平衡流量变动时的冲击，以免在拉动时一拉就断，如图 7-6 所示。缓冲包括时间缓冲、存货缓冲、产能缓冲等。

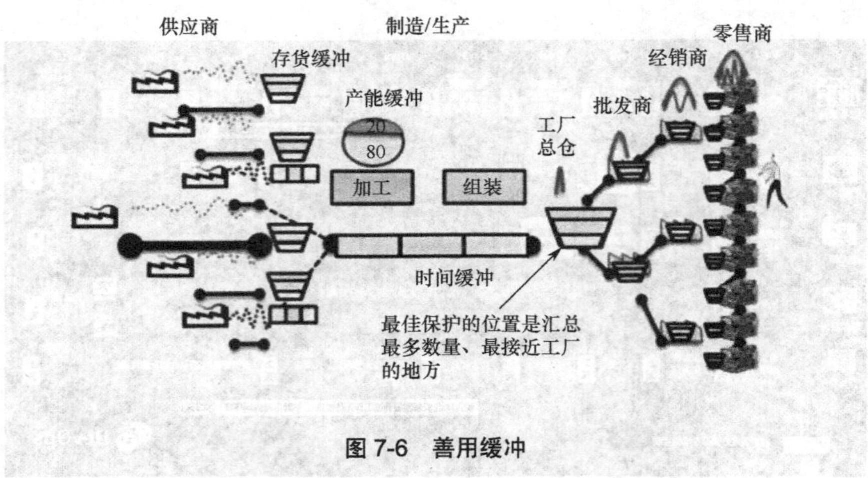

图 7-6　善用缓冲

4．拉动

拉动就是按客户的需求投入和产出，使用户在他们需要的时间得到需要的产品。

拉动起源于超市的补货系统，服务人员完全根据消费者买走商品的数量和品种进行上架，采购部门根据消费者买走商品的数量和品种进行采购。这样，超市就避免了过量的采购和库存，进而降低了经营的风险和成本。

实行拉动以后，用户或制造的下游就像在超市的货架上一样取到他们所需要的产品，而不是把用户不太想要的产品强行推给用户。生产和需求直接对应，消除了过早、过量的投入，减少了大量的库存和现场在制品，大量压缩了提前期。

以丰田汽车为例，顾客订购什么样的车型，它就生产相应的车型，没有订单就不生产，从而避免汽车的过量生产。企业内部的零件生产也是如此，上游工序按下游工序领取零件的品种和数量进行生产，没有领取就不生产，从而避免零件的过量生产。其实，过量生产是精益生产的万恶之首。因为一旦技术更改，或者市场从此不再需要此种产品，将会造成极大的浪费。

拉动原则更深远的意义在于企业具备了当用户一旦需要，就能立即进行设计、计划和制造出用户真正需要的产品的能力，最后实现抛开预测，直接按用户的实际需要进行生产。拉动场景下浪费更少，效率更高。图 7-7 所示为推动和拉动。

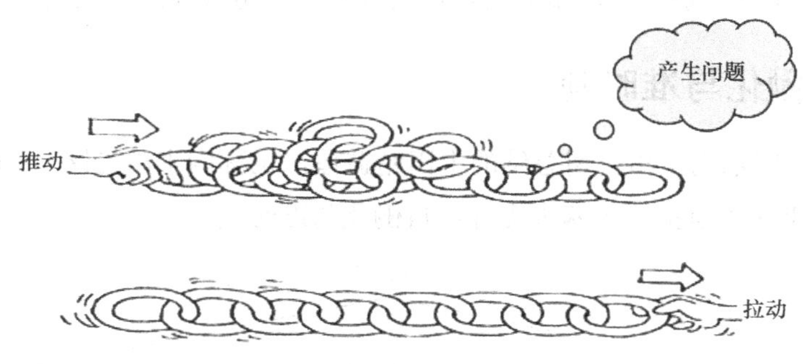

图 7-7 推动和拉动

实现拉动的方法是实行 JIT 生产和单件流。JIT 和单件流的实现最好采用单元布置，对原有的制造流程进行深刻的改造。流动和拉动将使产品开发时间缩短 50%，订货周期缩短 75%，生产周期缩短 90%，这对传统的改进来说简直是个奇迹。

5. 尽善尽美

奇迹的出现是上述 4 个原则相互作用的结果。改进的结果必然是价值流动速度显著加快。这样就必须不断地用价值流分析方法找出更隐藏的浪费，做进一步的改进。这样的良性循环成为趋于尽善尽美的过程。

丰田精益专家 Tames Womack 反复阐述了精益制造的目标：

> “通过尽善尽美的价值创造过程（包括设计、制造和对产品或服务整个生命周期的支持）为用户提供尽善尽美的价值。”
>
> ——Tames Womack

“尽善尽美”是永远达不到的，但对尽善尽美的持续的追求，将造就一个永远充满活力、不断进步的企业。

> “也许追求尽善尽美的最重要的驱动力是透明度。”
>
> ——James Womack 和 Daniel Jones《精益思想》，2003

这句话展示了透明的重要性，也为我们追求尽善尽美指明了方向，后来的很多敏捷方法论都强调透明的重要性。透明被列为经验管理的三大支柱之一。

7.4 自働化与准时制

图 7-8 所示为丰田公司总结的丰田精益屋，也称为丰田之路（Toyota Way，2001），这里面重点提到了两大支柱：自働化与准时制。

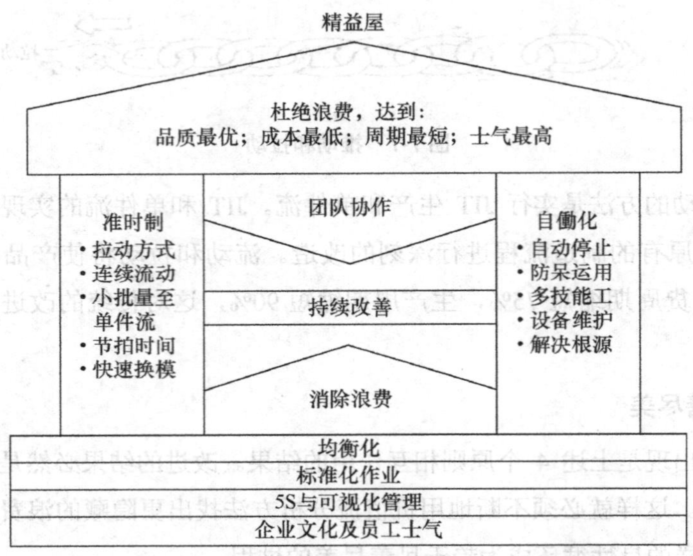

图 7-8 丰田公司总结的丰田精益屋

1. 准时制

准时制（Just In Time，JIT）生产方式，又称为无库存生产方式、零库存、单件流或者超级市场生产方式，是日本丰田汽车公司在 20 世纪 60 年代实行的一种生产方式。1973 年以后，这种方式对丰田公司度过第一次能源危机起到了突出的作用，后引起其他国家生产企业的重视，并逐渐在欧洲和美国的日资企业及当地企业中推行开来，现在这一方式与源自日本的其他生产、流通方式一起被西方企业称为“日本化模式”。

准时制生产方式以准时生产为出发点，首先暴露出生产过量和其他方面的浪费，然后对设备、人员等进行淘汰、调整，达到降低成本、简化计划和提高控制的目的。

在生产现场控制技术方面，准时制的基本原则是在正确的时间生产正确数量的零件或产品。它将传统生产过程中前道工序向后道工序送货，改为后道工序根据“看板”向前道工序取货。看板系统是准时制生产现场控制技术的核心，但准时制不仅是看板管理。

准时制是一种理想的生产方式，其中有两个原因：一是它设置了一个最高标准、一种极限，就是零库存。实际生产可以无限地接近这个极限，但永远不可能达到零库存。二是它提供了一个不断改进的途径，即降低库存—暴露问题—解决问题—降低库存等，这是一个无限循环的过程。

2. 看板管理

在实现准时制生产中最重要的管理工具是看板（Kanban）。看板是用来控制生产现场的生产排程工具，具体而言，是一张卡片，卡片的形式随企业的不同而有差别。看板上的信息通常包括零件号码、产品名称、制造编号、容器形式、容器容量、看板编号、移送地点和零件外观等。

在准时制生产方式中，看板的功能如下。

（1）生产及运送的工作指令：看板中记载着生产量、时间、方法、顺序及运送量、运送时间、运送目的地、放置场所、搬运工具等信息，从装配工序逐次向前工序追溯，在装配线将所使用的零部件上所带的看板取下，再去前工序领取。“后工序领取”及“JIT 生产”就是这样通过看板来实现的。

（2）防止过量生产和过量运送：看板必须按照既定的运用规则来使用。其中一条规则是“没有看板不能生产，也不能运送”。根据这一规则，看板数量减少，则生产量也相应减小。由于看板所表示的只是必要的量，所以，通过看板的运用能够做到自动防止过量生产及适量运送。

（3）进行“目视管理”的工具：看板的另一条运用规则是“看板必须在实物上存放”，“前工序按照看板取下的顺序进行生产”。根据这一规则，作业现场的管理人员对生产的优先顺序能够一目了然，易于管理。通过看板就可以知道后工序的作业进展情况、库存情况等。

（4）改善的工具：在准时制生产方式中，通过不断减少看板数量来减少在制品的中间存储。在一般情况下，如果在制品库存较高，即使设备出现故障，不良品数目增加也不会影响后道工序的生产，就容易把这些问题掩盖起来。即使有人员过剩，也不易察觉。根据看板的运用规则之一“不能把不良品送往后工序”，后工序所需得不到满足，就会造成全线停工，由此可使问题立即暴露，从而立即采取改善措施来解决问题。这样通过改善活动不仅使问题得到了解决，也使生产线的“体质”不断增强，带来了生产率的提高。准时制生产方式的目标是实现无存储生产系统，而看板提供了一个朝着这个方向迈进的工具。

3. 自働化

福特流水线将汽车的总装时间从 12 小时缩短到了 1.5 小时以内；成本降为原来的一半。丰田佐吉发明的自働化，让一个工人可以同时照管 30~40 台设备，将人的价值创造能力提高了 30 倍以上。

作为丰田生产方式两大支柱之一的“自働化”，是丰田佐吉对工业文明的最大贡献，自働化包含了两重含义：

一是自动化，即用机器替代人的操作，发展到今天，演变为了“简易自动化”。

二是自働化，即机器具备异常发现和报警功能。其实，现在的 MES 和“智能化设备”都是这个方向上的迭代发展。

自动换梭、自动运行是机器取代人的操作，减轻了人的劳动强度。生产效率的提升是机器速度提高带来的，体现了专业技术人员的价值，但操作者的价值并未提高，这称为“自动化”。

异常停机并报警，是让机器具备了人的识错能力，从而让操作者不再是机器的“保姆”，减少了操作者不创造价值的动作（闲视），提高了操作者的价值创造率（多机台作业），专业技术人员和操作者的价值都得到了体现，因此，丰田佐吉称之为“自働化”。

不能将自働化单纯理解为保证质量，更全面的理解是在保证质量的同时，提高人的作业效率。异常不只是质量问题，还会造成安全、设备运行、成本提高等各种问题，因此，发现异常就停止才是核心。

授权给一线操作者，让人的智能来发现异常和报警，在其他地区没有普及，反而追求了让“机器智能”取代“人的智能”。这两种不同的道路，可能就是日本制造和欧美制造理念上的分歧所在。

4．安灯

安灯（Andon）为日语的音译。安灯系统指企业用分布于车间各处的灯光和声音报警系统收集生产线上有关设备和质量等信息的信息管理工具。安灯系统起源于日本丰田，主要用于实现车间现场的目视管理。

在一个安灯系统中，每个设备或工作站都装配有“呼叫灯”，如果在生产过程中发现问题，操作员（或设备自己）就会将灯打开，引起注意，使得生产过程中的问题得到及时处理，避免生产过程的中断或减少它们重复发生的可能性。

随后，该工段班组长在收到报警后会立刻赶往相关工位，与员工共同确认和解决问题。如果问题立刻能够解决，则由班组长解决后关闭安灯，全线不会停，也不会对其他工位、工人造成任何影响。反过来，在一个节拍时间内解决不了问题，车会在被流水线传送带运送进入到下一个车位（工位）时自动停止，即为“固定位停止”，即生产线某一段停线（而不是整条线）。

> “在丰田，每个班组干一天活，平均要叫停生产线1000次！”
>
> ——Jeffrey Liker《丰田之路》，2020

丰田人的厉害之处就在于持续改善，每当安灯亮起，丰田人就知道改善的机会到了，而且这个改善不是“形”的改善，丰田不会把错误归结于某一个人，而是把错误归结于系统。毕竟，现场班组长和员工一起采取的只能是临时解决对策，因此，每天所有安灯暴露的问题都会被汇总，并得到防止再次发生的彻底对策。

于是拉绳次数越来越少，即便这样做了几十年，到现在丰田每天还是有3%～5%的“停线率”，也就是说会真的“停止”。这也是丰田“持续改善”的原动力，只要企业在发展，现场就一定有新问题发生，就一定需要“改善”。

7.5 精益软件开发

2003年，Mary Poppendieck和Tom夫妇出版著作《精益软件开发》（*Lean*

Software Development），其宗旨是每时每刻快速地、有效地、可靠地交付价值，要站在最终用户的视角观察软件交付过程，发现无益于快速交付的行为，持续改进。

精益软件开发并没有具体的开发方法或步骤，而是一堆原则，原因是它认为没有所谓的最佳实践。“原则”具有较广泛的普遍性，能指导对某一学科的思考和领悟，而“实践”则是为执行原则而采取的实际措施，需要针对某一领域进行调整，尤其要考虑到具体实施的环境。根据对精益的深刻理解，Mary Poppendieck 和 Tom Poppendieck 结合对软件开发的认识，提出了精益软件开发 7 大原则。

（1）消除浪费（Eliminate Waste）：软件开发中也有 7 大浪费（见前文），消除这些浪费就能加速价值流动，这条原则是最基本的原则。

（2）品质为先或内建质量（Build In Quality）：从一开始就注重品质，而不是最后依靠测试。极限编程中的测试驱动开发（TDD）就是一个很好的实践。

（3）创建知识（Create Knowledge）：软件开发是一个创建知识的过程，应该有一个鼓励大家系统学习的开发流程，而且不断地改进这个流程。

（4）推迟决策（Defer Commitment）：软件开发通常具有一定的不确定性，基于更多选择才能有更好的结果，提倡尽可能地延迟决定，直到能够基于事实而不是不确定的假定和预测来做出决策。

（5）快速交付（Fast Deliver）：尽快交付软件能使客户满意，还可以减少大量的浪费。

（6）尊重员工（Respect People）：软件开发以人为本，人是软件开发团队中最重要的资源。

（7）全局优化（Optimize the Whole）：团队应该优化整个价值流（Value Stream）。系统的某一部分优化，总是会随着时间的推移，变成对整个系统的局部优化。精益的全局优化专注于整个价值流，即从客户提出需求到软件发布上线。

7.6　看板方法

1．看板基础

2006 年，在 Don Reinertsen 的启发和鼓励下，David J. Anderson 最早在软件

开发中借鉴和应用看板实践，并总结成为完整的方法体系——看板方法。

> “看板定义了增量、渐进地改变技术开发和组织运营的方法。它的核心机制是限制在制品数量的拉动系统，通过它暴露系统运作（或流程）的问题，并激发协作以改进系统。”
>
> ——David J. Anderson

看板将软件开发过程视为一种价值流，并且相信拉动式的管理能产生更好的结果，可以通过限制在制品的数量等一系列简单可行的技巧，发现和缓解软件开发过程中的压力和瓶颈，提高生产效率。

看板方法激发协作改进系统如图 7-9 所示，可以一目了然地看到团队的协作流程，以及当前团队成员的空闲情况。

图 7-9　看板方法激发协作改进系统

资料来源：《看板方法：科技企业渐进变革成功之道》。

看板的设计是与团队的协作流程息息相关的。通常，一个典型的产品研发团队看板如图 7-10 所示，将一切协作流程可视化，同时对在做的事项数量（圈起来的数字）加以限制。

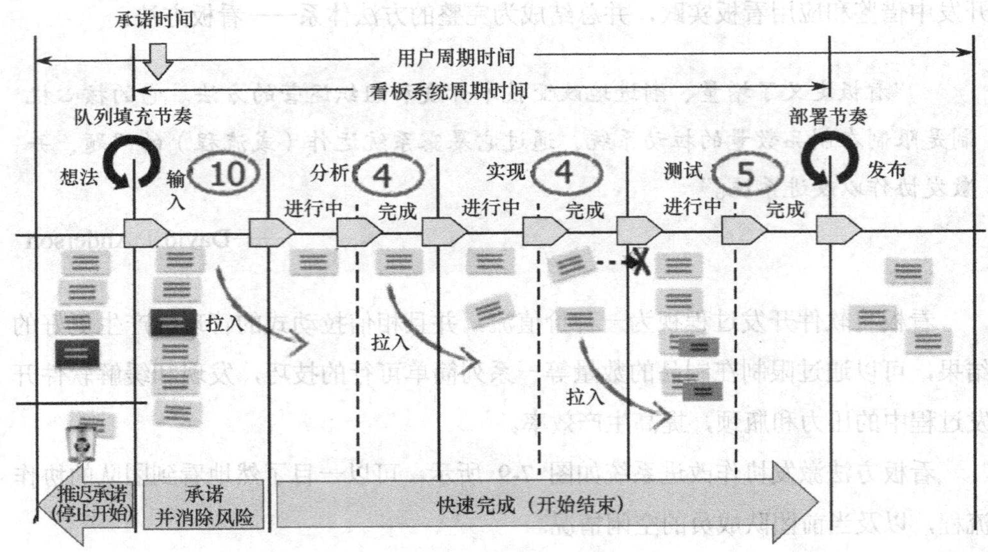

图 7-10　一个典型的产品研发团队看板

2. 看板方法 6 项基本原则

（1）从现有工作方式开始。看板方法比较容易启动的就是这一点，在任何实质的变革之前，首先从既有的流程开始，通过将隐藏在大脑中的流程可视化出来，再在协作中发现问题，也就是变革的契机。同时尊重现有的角色、职责和头衔，对事不对人，尊重团队可以聚焦问题解决和价值交付。

（2）对追求渐进式变革达成共识。为了降低变革带来的阻力，设定变革是渐进式的，统一干系人的认知和目标，同意持续、迭代、渐进、增量的变化，形成变革的动力，促进变革的发生。

（3）鼓励各层级的领导力。没有特定的领导者，鼓励团队自管理，每个人积极主动关心改善，通过发挥个体领导力，代替指定的负责人在各层面自动自发，主动出现改进推动者。同时领导者必须以身作则，并创造容忍失败的实验文化。

（4）聚焦客户价值。理解客户是谁、他们要求我们提供什么，以及他们对服务水平的期望。以客户为中心，满足他们的需求和期望，为客户创造价值。

（5）管理工作流动，让人们围绕它自组织。围绕价值的流动，将无形的工作进行可视化管理，专注于客户，而不是管理可见的人和时间，知识工作者可以自组织更高效地完成工作。

（6）演进规则改进客户和业务成果。流程可以简化为这样一种概念，即它们只是一套规则。规则决定了服务交付系统的特征。演进规则是提高客户满意度和业务成果。

7.7　看板6大核心实践

1．可视化工作和流程

采用价值流图（Value Stream Mapping，VSM）的流程活动图（Process Activity Mapping）识别团队现有流程。确定看板的范围，例如，从想法创意开始到上线结束，在看板墙上从左到右可视化工作的流程步骤及状态，工作项类型及其负责人、优先级、开始日期、结束日期、障碍、服务类别、工作项卡片颜色等信息。

2．显示化规则

整个流程流转的规则包括不同的服务类型、加速泳道、拉动的标准、完成的定义、队列填充的节奏、部署的节奏、不同角色或者不同团队协作的机制、流程的每个步骤的输入和输出规则、在制品限制（圆圈数字）等。看板方法中的显示化规则如图7-11所示。

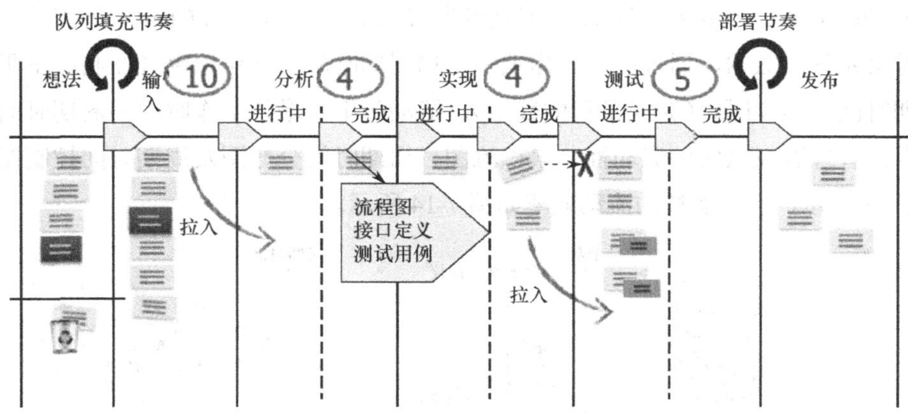

图7-11　看板方法中的显示化规则

3．限制在制品

根据利特尔法则，平均等待时间 = 在制品÷交付速率，为了减少等待时间，需要设置在制品限额。在流程中的每个步骤设定团队最多可以并行处理的工作项的数量，这样限制在制品将把改进的机会暴露出来。通过暴露问题并解决流动中的瓶颈（如工作项移动缓慢、某列中有很多报事贴、阻塞或等待较长时间等），同时也可以避免超载的发生，保证团队的专注，聚焦在价值从左边到右边的快速流动。看板中每列使用数字限制在制品如图 7-12 所示。

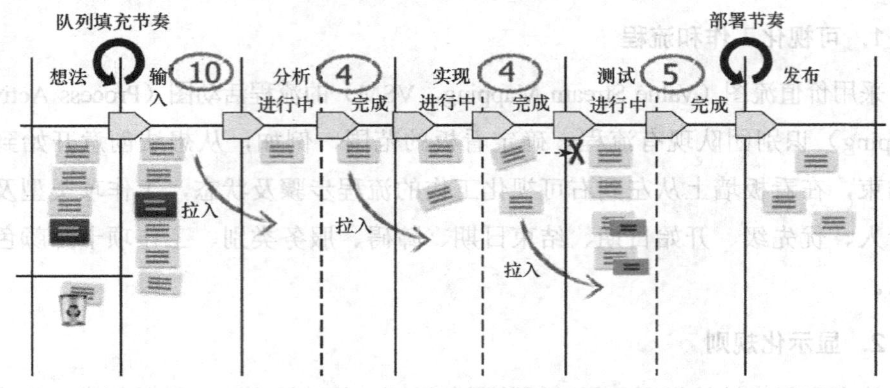

图 7-12　看板中每列使用数字限制在制品

4．度量和管理流动

采用累积流图（Cumulative Flow Diagram，CFD）、周期时间分布图（Lead Time Distribution Chart）、周期时间控制图（Lead Time Control Chart）等工具来度量看板系统的数据，通过统计工作项的平均周期时间、交付速率（在制品÷平均周期时间）、吞吐量（完成条目的数量）、流动效率（增值工作时间÷周期时间）来帮助管理看板系统的流动性。累积流图、周期时间分布图及周期时间控制图如图 7-13 所示，看板系统的流动效率如图 7-14 所示。

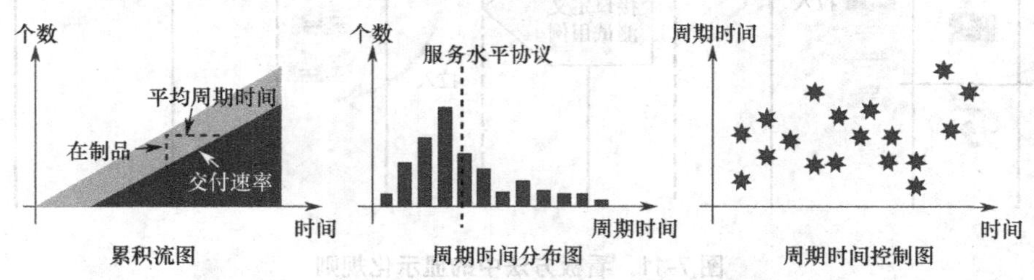

图 7-13　累积流图、周期时间分布图及周期时间控制图

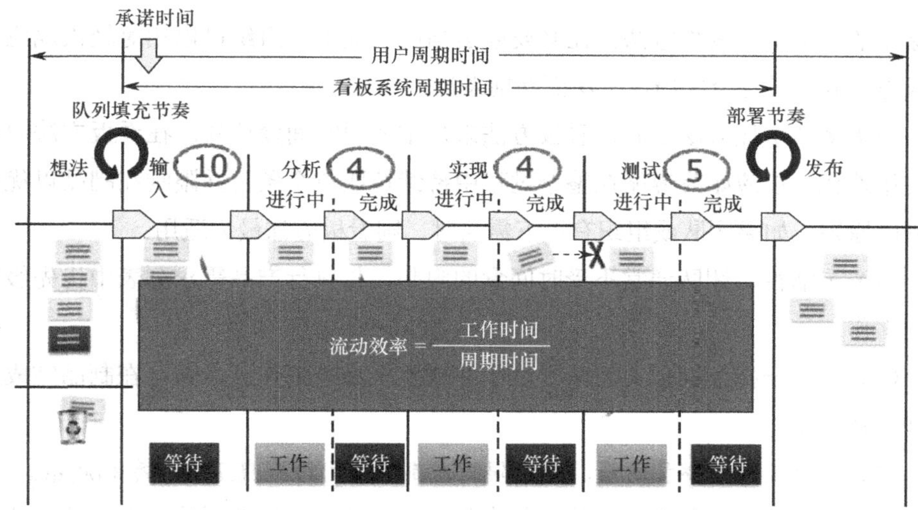

图 7-14 看板系统的流动效率

5. 建立反馈环

持续改进需要实现反馈闭环来理解实际和期望的差距。反馈环实践如下。

（1）每日站会——每天对产品/服务进展反馈。

（2）服务交付评审——每 2 周对产品/服务、工作方式进行反馈。

（3）运营回顾——每个月/季度的运营反馈，例如，客户满意度调查、产品最新进展、工具、环境、组织结构、度量数据等。

（4）及时会议——对工作方式反馈，看板系统能力的回顾和评估。

6. 在协作和试验中持续演进（引入模型和科学方法）

有了反馈之后，经过分析，制订改进实验，落地具体的改进行动，再持续这个循环来持续演进工作方式。通过引入约束理论（移除瓶颈）、精益思想（消除浪费，加速价值流动）、戴明的统计过程控制（Statistical Process Control，SPC）（降低变异性）等模型及科学方法（假说—实验—结论），可以更系统、更高效地演进工作方式。

7.8 看板的适用域

看板方法应用并适用于多种场合，可以确保工作流和价值交付的持续性。看板方法不如某些敏捷方法规范，因此，开始实施时的破坏性也较小，原因在于它是原始的“原地出发”方法。在必要或适当的情况下，组织可以相对轻松地应用看板方法并通过完全实施该方法而向前发展。

与大多数敏捷方法不同，看板方法未规定使用时间盒迭代。在看板方法中可以使用迭代，但应始终遵循在整个过程中持续拉取单个条目并限制在制品以优化流程的原则。如果团队或组织有以下需要时，则看板方法最为适用：

（1）灵活性。团队通常不受时间盒的限制，将执行产品需求列表中优先级最高的工作。

（2）专注于持续交付。团队专注于完成整个系统工作流，直至在制品完成才会开始新工作。

（3）提高工作效率和质量。通过限制在制品将可以提高工作效率和质量。

（4）提高价值交付效率。检查每个任务，了解增值或非增值活动，然后清除非增值活动。

（5）团队成员专注力。限制在制品，使团队能够专注于当前工作。

（6）工作负载的可变性。如果即将开展的工作存在不可预测性，则团队将无法做出可预测承诺，即使对于短期工作也不例外。

（7）减少浪费。透明将会使浪费可视化，因而能够消除浪费。

看板虽然容易起步，但要真正做好并坚持下来，是很难的，如对在制品的坚守，发现瓶颈后激发的团队协作等。如果不能遵守看板规则，则很容易就退化变成任务板或者可视化板。

7.9 练习题

1．在精益项目环境中，可视化的控制可以带来什么？（　　）

A．可以让管理者用来做一些正确的方向性的沟通

B．能被很好地用来反映团队的流程，并且显示团队下一步要做的事情

C．当一个团队还在形成时期非常有用，但是不如一个有经验的团队显得那么重要

D．应该保持在一个最低限度，从而避免团队被一些高价值的活动所扰乱

2．价值流向图是一种用来识别什么的工具？（　　）

A．整个过程中的浪费

B．最后价值的产品特性

C．最有价值的团队迭代

D．最有可能的项目风险流程

3．哪种信息发射源能用于敏捷项目去展示产品待办事项的总范围？（　　）

A．总范围图　　B．累积流图

C．精益流向图　　D．总流量图

4．如果一个敏捷团队为一次冲刺设置的在制品限制为 4，那么在冲刺期间可同时开发多少个特性？（　　）

A．不超过 1 个　　B．不超过 2 个

C．不超过 8 个　　D．不超过 4 个

5．价值流程图对于识别流程中存在的浪费相当重要，而 WIDETOM 则是用来记录浪费的。其中 W 在 WIDETOM 中代表（　　）。

A．缺乏　　B．观察

C．等待　　D．进行中

6．敏捷团队应该如何使用看板？（　　）

A．将问题上报给项目负责人

B．与团队合作，提高速度

C．与项目经理分享风险

D．减少有关任务所有权的困惑

7．作为一名精益团队的领导者，你会专注于如下哪件事情？（　　）

A．优化和组织项目的各部分

B．快速有效地做决定

C．在整个开发过程中确保质量

D．分析并将浪费的来源文档化

8．两个执行经理对项目进度理解不一致，你应该（　　）。

A．通过邮件发送燃尽图的备份给他们

B．在企业的 Dashboard 上张贴项目状态图

C．让两个执行经理编写详细的进度报告

D．与两个执行经理单独沟通，分别了解进度

9．敏捷团队正在花较长的周期来开发功能，增加周期时间导致质量较差。团队应该采用哪项法则改进质量？（　　）

A．精益交付时间法则

B．收益递减定律

C．利特尔法则

D．帕金森定义

10．敏捷团队希望使用累积流图与干系人沟通可预测的交付，若要有效地利用这个图标，他们需要什么数据？（　　）

A．开发功能中的工作项数量

B．在看板上使用年度步骤数

C．开发团队所需的 Sprint 数量

D．团队看板上正在进行在制品限制

第 8 章

极限编程

极限编程（Extreme Programming，XP）是 Kent Beck 在 20 世纪 90 年代提出的。XP 在敏捷界的地位非常高，因为签署《敏捷宣言》的 17 个人中有一半左右都是与 XP 相关的。另外，XP 是真正从编程的角度来思考问题的，在工程维度是最“接地气”的。毕竟，XP 可以使程序员成为更好的程序员，能够更高效地写出质量更高的代码。

近年来，有越来越多的 IT 组织只引入了敏捷管理实践，如 Scrum 或看板，却发现自己仍然深陷代码质量差、软件缺陷多、测试跟不上、返工严重、进度缓慢的死亡行军，被迫大量加班，交付延迟，员工和老板甚至对敏捷产生怀疑情绪，这都是忽视工程实践的结果。

8.1 XP 基础

19 世纪 90 年代初期，在 Kent Beck 与 Ward Cunningham 共事时，两人一直共同探索着新的软件开发方法，希望能使软件开发更加简单而有效。Kent Beck 仔细观察和分析了各种简化软件开发的前提条件、可能性及面临的困难。1996 年 3 月，Kent Beck 终于在为 Daimler Chrysler 所做的一个项目中引入了新的软件开发观念——XP，这个项目最终的参与者还有 Ron Jeffries。

XP 作为一个敏捷软件开发框架，旨在开发更高质量的软件，专注编程技术、清晰沟通及团队协作的实践。如同其他敏捷方法学，XP 和传统方法学的本质不同在于它更强调可适应性而不是可预测性。XP 中极限的含义是尽力而为，然后处理结果。XP 将常识性的原理和实践应用到了极致，如以下几点：

（1）如果代码评审是好的，那么会持续始终评审代码（结对编程）。

（2）如果测试是好的，那么所有人都应该始终进行测试（单元测试），甚至包含客户（验收测试）。

（3）如果设计是好的，那么将把它当作每个人的日常事务的一部分（重构）。

（4）如果简单是好的，那么将始终把系统保持为支持其当前功能的最简单的设计（简单设计）。

（5）如果集成测试重要，那么将在一天内多次集成并测试（持续集成）。

（6）如果迭代周期短些好，那么将使迭代时间非常非常短——秒、小时，而不是周、月或年。

8.2 XP 价值观

1. 沟通

软件开发本质上是一项团队运动，依靠沟通将知识从一个团队成员转移到团队中的其他人。XP 强调了恰当的沟通方式的重要性，如借助白板或其他绘图机制进行面对面的讨论。

2. 简单

简单意味着“什么是最简单的工作？”这样做的目的是避免浪费，只做一些绝对必要的事情，如尽可能简化系统的设计，以便更容易维护、支持和修改。简单也意味着只满足所了解的要求；不要试图去预测未来，基于当前已知信息做出适宜决策，只做最有价值的功能。因为“今天做得简单一些，明天需要的时候再多花些时间改进”要比“今天做得很复杂，但以后再也用不到”要好很多。

3. 反馈

通过不断反馈之前的工作，团队可以确定需要改进的领域并修改他们的实践。反馈也支持简单设计，团队会构建一些功能，收集有关的设计和实施的反馈，然后调整产品。XP 团队致力于在尽可能快的情况下产生尽可能多的反馈。尽量将反馈的周期缩短为分钟或小时，而不是周或月。越早知道，就可以越早调整。

4. 勇气

勇气是面对恐惧时的有效行动。勇气表现为基于其他价值观的行动偏好，因此，其结果是对团队无害的。例如，如果你知道问题是什么，那你就去做吧；需要有勇气提出降低团队效率的组织问题；需要有勇气停止做一些不起作用的事情，并尝试其他的做法。即使很难接受，你也需要有勇气接受反馈并采取行动。

5. 尊重

团队成员需要相互尊重，以便彼此沟通、提供和接受反馈，并共同确定简单设计和解决方案。团队成员关心彼此、项目和产品，每个人对团队的贡献都应该得到尊重，每个人都是重要的。

8.3 XP 核心实践

XP 实践包含 3 个闭环的圈，如图 8-1 所示，最里面的环是围绕个人如何编码和设计；中间的环是围绕作为团队如何协作编码和集成；最外围的环是面对客户如何协作、计划和交付。

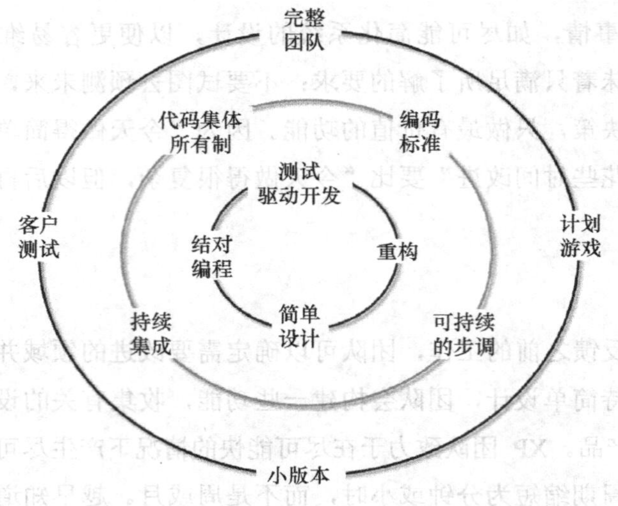

图 8-1 XP 实践全景图

1. 完整团队

XP 团队是一个跨职能团队，拥有项目或产品成功所必需的各种技能和视角的人，包括现场客户或者真实用户、开发人员和测试人员等。如果客户不能和团队天天工作在一起，那么需要客户定期参与计划会议，同时需要业务代表来代表客户。业务代表也被称为产品经理，统称为客户。客户负责提供和编写需求（用户故事）、排定需求优先级、调整需求范围等，以此掌控产品方向。团队面对面地坐在一起办公；为了促进透明的面对面沟通，会建立信息化工作空间，通常采用可视化或者信息雷达的方式将产品、架构、计划、进度等展示出来；团队每周充满活力地工作 40 小时。

2. 计划游戏

XP 团队以周为周期进行迭代计划会议，同时按照季度周期进行发布计划会议。发布计划是当前对发布内容及日期的快照，当计划赶不上变化时，就更新这个计划，以便反映客户最新的期望。使用故事（Story）作为客户或用户可见、有意义的功能单元进行计划，故事也被称为用户故事（User Story），这些故事旨在从用户视角简要描述用户希望能够使用产品，以及与产品交互的功能及目标，并在团队实现特定故事时提醒团队进行更详细的对话。

3．小版本

每个版本都应尽可能小，包含最有价值的业务需求，并且通过增量部署甚至每日部署来尽可能地频繁发布到终端用户手中。这意味着需要每个迭代结束后交付给客户经过测试的可以运行的软件，以便客户进行评估或者发布给用户。

4．客户测试

作为呈现每个所需功能的一部分，XP 客户针对每个用户故事定义了一个或多个验收测试，以判断该功能是否能正常运行。团队构建这些验收测试用例的脚本，并使用它们向自己和客户证明该功能是否正确实现。在时间紧迫的情况下，会跳过手动测试。

5．简单设计

XP 团队使他们的设计尽可能简单，仅仅关注本次迭代中要完成的用户故事，团队更愿意在迭代中不断地演进系统的设计，甚至每天都考虑系统设计来进行增量设计，力求使得系统设计适应当天的系统需求。XP 中的设计不是一次性的事情，也不是一个前瞻性的事情，它是一个永远持续的事情。同时，XP 团队对他们根据未来需求调整设计的能力充满自信。良好的设计至关重要，这就是在整个开发过程中如此关注设计的原因。

6．结对编程

所有的代码都是由两个程序员并排坐在一起，使用同一台机器、同一个键盘和同一个鼠标编写的。这种做法可确保使用键盘和鼠标的程序员思考编码的最佳途径，另一名程序员偏重于战略性的角度思考并评审所有代码，从而实现更好的设计、更好的测试和更好的代码。就像达喀尔拉力赛一样，有时候称为“你开车，我导航”，如图 8-2 所示，两个人的角色轮流交换，轮流担任“驾驶员”。结对的人在团队内要经常变换，每天至少要改变一次，这样可以极大地促进知识在团队中的传播。此外，每次结对时间不宜过长，建议每次 2～3 小时。

图 8-2 结对编程

7. 测试驱动开发

测试驱动开发也称测试先行编程，在改变任何产品代码之前先编写一个自动化单元测试用例。极限编程痴迷于反馈，在软件开发中，良好的反馈需要良好的测试。

8. 重构

重构就是在不改变代码外部行为的前提下，对其进行一系列小的改造，消除重复代码，保持代码的高内聚和低耦合，使得产品功能代码更简单，以及未来添加新的代码更简单，从而达到防止代码腐化、支持简单设计的目的。同时，应用测试驱动开发，确保每次产品功能代码的改动，其对应的单元测试脚本得以通过，并且随着设计的发展，没有功能被破坏掉。

9. 持续集成

团队的成员需要经常集成他们的工作，通常每个成员每天至少集成一次，这导致每天发生多次集成。每次集成都通过自动化的构建（包括测试）来验证，从而尽快检测出集成错误。XP 团队提倡一旦代码发生改变就签入单个代码库（Single Code Base），也就是一个主干，并立刻触发自动化的测试，应用 10 分钟构建，即在 10 分钟之内自动构建整个系统和运行所有的测试，当然时间越短越好，反馈越快。

10. 代码集体所有制

团队中的任何人都可以随时改进系统的任何部分、任何代码。如果系统出了问题，修复它并没有超出现在所做的范围，那么就应该继续修复它。这意味着所有代码都可以获得许多人的关注，从而提高代码质量并减少缺陷。这也意味着所有的代码是共享的代码。

11. 编码标准

XP 团队遵循通用的编码标准，因此，系统中的所有代码看起来都像是由一个非常称职的人编写的。标准的细节并不重要，重要的是所有代码看起来都很熟悉，以支持代码集体所有制。

12. 可持续的步调

可持续的步调也称为团队可持续性。团队长期持久地参与产品开发，以长期可持续的速度努力工作。可持续就像马拉松赛跑，这样可以保持一定程度的松弛。在任何计划中，都要包括一些小任务，如果你落后了，这些任务就可以取消，但不影响最初的承诺，毕竟履行你的承诺在任何时候都是很重要的。而全速赛跑则相反，因为死亡行军既没有生产力，也没有高质量的代码，也不能兑现承诺。

8.4 其他工程实践

除了 8.3 节讲到的 12 大核心工程实践，还有其他一些实践，这些年又涌现了一些优秀工程实践。

1. 隐喻

隐喻是指为了使整个团队对要开发的软件的模块、架构有一个更容易、更直观、更提纲挈领、更宏观的理解，所采用的一个比喻代表系统未来的景象。例如，电商网站的“购物车”就是一个隐喻。

2. 现场客户

在极限编程中，“客户”并不是指为系统付账的人，而是真正使用该系统的人。极限编程认为客户应该时刻在现场解决问题。例如，团队在开发一个财务管理系统时，开发小组内应包含一位财务管理人员。

3．增量设计

在传统的瀑布模型中，希望能够在设计阶段一次完成所有的设计，并力争做到完美，这样既可以很好地指导后面的开发活动，也可以避免返工带来额外的工作量。这种情况并未考虑后期可能发生的变化。但是，在拥抱变化的敏捷项目中，必须尽可能采用增量设计，从设计上尽可能减少后期的变动带来的维护成本。增量设计的思想非常好，但是对开发人员提出了更高的要求，必须保证设计的可扩展性。

4．每周 40 小时工作制

每周 40 小时工作制是最让开发人员开心而管理者反对的一个最佳实践。Kent Beck 认为，开发人员即使能够工作更长的时间，他们也不该这样做，因为这样做会使他们更容易厌倦编程工作，从而产生一些影响他们效能的其他问题。因此，每周工作 40 小时是一种顺势行为，是一种规律。对于开发人员和管理者来说，违反这种规律是不值得的。

5．验收测试驱动开发

详见 2.7 节。

6．集体工作

整个团队一起策划一个方案，然后各自去独立工作。

7．群体编程

群体编程是一种软件开发方式，是结对编程的扩展，整个团队从事同一段代码编程。团队从事同一项工作，而不是将工作分配给个人或每对完成，整个团队坐在一起，并建议一个“驾驶员”掌握唯一的键盘。

8.5　XP 与 Scrum 的区别

XP 与 Scrum 的理念类似，但并非完全一致，它们之间也有一些细微的差异，主要有以下 5 个方面。

1. 迭代长度

Scrum：通常为两周到一个月。

XP：通常是 1～2 周。

2. 是否允许在迭代中修改需求

Scrum：Sprint 计划好的内容一般不轻易变化，不增不减。

XP：更容易在迭代中进行更改；只要团队尚未开始研究某个特定功能，就可以将同等大小的新功能交换到 XP 团队的迭代中。

3. 是否严格按照迭代的优先级实现用户故事

Scrum：Scrum 产品负责人为产品待办事项安排优先级，但团队决定他们开发待办事项的顺序。Scrum 团队很可能会选择从事第二重要的工作，以调节团队工作速率。

XP：严格按照优先顺序工作。要开发的特性由客户（或 Scrum 的产品负责人）确定优先级，团队需要按照这个顺序对其进行处理。

4. 是否涉及工程实践

Scrum：没有涉及任何工程实践。

XP：有很多工程实践。

5. 是否每周 40 小时工作制

Scrum：为了达成承诺，有可能会额外加班，不反对。

XP：严格坚持。

8.6 练习题

1. 下列哪项不是结对编程的优点？（　　）

   A. 团队成员得到更多的自由来独立思考

   B. 代码集体所有

   C. 在线审查

   D. 缩短整体开发时间

2．在其他条件恒定的情况下，你最想为敏捷团队创建一个什么样的工作环境？（　　）

A．开放式工作区

B．封闭式工作区

C．有利于个人隐私和个人思考的工作区

D．分布式团队

3．以下哪项敏捷框架应用计划游戏、基于用户故事和发布需求来确定开发优先级？（　　）

A．动态系统开发方法　　B．精益

C．Scrum　　D．极限编程

4．由于一直重复执行相同的任务，一个敏捷团队的主题专家（SME）士气低落，敏捷管理专业人士应该采用哪项行动？（　　）

A．增加团队的资源数量，协助主题专家完成任务

B．让团队成员执行其活动的价值流分析

C．计划一次团队建设活动以提高团队的士气

D．引导结对编程，让主题专家培养新的技能

5．敏捷团队正在估算一个即将进行的 Sprint，为了进行两小时的结对编程活动，应该如何计划理想时间？（　　）

A．2 小时，开发人员 2 小时，审查员零小时

B．3 小时，开发人员 2 小时，审查员 1 小时

C．4 小时，开发人员和审查员各 2 小时

D．5 小时，开发人员 2 小时，审查员 2 小时，还有 1 小时用于集成

6．TDD 在敏捷术语中是指（　　）。

A．自上而下的设计　　B．测试设计开发

C．测试驱动开发　　D．测试驱动设计

7．你是受极限编程影响的敏捷团队的一员，在完成一个新特性的编码后，应在何时将新代码合成到代码库？（　　）

A．在发布末　　B．在冲刺末

C．在同步配置管理的迭代期间　　D．马上

8．怎样能使一个敏捷团队持续改进它的产品？（　　）

A．通过运用全面的文档来确认团队价值

B．通过进行持续测试

C．通过在将近发布收尾时进行集成测试

D．通过工作分解结构评审

9．用户故事是许多敏捷架构中通用的工件，以下哪个方法被认为是它的起源？（　　）

A．水晶方法论　　B．特征驱动开发

C．Scrum　　D．极限编程

10．在极限编程中，持续集成的优势是什么？（　　）

A．支持工作软件的快速交付　　B．减少测试的需要

C．减少客户反馈的需要　　D．减少团队沟通和合作

11．以下哪项软件开发架构强调开发的可持续速度、简单设计、代码集体所有和现场客户？（　　）

A．极端编程（UP）　　B．同行完美编程（3P）

C．结对编程（PP）　　D．极限编程（XP）

12．下列哪项不是团队实践极限编程时的应有特性？（　　）

A．现场客户　　B．一周工作40小时

C．测试驱动开发　　D．扩展成大型团队的能力

13．一个复杂的用户故事发生了延迟，是由一个没有太多经验的员工导致的，你作为敏捷管理工程师，需要怎么做？（　　）

A．让他加班完成　　B．应用结对编程

C．减少故事点数　　D．下次给他一个简单的

14．开发团队对一个用户故事不能理解，你作为敏捷管理工程师需要怎么做？（　　）

A．要求PO参加计划会议

B．对用户故事细化，以便能够理解

C．团队讨论采用最佳方案开发

D．要求PO参加回顾会

15．一个项目的编码已经完成，然而，团队未能检测到一些缺陷。今后，敏捷团队应该怎么做才能避免这种情况？（　　）

A．在 Sprint 开始前确定编码和测试的验收标准

B．确保开发人员通过缩短迭代时间长度来创造更详细的代码

C．使用需求跟踪矩阵，提高返回技术规格的透明性

D．测试团队增加资源，确保开发理想的测试用例

第 9 章

其他敏捷方法与实践

“百花齐放，百家争鸣”是对敏捷方法论最好的写照。当年《敏捷宣言》的签署，就是很多不同的“轻量级”方法论专家共同的杰作，体现了开放、合作、信任的敏捷精神。在那之后，敏捷方法论得到了不断的丰富与扩充，更多的实践涌进来，即使到今天，依然在不断向前发展，没有停止演进的步伐。例如，看板方法、DevOps 就是在《敏捷宣言》之后才发展起来的。

9.1 特性驱动开发

特性驱动开发（Feature-Driven Development，FDD）是敏捷开发方法的一种，它来源于新加坡的一个大型软件开发项目，是由著名软件专家 Jeff de Luca、Eric Lefebvre、Peter Coad 共同提出的。FDD 强调特性驱动、快速迭代，既能保证快速开发，又能保证适量文档和质量。

特性（Feature）作为一个开发单位，也是 FDD 项目中的一个增量，是指“用户眼中最小的有用功能”。每个功能的开发时间不超过两周，为每个用例（User Case）限定了粒度，具有良好的可执行性，也可以精确、及时地对项目开发进程进行监控。这也是软件开发的核心领域，即正确和及时地构造软件。

FDD 打破了传统的将领域和业务专家/分析师与设计者和实现者隔离开来的壁垒。分析师被从抽象的工作中解脱出来，直接参与到开发人员和用户所从事的系统构造工作中。

1. FDD 中的角色

FDD 中有 6 个主要角色，每个人可以担任以下一个或多个角色。

（1）Project Manager：项目经理。

（2）Domain Expert：领域专家。

（3）Chief Architect：首席架构师。

（4）Chief Programmer：首席程序员。

（5）Class Owner：类负责人。

（6）Development Manager：开发经理。

（7）Feature Team：特性团队，一般由领域专家、首席程序员、类负责人组成，一个首席程序员可以带领多个类负责人。

2. FDD 过程

FDD 是一个模型驱动（Model-driven）、短期迭代（Short-iteration）的过程。注意，FDD 是一个开发过程，过程总是有起点和终点的，FDD 的起点是创建一个全局的模型轮廓（不要求很精确，大概模样就可以），然后是周期低于两周的一系列的“依据特性设计，依据特性开发”的迭代，逐渐丰富模型功能内容。

FDD开发过程如图9-1所示，其中的依据特性设计和依据特性开发是反复的迭代过程，迭代周期一般为两周。这样经过不断迭代，不断实现特性，交付价值。在每个里程碑的时候进行评估、回顾，优化产品与流程。

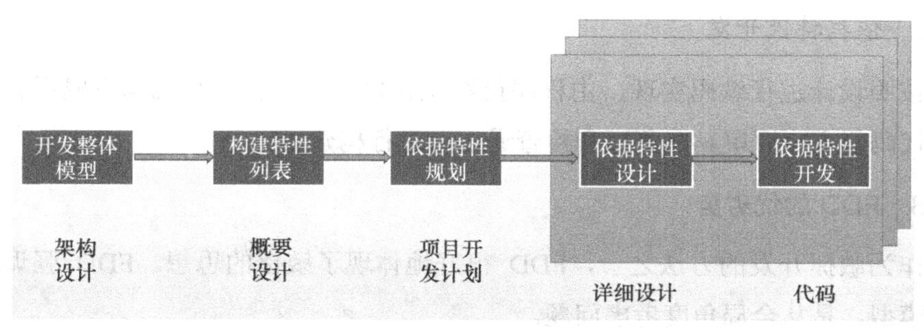

图9-1 FDD开发过程

1）开发整体模型

开发整体模型是一个FDD项目的初始工作，通常在主设计师的指导下，带领领域专家和开发小组成员一起工作，主要是收集系统的需求，然后使用四色原型进行领域驱动设计，得出系统的架构设计。

2）构建特性列表

构建特性列表确定所有用于支持需求的特性。此过程由领域专家和开发小组进行特性分解，根据领域专家对领域的划分，将整个领域分成一定数量的区域（主要特性集），每个区域再细化为一定数量的活动。活动中的每一步称为一个特性，形成了具有层次结构的分类特性列表。在此阶段形成系统的概要设计。

3）依据特性规划

项目经理、开发经理和开发小组根据特性的依赖性、开发小组的工作负荷及要实现的特性的复杂性，计划实现特性的顺序，完成一个特性开发计划。依据特性规划提供了对项目的高层视图，让业务代表了解特性开发、测试和发布日期，以便业务代表和部署小组能够计划交付特性的日期。本阶段的主要成果是形成项目开发计划。

4）依据特性设计

项目经理和上一阶段指定的各特性集的主要程序员一起对特性进行详细设

计。同时，在领域模型的基础上进行分析、设计，得出分析模型、设计模型，根据设计的结果制订项目的里程碑。这里会有一个设计评审的环节。本阶段的成果应该包括详细设计、项目里程碑计划等。

5）依据特性开发

按照设计进行编码实现，由程序员实现各自负责的类。在代码完成后有必要组织代码复查、评审。在测试和检查通过后进行构建。

3. FDD 的优劣势

作为敏捷开发的方法之一，FDD 很好地体现了敏捷的思想。FDD 强调的是整体模型，是从全局角度考虑问题。

Jeff de Luca 认为，与其他敏捷方法相比，FDD 在初始阶段（开发一个全面模型）允许项目团队掌握整个项目，以便回答诸如“项目还剩多少没完成”之类的问题。这一阶段可以进行大量预先设计（Big Design Up-Front，BDUF），但并不是做那种被人鄙视的“全面预先设计”，而是做“恰好够用的设计”。还应注意，在 FDD 中，第一项活动不仅包括高层次的设计，还包括需求收集及需求分析。

根据功能来组建临时的特性团队（团队的生命周期由特性的完成情况决定）是一种非常有效的手段。一方面，特性团队由一到若干人组成，每个特性团队由一名主要开发人员（该开发人员最好能贯穿项目的整个生命周期，不要发生人员变动）领导其他成员完成特性的开发，特性团队之间的成员是相互交错的。主要开发人员通过对过程的监控来提高该特性在实现上与设计的一致性；项目管理人员或系统设计师通过主要开发人员定期提交的特性进展情况报告，对整个项目的进度及质量进行精确实时控制，从而加速开发进度，保证项目质量。另一方面，特性团队有利于满足项目组成员的社会心理需求，活跃整个项目团队的气氛，增强凝聚力。

FDD 必须有两个关键人物——首席构架师和主程序员，因此门槛并不低。

相对于其他方法，FDD 还是比较复杂的（如关于领域建模）。FDD 方法的精致和结构的规整，很容易让使用者在本身固有的重型思维方式的引导下，走入与敏捷背道而驰的泥坑，因此，要想使用 FDD 并不容易。

9.2 动态系统开发方法

动态系统开发方法（Dynamic System Development Method，DSDM）倡导以业务为核心，快速而有效地进行系统开发。DSDM 是一整套方法论，不仅包括软件开发内容和实践，还包括组织结构、项目管理、估算、工具环境、测试、配置管理、风险管理、重用等。

DSDM 的基本观点是任何事情都不可能一次性圆满完成，应该用 20%的时间完成 80%的有用功能，以适合商业目的为准。

DSDM 实施的思路如下：在时间进度和可用资源预先固定的情况下，力争最大化地满足业务需求（传统方法一般是需求固定，时间和资源可变），交付所需要的系统。对于交付的系统，必须达到足够的稳定程度以在实际环境中运行；对于业务方面的某些紧急需求，必须能在短时间内得到满足，并在后续迭代阶段对功能进行完善。

1. DSDM 阶段划分

如图 9-2 所示，DSDM 可以分成 4 个阶段，但千万要注意的是，这 4 个阶段不是串行的瀑布，相互之间有很多反向反馈，将一个开发周期划分为几个小的阶段，短周期快速循环，体现了敏捷思维。

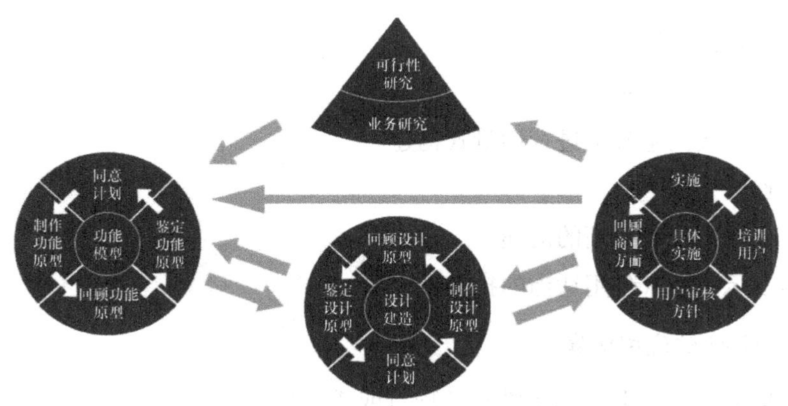

图 9-2 DSDM 阶段划分

1）可行性研究阶段

项目前期阶段没有严格的界定，发生在项目正式开始之前。在这一阶段，构思该项目，并决定启动该项目。这一阶段的可行性研究，主要考虑项目是否会被时间和资源限制。应尽快完成这一阶段，因为DSDM的核心是快速交付。

2）功能模型阶段

在功能模型阶段制作和回顾功能原型。功能原型用来说明模型应执行的职能及应该如何执行它们。

3）设计建造阶段

设计建造阶段完成产品的设计和开发的迭代。每次迭代的设计模型是由开发组成的，开发包括编程和回顾。

4）实施阶段

实施阶段包括打包产品、编写文档、审核起草的文件、比较产品与实际需求，以及培训用户如何去使用该系统，并给予相应系统的权限。

2. DSDM的原则

DSDM的重点在于快速交付并补充如何应用这些控制的指导原则。DSDM的8大原则如下：

（1）专注于业务需求。

（2）准时交付。

（3）协作。

（4）在质量上永不妥协。

（5）在坚实的基础上进行增量式构建。

（6）迭代开发。

（7）保持持续和明晰的沟通。

（8）演示控制（使用适当的技术）。

3. DSDM的应用场景

DSDM特别适合具有以下特征的项目或者产品：

（1）交互式（功能通过用户界面体现）。

（2）有清晰的用户群。

（3）没有复杂计算。

（4）如果是大型应用，则可以分解成小的功能部件。

（5）有时间限制。

（6）需求不清楚或不确定。

虽然 DSDM 并不像 Scrum、看板或者 XP 那样流行，是比较冷门而且晦涩的，但它的一些核心思想、原则等都很有指导性和借鉴性。

9.3 水晶方法

Alistair Cockburn（《敏捷宣言》签署人之一）在 20 世纪 90 年代初受 IBM 之邀进行正规方法的研究。Alistair Cockburn 除了归纳整理自己的实践经验，还积极造访其他项目，与项目组成员进行广泛的讨论，考查这些项目是怎样运作的。Alistair Cockburn 提出了水晶（Crystal）方法系列。之所以是一个系列，是因为他相信不同类型的项目需要不同的方法。他认为决定一个方法与两个因素有关：项目参与人数和出错后果。如图 9-3 所示，用两个坐标轴分别表示这两个变量，每种方法都有相应的坐标位置。例如，有两个项目，一个项目由 40 人参加，如果失败造成的资金损失可以接受；另一个项目只有 6 人，其成败与人的生命相关，如果失败可能会造成生命危险，那么这两个项目所用的方法在坐标图上就有不同的位置，应该分别属于 D40 与 L6 项目区域。

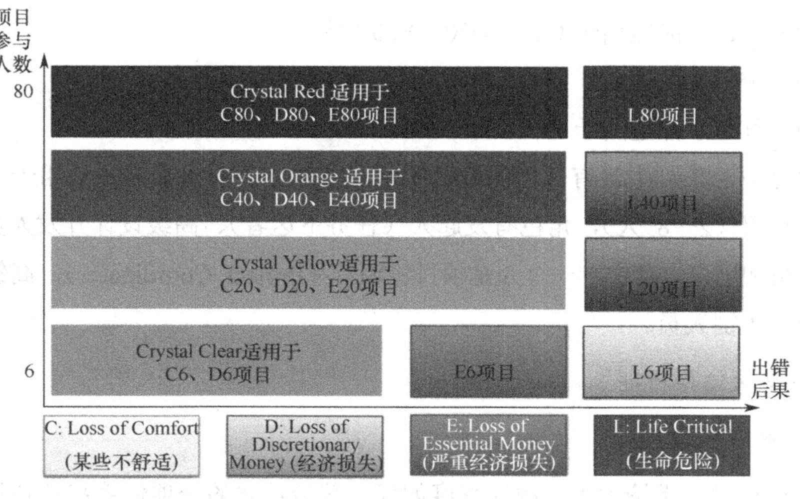

图 9-3 项目参与人数和出错后果映射图

水晶方法系列与 XP 一样，都有以人为中心的理念，但在实践上有所不同。Alistair Cockburn 考虑到人们一般很难严格遵循一个纪律约束很强的过程，因此，与 XP 的高度纪律性不同，Alistair Cockburn 探索了用最少纪律约束仍能成功的方法，从而在产出效率与易于运作上达到一种平衡。也就是说，虽然水晶方法系列没有像 XP 那样的产出效率，但会有更多的人能够接受并遵循它。

1．水晶家族

水晶系列开发方法，分为透明水晶（对应英文为 Crystal Clear）、黄色水晶（对应英文为 Crystal Yellow）、橙色水晶（对应英文为 Crystal Orange）和红色水晶（对应英文为 Crystal Red），分别适用于不同的项目。项目可以按照项目参与人数和重要性划分。重要性根据项目中的错误引发的后果分为 C、D、E、L。

（1）C：Loss of Comfort（某些不舒适）。

（2）D：Loss of Discretionary Money（经济损失）。

（3）E：Loss of Essential Money（严重经济损失）。

（4）L：Life Critical（生命危险）。

如果一个项目称为 C6，说明项目参与人数在 6 人以下，重要性是 C 级。D20 说明项目参与人数为 6～20 人，重要性是 D 级。

（1）透明水晶适用于 C6、D6 项目。

（2）黄色水晶适用于 C20、D20、E20 项目。

（3）橙色水晶适用于 C40、D40、E40 项目。

（4）红色水晶适用于 C80、D80、E80 项目。

水晶方法系列中最有价值的是透明水晶方法。透明水晶方法适用于办公室内的一个小组（2～8 人），角色有发起人（任务下达者）、高级设计开发人员、设计开发人员和用户。其中，一个人是项目协调者（Project Coordinator），高级设计开发人员是关键人员。

2．7 大体系特征

1）经常交付

任何项目，无论大小、敏捷程度如何，其最重要的一项体系特征是每过一段时间就向用户交付已测试的运行代码。如果使用了此体系特征，就会发现，“经常交付”的作用还是很让人吃惊的。

项目发起人可以根据团队的工作进展获得重要反馈。用户有机会发现他们原来的需求是否是他们真正想要的，也有机会将观察结果反馈到开发当中。开发人员打破未决问题的死结，从而实现对重点的持续关注。团队可以调整开发和配置的过程，并通过完成这些工作鼓舞团队的士气。

2）反思改进

在开发中，时常会出现这样或那样的问题，这会在很大程度上影响项目的进展。另外，如果其他任务对这项任务有依赖的话，那么其他任务也会被推迟，这就很可能会导致项目的失败。如果我们能够经常在迭代会中及时反思和改进，那么，这种事情发生的概率会逐渐降低，即使发生了，也能够很快找到解决方案。事实上，从慌乱的日常开发中抽出一点时间来思考更为行之有效的工作方法就已经足够了。

3）渗透式沟通

渗透式沟通就是信息流向团队成员的背景听觉（Background Hearing），使得成员就像通过渗透一样获取相关信息。这种交流通常都是通过团队成员在同一间工作室内工作而实现的。若其中一名成员提出问题，工作室内的其他成员可以选择关注或不关注，可以加入这个问题的讨论当中来，也可以继续忙自己的工作。

4）个人安全

个人安全指的是当你指出困扰你的问题时，不用担心遭到报复。个人安全非常重要，有了个人安全，团队可以发现和改正自身的缺点。如果没有个人安全，团队成员就会知而不言，缺点则越发严重，以至于损害整个团队。个人安全是迈向信任的第一步，有了信任，团队协作才能真正实施，开发效率也会直线上升。

5）专注

所谓“专注”，就是确定首先要做什么，然后安排时间，以平和的心态开展工作，确保团队成员清楚地了解自己最重要的任务是什么，确保他们能够有充分的时间去完成这些任务。

6）与专家用户建立方便的联系

与专家用户持续建立方便的联系，能够给团队提供很多便利，如关于应用配置的快速反馈、关于成品质量的快速反馈、关于设计理念的快速反馈、关于最新（用户）需求的快速反馈等。

7）配有自动测试、配置管理和持续集成功能的技术环境

自动测试可以让开发人员在代码修改后立即进行测试，并且能够发现存在的一些 Bug，使开发人员能够及时进行修改，从而节省了时间、提高了效率，而且还不用为测试而苦恼。

配置管理系统允许人们不同步地对工作进行检查，可撤销更改，并且可以将某一系统设置保存后进行新系统的发布，当新系统出现问题时，可还原系统的设置。

持续集成可以使团队在一天之内对系统进行多次集成。其实，团队越频繁地对系统进行集成，就能越快地发现错误，堆积到一起的错误也会越少，并使团队产生更新的灵感。

最好的团队是将这 3 项技术结合成“持续测试集成技术”，这样做，团队可以在几分钟内发现因集成所产生的错误。

9.4 敏捷统一流程

敏捷统一流程（Agile Unified Process，AUP）是 IBM-Rational 统一流程（RUP）的简化版本。AUP 描述了使用敏捷技术和概念开发业务应用软件的一种简单、易于理解的方法，并且仍然忠实于 RUP。Scott Ambler 是主要方法论专家，他一直试图让 AUP 尽可能简单，不管是在方法上还是在描述上。该方法应用敏捷技术，包括测试驱动开发（TDD）、敏捷模型驱动开发（AMDD）、敏捷变更管理和数据库重构，以提高生产力。

1. AUP 的流程与活动

AUP 示意图如图 9-4 所示，整个迭代过程分成 4 个阶段：初始阶段、细化阶段、构造阶段和交付阶段。

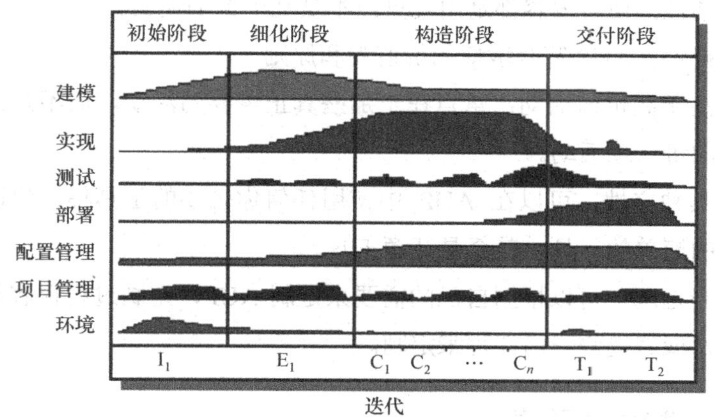

图 9-4 AUP 示意图

图片来源：AmySoft 网站。

每个 AUP 迭代执行以下活动。

（1）建模：通常采用 UML 建立对商业和问题域的表述。然而，为了保持敏捷，这些模型应当足够好，使团队继续前进。

（2）实现：团队根据模型进行编码和自测。

（3）测试：团队设计和执行一系列的测试来发现错误，以保证源代码满足需求。

（4）部署：这部分的部署仍然是对软件增量的交付，以及获取最终用户的反馈信息。

（5）配置管理：这部分主要控制对工件的访问策略。这不仅包括随时间跟踪工件版本，还包括控制和管理对它们的更改。

（6）项目管理：指导项目中发生的活动，包括管理风险、分配任务、跟踪进度、与项目范围之外的人员和系统协调，以确保项目按时、在预算内交付。

（7）环境：管理基础设施，包括标准、工具及适用于开发团队的支持技术等。

2. AUP 的基础原则

（1）团队了解当前工作：人们不会阅读详细的流程文档，但是他们会不时地需要一些高层次的指导和/或培训。如果感兴趣的话，AUP 提供了许多详细信息的链接，但并不强迫用户使用它们。

（2）简洁性：所有内容都是用几页而不是几千页描述的。

（3）敏捷性：AUP 符合敏捷的价值观和原则。

（4）专注于高价值活动：重点在于那些真正重要的活动，而不是在一个项目中可能发生的每一项活动。

（5）工具独立性：可以在 AUP 中使用任何你想要的工具集。建议使用最适合这份工作的简单的工具，甚至是开源工具。

（6）量身定制：可以根据自己的需要来定制 AUP，定制过程很容易，不需要特殊的工具，或者选修一门课程来定制。

9.5 适应性软件开发

适应性软件开发（Adaptive Software Development，ASD）起源于 Jim Highsmith 和 Sam Bayer 的快速应用开发（Rapid Application Development，RAD）。ASD 不太注重计划，而更注重过程，毕竟在不断变化的环境中保持灵活性和适应性是有意义的。

Jim Highsmith 在 2000 年所著的《适应性软件开发：管理复杂系统的协作方法》（*Adaptive Software Development: A Collaborative Approach to Managing Complex Systems*）一书中，用爬山的类比来说明他的观点，即需要有效的团队合作、计划和适应快速变化的能力。适应性软件开发用一系列重复的推测（Speculate）、协作（Collaborate）和学习（Learn）循环代替了传统的瀑布循环，也是 PDCA 循环。

ASD 生命周期的特征是，以任务为中心、基于特性、迭代、有时间盒限制、风险驱动、包容变化。

> “规则可以是隐藏的障碍，也可以是智者在情况允许时，考虑和打破的指导原则。”
>
> ——Jim Highsmith

快速变化要求我们具有适应性和灵活性。ASD 迭代周期非常简单地表示出针对软件开发的持续适应性序列，如图 9-5 所示。

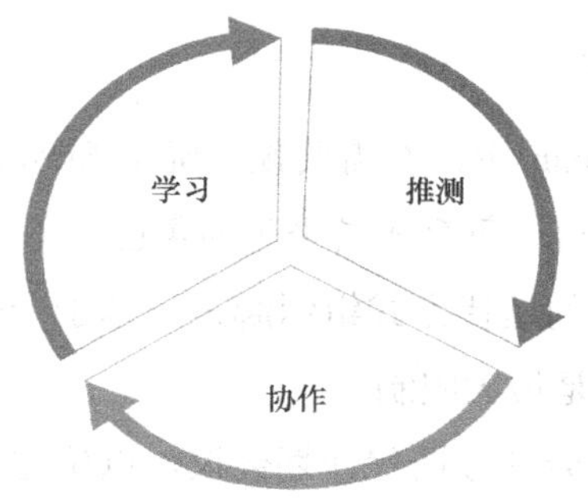

图 9-5 ASD 迭代周期

1. 推测

推测是指使用从项目启动信息中学到的知识，进行适应性规划。例如，客户创建了一个使命宣言，描述他们想要从结果中得到什么；基于典型的项目限制，如时间、成本、范围和质量，根据记录的基础需求，定义项目的发布周期或软件增量。

这都是猜测，因为没有具体的证据证明我们对需求的理解是对的，而且客户还喜欢改变主意，今天的使命宣言明天可能就会被扔到垃圾堆。但我们必须先选择一个方向，并在变化发生时拥抱变化，与时俱进。

2. 协作

协作对于任何敏捷类型的项目都是至关重要的，适应不确定性也是如此。只有公开对话，提倡协作，才能应对来自技术、需求、范围变更、风险、供应商和其他干系人的不确定性。

3. 学习

在迭代过程中，因为做出错误的假设而犯一些小错误，但可通过在过程中纠正这些错误来获取知识，这是一种学习方式。这种实践会带来更好的体验、更好的评估，并最终排除很多不确定性。

9.6 Scrumban

Scrumban 是一种混合敏捷开发方法，结合了 Scrum 和看板的最佳实践，期望将两种流行敏捷方法混合起来，可以为团队提供更多的适应性和灵活性。

Scrumban 最初是由 Corey Ladas 提出的，随着时间的推移，其逐渐成为一种独立的方法。

1．Scrumban 的特征

（1）角色：在 Scrumban 中，不需要预先确定 Scrum 的 3 种角色，团队保留他们已经拥有的角色，并给予每个成员平等的角色。

（2）迭代：团队以小的迭代方式组织起来，基于一个可视化看板进行协作，迭代周期通常很短，两周是最大限制。

（3）按需计划：团队会举行迭代计划会议，以确定在下一个迭代中要完成哪些需求。为防止团队过载，每次处理的需求数量有在制品限额。当在制品低于预定水平时，才会触发迭代计划。

（4）优先级：在计划时确定好需求优先级，并按照优先级添加到看板管理，团队按照优先级进行拉动式处理。

（5）需求冻结：在 Scrumban 中，只有当项目截止日期临近时，才会冻结需求。这意味着只有团队已经在开发的需求才可以继续，不能再添加任何其他特性。但在迭代过程中，不强调这一点，可以增减需求。

（6）桶规划模式：Scrumban 引入了桶规划的概念，允许团队进行更长时间的计划。一个想法需要经历 3 个阶段，然后才能进入产品迭代看板，如图 9-6 所示，分为 1 年桶、6 个月桶、3 个月桶。1 年桶的目标是公司的长期目标，如打入新市场、发布新产品等。当公司决定继续执行一个计划时，它会被转移到 6 个月桶中，这个计划的主要要求被具体化。当一家公司准备开始实施计划时，需求被移动到 3 个月桶中，并分解为清晰的任务，由项目团队完成。在 3 个月桶中，团队执行按需计划会议。

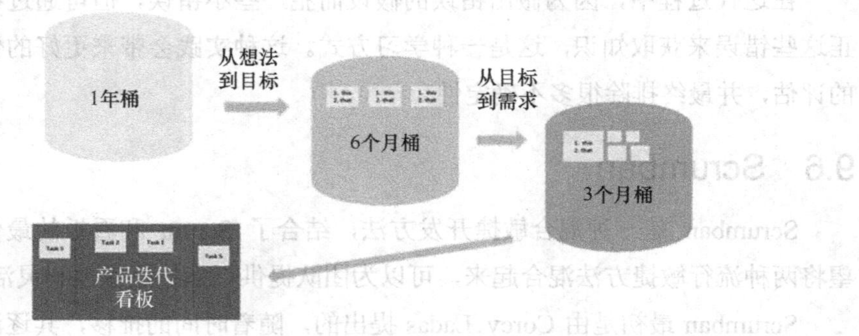

图 9-6　Scrumban 的桶规划

2. Scrumban 的适用范围

Scrumban 的适用范围如下：

（1）项目经常变更或者重新排优先级。

（2）希望在 Scrum 迭代开发过程中增加功能（在标准 Scrum 中，一个 Sprint 的计划范围是不增不减的）。

（3）由于意外问题或者资源不足，无法准时按计划交付。

（4）工作是由事件驱动的，如技术支持等优先级持续改变的项目。

（5）团队已经在使用 Scrum，希望能引入某些看板原则。

（6）发现 Scrum 限制了团队接受变化的可能性。

（7）已经在实施看板，但是需要一些小改动以减少干扰和中断。

9.7 DevOps 开发运维一体化

DevOps 诞生于 2009 年，现在已经成为一场席卷 IT 公司的运动。到底什么是 DevOps？DevOps 与敏捷有什么关系？

DevOps 是开发（Development）与运维（Operations）两个术语的组合词，是期望通过一组特定的实践，如自动化部署、自动化测试、智能日志分析与监控等，将这两个部门协同起来，实现软件功能的快速发布，在为用户持续交付价值的同时，更好地达成业务目标，最终形成一种彼此信任、信息共享、责任共担的协作文化。

从对 DevOps 的定义，可以看到 DevOps 直接涉及开发与运维的协同，这就是通常讲的狭义 DevOps，这个概念是如何诞生的呢？

1. 狭义 DevOps 的诞生

时间要追溯到 2008 年 6 月，在美国加州旧金山 O'Reilly 出版公司举办了一场名为速率（Velocity）的技术大会，这个大会的话题主要围绕 Web 应用程序的性能和运维展开，与会者分享和交换了构建和运维 Web 应月的性能、稳定性和可用性等的最佳实践。大会吸引了来自 Austin 的几个系统管理员和开发人员。他们对大会中分享的内容十分激动，于是记录下了所有的演讲内容，并决定新开一个博客——The Agile Admin（敏捷管理员），用来分享这些内容和自己的经验。

2008 年 8 月，在加拿大多伦多的 Agile Conference 2008（2008 年敏捷大会）上，Andrew Shafer 提交了一个名为“Agile Infrastructure”（敏捷基础设施）的临时话题。由于对这个临时话题感兴趣的人不多，Andrew Shafer 认为没人会对“如何跨越 Dev 和 Ops 的鸿沟”这个话题感兴趣，所以，当这个话题开始时，作为话题提交人的 Andrew Shafer 并没有出现。话题开始时，有一个人出席，这个人就是比利时的 IT 咨询师 Patrick（后来的 DevOps“四大天王”之一）。Partrik 在这次会议上分享了自己的话题——“如何在运维工作中应用 Scrum 和其他敏捷实践”。他十分想把这些经历和别人分享，Patrick 在会议厅的走廊里找到了 Andrew Shafer，并进行了一场漫长的讨论。他们意识到在这次会议之外会有很多人想要继续探讨这个广泛而又系统化的问题。

尽管在这次会议中持续集成的流行已经使敏捷实践慢慢走向部署了，但仍然把运维工作和开发完全割裂开。于是 Andrew Shafer 和 Patrick 决定在 Google Group（谷歌讨论小组）上建立了一个 Agile System Adminstrationtor（敏捷系统管理员）的讨论组，继续这个话题。虽然有一些话题和参与者，但是访问者却寥寥无几。

2009 年 6 月，在美国圣荷西第二届 Velocity 大会上，“10+ Deploys Per Day: Dev and Ops Cooperation at Flickr”（每天 10 次+的部署：Flickr 开发与运维的协同）的演讲轰动世界，成为 DevOps 萌发的标志。这个演讲提出了 DevOps 的“一个中心，两个基本点”——以业务敏捷为中心，构造适应快速发布软件的工具（Tools）和文化（Culture）。

2009 年 10 月，Patrick 在比利时根特召开了第一次 DevOpsDays 大会。Patrick 因为错过了第二届 Velocity 大会上 Flickr 的精彩分享，就想通过 Twitter 召集开发工程师和运维工程师在比利时举办一个类似于 Velocity 的大会。要召开一个会议，必须有一个名字，Patrick 首先就想到了 Dev 和 Ops，由于这个会议会持续两天，所以他加上了 Days，于是就有了 DevOpsDays。由于 Twitter 上有 140 个字符的限制，因此，他想用 DOD 作为 DevOpsDays 的缩写，以提醒自己“死在交付上”（Dead On Delivery），但不知什么原因，最后没有这么做。

虽然这是一届“社区版 Velocity 大会”，但这届大会出乎意料的成功。人们从世界各地蜂拥而至，除了开发工程师和运维工程师，还有各种 IT 管理人员和工具爱好者。两天的会议已经结束后，参与 DevOpsDays 的人们把这次会议的内容带到了世界各角落。会议结束后，DevOpsDays 的讨论仍在 Twitter 上继续着。由于 Twitter 有 140 个字符的限制，所以，大家在 Twitter 上去掉了 DevOps 中的 Days，保留了 DevOps。于是，DevOps 这个称谓正式诞生，这就是最初的狭义 DevOps，即解决 IT 部门内部在敏捷软件开发和传统系统运维之间的矛盾。

2. 广义 DevOps 的蓬勃发展

2011 年，Gartner 发布了一个预测：企业未来将会大量采用 DevOps。可谓一石激起千层浪，这一有着风向标的预测，为整个 DevOps 的蓬勃发展起到了很好的催化作用，从此，无论是社区还是企业、工具厂商，一起推动了 DevOps 在各维度的延伸与应用，最终形成了覆盖端到端价值链的广义 DevOps，如图 9-7 所示。

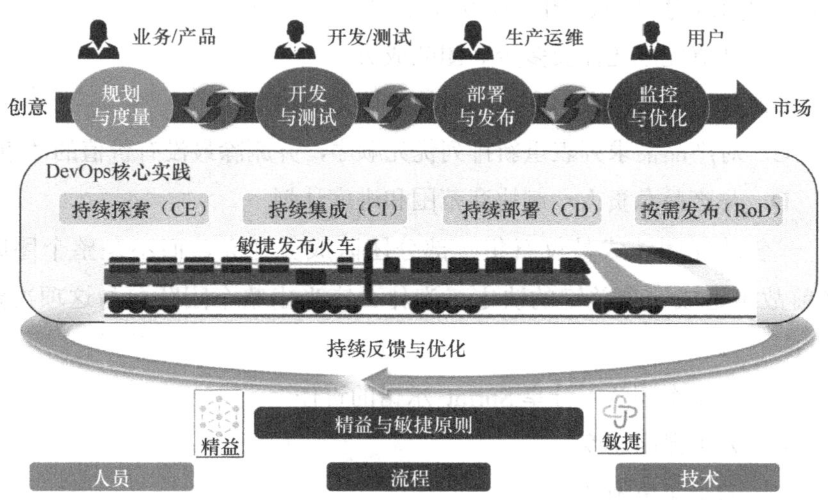

图 9-7 广义 DevOps

资料来源：IDCF（国际 DevOps 教练联合会）网站。

广义 DevOps 从原始创意出发，来自客户、业务、产品等最初的环节，经过规划与度量，延伸到开发与测试，再到部署与发布，最终到用户端的监控与优化，不再局限于开发和运维两个部门，横跨企业内整个价值流，目的是实现价值的端到端快速流动，帮助组织快速达成业务目标。其中，包括 4 大核心实践，分别是持续探索（CE）、持续集成（CI）、持续部署（CD）、按需发布（RoD），底层依然以精益与敏捷原则为基石，提倡在人员、流程、技术等维度的持续反馈与优化。

9.8 练习题

1．整个团队以 Crystal Clear 集中办公时，会发生下列哪项？（ ）

A．一种让整个团队更有效沟通的方法

B．组建、震荡、规范和执行的团队动态

C．同步日常生活习惯和例程

D．及时、渗透式沟通

2．在一次评审会上，敏捷项目团队意识到在约定期限内将不能按时完成全面发布产品需求列表事宜。团队应该怎么办？（ ）

A．计算完成还需要多少名团队成员

B．与产品负责人沟通一个新的预期完工日期

C．对产品需求列表重新排列优先顺序，并删除最没有价值的故事

D．与产品负责人一起协商范围和进度计划

3．一名敏捷团队成员仅召集一部分团队成员开会，而不是整个团队，以期就当前故事达成一项关键的决定。为什么应当由整个团队参与这项决定的达成呢？（ ）

A．在整个团队中分享 Sprint 承诺的责任

B．为了提高速度

C．为了避免闲话

D．为了通过分享知识和协作减少风险和预测

4．在每次迭代结束时，团队应向谁演示完成的工作？（ ）

A．干系人　　B．高级管理层

C．敏捷管理专业人士　　D．职能经理

5．敏捷强调的面对面协作的优势是什么？（ ）

A．让团队在其设计和编码中使用一种通用的语言

B．延迟反馈远好于定期检查

C．减少沟通的延迟和误解

D．让团队成员纠正一些错误

6．对于不在同一个办公区域的团队成员来说，以下哪项技术可促进渗透沟通？（ ）

A．视频会议　　B．没有

C．信件　　D．电子邮件

7．信息发射源通常多久更新一次？（ ）

A．每周　　B．在每次迭代之后

C．持续　　D．从不

8．协作的定义是（ ）。

A．团队一起消除矛盾

B．独立工作达成目标

C．通过沟通作为一个团队一起来达成目标

D．独立工作来达成个人目标

9．如果产品待办事项未更新，这时应该由谁来解决这个问题？（ ）

A．发起人　　B．产品所有者

C．Scrum Master　　D．团队

10．代码重构考虑的是（ ）。

A．在不改变外部行为的情况下，重构测试代码来升级单元测试码

B．重构源代码来升级外部设计功能和内部行为

C．在不改变内部行为的情况下，重构源代码来升级外部设计功能

D．在不改变外部行为的情况下，重构源代码来升级内部代码

第10章

规模化敏捷

早期的敏捷方法论都是从小团队的协作出发的，都很“轻量”，因为当时的很多软件不像今天这么复杂。在软件英雄时代，求伯君一个人可以写出WPS，王江民一个人可以写出 KV300，鲍岳桥、简晶、王建华 3 个人可以做一个联众游戏；但现在的 IT 项目开发通常都需要更多的人进行协同，规模化对从小团队出发的敏捷方法提出了挑战。

“投入更多的人到一项延迟的工作上，可以导致该项工作更加延迟。”

——布鲁克斯定律（Brooks’Law，摘自《人月神话》）

这意味着在同一个问题上增加更多的人只会使这个问题更加难以解决。如果找到了正确的方法，那么在增加人力投入的同时也会变得更有效率，这就是规模化。经过这些年的探索与演进，规模敏捷方法论也日臻成熟。

10.1 Scrum of Scrums

Scrum of Scrums 简称 SoS，这个模式最早于 1996 年在 IDX Systems（现为 GE Healthcare）上实施。Jeff Sutherland 当时是工程部高级副总裁，Ken Schwaber 担任顾问以帮助推广 Scrum。该项目涉及 8 个业务部门，每个业务部门都有多个产品线。每个产品都有自己的 SoS。一些产品有多个 SoS 和更高级别的 SoS。每个产品都必须以 3 个月或更短的发布周期投放市场。所有产品每 6 个月必须进行一次完全集成、升级和部署，以支持像斯坦福医疗系统等区域性医疗保健供应商。

由此示例可以明显看出，可以存在多个甚至是并行的 SoS 团队，而每日 SoS 会议都可以分为具有独立焦点的子会议。受这段经历启发，Jeff Sutherland 在 2001 年发表了一篇题为《敏捷可扩展性: 在五家公司中发明和重新发明 Scrum》（*Agile Can Scale: Inventing and Reinventing Scrum in Five Companies*）的文章，其中第一次公开提到了 SoS。

从那时起，SoS 作为一种与规模化敏捷密切相关的实践越来越受欢迎，如图 10-1 所示，现在它被嵌入 Scrum@Scale 指南，并被其他规模化的敏捷框架引用，它提供了一个帮助团队规模化的结构。

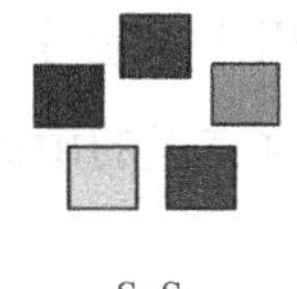

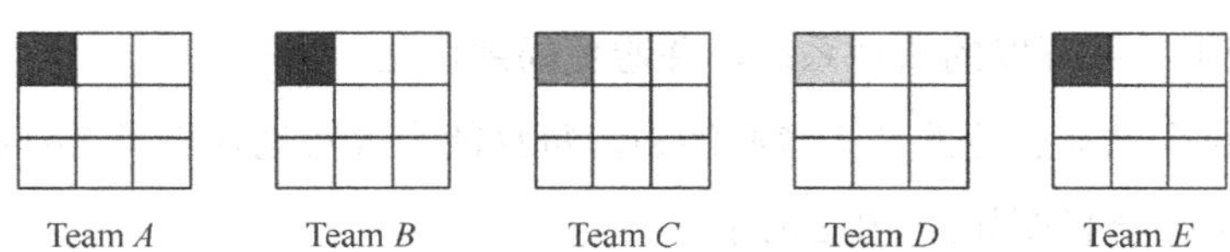

图 10-1 SoS 模式

资料来源：Peter Deemer 培训材料。

SoS 是一个虚拟的团队，由 Scrum 团队的代表组成。与典型的组织层次结构或基于项目的团队相比，这些相互链接的团队结构减少了沟通路径，目的是协调较小的独立团队，及时解决跨团队的协同、依赖问题。应用 SoS 的团队不仅要协调跨团队的工作，而且要确保在每个 Sprint 结束时都有一个集成在一起的产品。

如果不能做好 Scrum，那就不能做好规模化。因为规模化的前提是每个小团队是敏捷的，如果不能把 Scrum、看板或 XP 等某一个单团队方法论落地，上来就规模化，可能导致灾难性的后果。

10.2 规模化敏捷框架

规模化敏捷框架（Scaled Agile Framework，SAFe）解决成百上千、成千上万人的组织如何敏捷的问题，它是一个可扩展的、可配置的框架，帮助组织在尽可能短的前置时间内，以最好的质量、最大化的价值，可持续地交付新的产品、服务和解决方案。

SAFe 来源于如下 4 大知识体系：

（1）精益产品开发，包括精益思想、丰田生产系统、精益生产、精益产品开发流、精益创业、看板方法、精益用户体验等。

（2）敏捷开发，包括敏捷开发宣言里的敏捷价值观、敏捷 12 原则、Scrum、极限编程等。

（3）DevOps，包括持续交付流水线、按需发布等。

（4）系统思考，全局考虑由个人、团队、项目群和业务部门等构成的组织系统，以及由组织所开发的软件系统，并避免局部优化。

SAFe 包含精益企业的 7 大核心能力，每种能力其实也代表了 SAFe 中的一个构造块，SAFe 全景图如图 10-2 所示。

在图 10-2 中，SAFe 的各层级如下。

（1）SAFe 的基础构造块，位于全景图的底部，带来“精益-敏捷领导力”（Lean-Agile Leadership）能力。

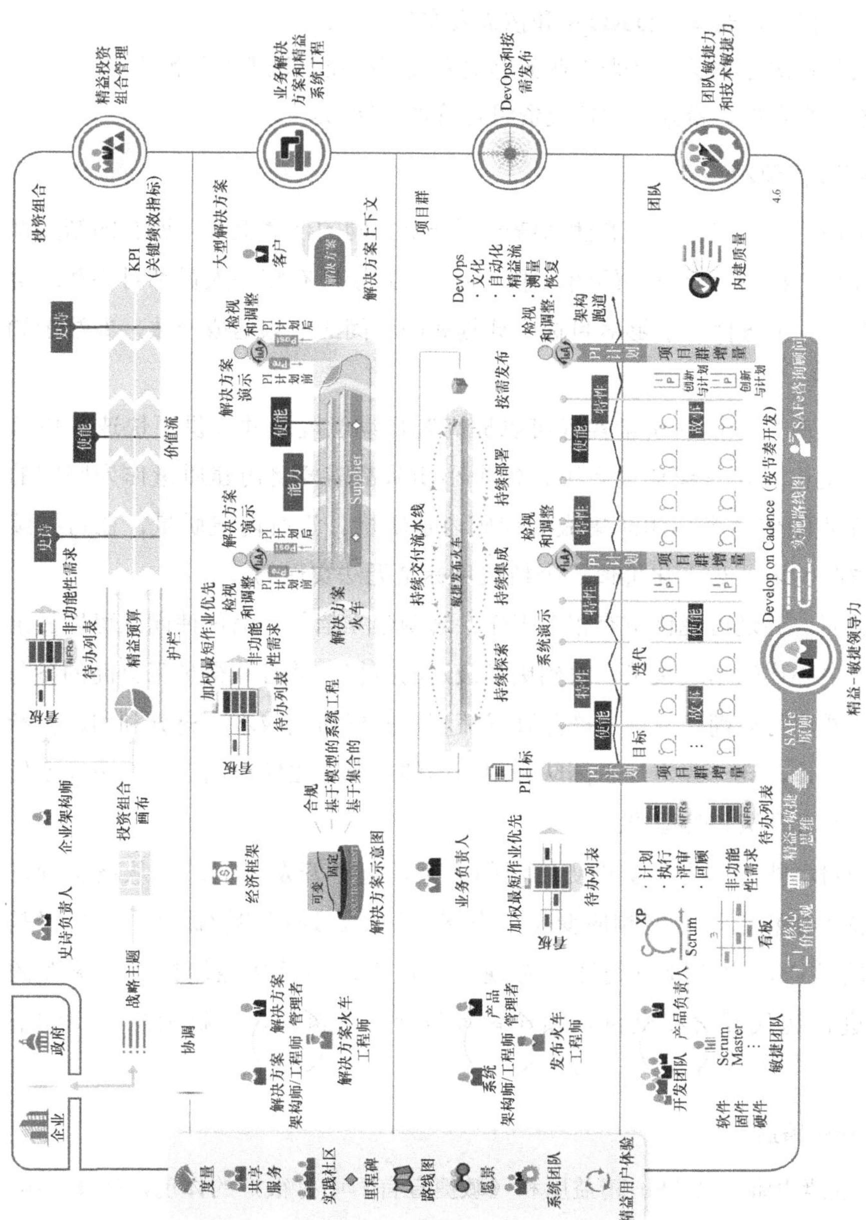

图 10-2 SAFe 全景图

资料来源：SAFe 官网。

（2）团队层，带来“团队敏捷力和技术敏捷力”能力。

（3）项目群层，带来“DevOps 和按需发布”能力。

（4）大型解决方案层，带来“业务解决方案和精益系统工程”能力。

（5）投资组合层，带来“精益投资组合管理”能力。

1. SAFe 价值观

（1）协调一致。当管理层和团队统一到一个共同的使命上时，所有的精力都旨在帮助客户。在成百上千人的团队中，协调一致使所有相关人员都对齐和理解使命的意图，并使各团队能够对目标、计划和团队间的依赖达成一致，专注于如何完成任务。

（2）内建质量。内建质量实践可以提高客户满意度，并提供更快速、更可预测的价值交付。在规模化场景下，每个小团队都需要将内建质量作为坚实的基础，这样才能使多个小团队集成的代码内建质量。没有内建质量，在可持续的最短前置时间内，最大化价值这个精益目标是无法实现的。

（3）透明。通过可视化所有相关工作，透明建立信任。信任使团队可以做出快速的、去中心化的本地决策，得到更高级别的授权，并且获得员工更高的参与度。同时，透明可以简化复杂的产品开发流程，降低协调成本，充分利用群体智慧及自主的个体，让一线本地各团队利用透明的信息直接解决问题，而不需要转交到其他人或者升级到管理层。

（4）项目群执行。为了实现更广泛的变革，整个开发价值流（从概念到发布）必须变得更精益、更能响应变化，来支持创新、速度和敏捷性。项目群是落地执行的核心，它需要有纪律、有规范地执行，并且按照敏捷发布火车的方式持续进行迭代开发和交付。领导者参与项目群执行，积极消除障碍和消极因素。

2. SAFe 精益屋

精益–敏捷思维在 SAFe 精益屋和《敏捷宣言》中有很好的体现，如图 10-3 所示。

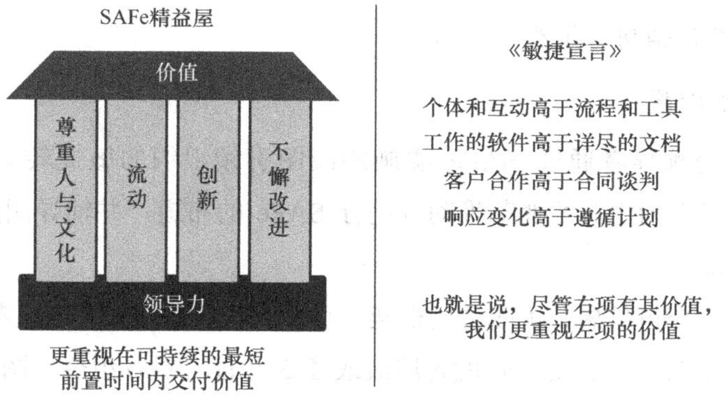

图 10-3 精益–敏捷思维

资料来源：SAFe 官网。

（1）精益思维：SAFe 精益屋匹配了精益思想的各方面。屋顶代表创造价值的目标，而 4 个支柱则代表尊重人与文化、流动、创新和不懈改进，以支持这一目标。精益–敏捷的领导力提供了基础，是精益思维落地的基石。

（2）拥抱敏捷：《敏捷宣言》提供了一个价值体系和 12 大原则，对成功的敏捷开发至关重要。SAFe 采用跨职能敏捷团队，并建立在敏捷的价值观、原则之上。每位领导者都必须支持和加强敏捷的意图和实践。

3. SAFe 原则

SAFe 的实践以 10 个基本原则为基础，这些原则启发了框架中的所有概念，如下所述。

（1）采取经济视角。

（2）运用系统思考。

（3）假设可变性；保留多种选项。

（4）通过快速、集成的学习周期，进行增量式构建。

（5）基于可工作系统客观评估的里程碑。

（6）可视化和限制在制品，减少批次规模，并管理队列长度。

（7）应用节奏，通过跨领域计划同步。

（8）释放知识工作者的内在动力。

（9）去中心化的分散决策。

（10）围绕价值进行组织。

4．SAFe 配置

精益–敏捷领导者通过 SAFe 实施路线图引领组织的敏捷转型，同时认证 SAFe 咨询顾问作为内部的变革推动者进行 SAFe 的布道，并辅导团队按照 SAFe 的实践来运作。

SAFe 是一个可扩展、可配置的框架，每个组织在敏捷转型时，都可以根据业务需要来适配框架，即将 SAFe 的各层级或者 5 个能力进行组合。图 10-4 所示为 SAFe 提供的 4 种开箱即用的配置来支持需要小型团队的简单系统的开发，以及需要成百上千、成千上万人的复杂系统或解决方案的开发。

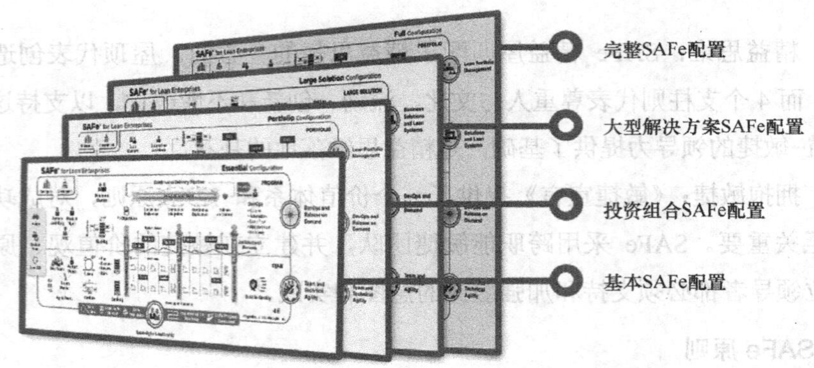

图 10-4　SAFe 的 4 种配置

资料来源：《SAFe 白皮书》。

（1）基本 SAFe 配置——框架的核心，也是实施 SAFe 最简单的起点，适合百人级别的系统开发。这是所有其他 SAFe 配置的基本组成部分，由团队层和项目群层组成，为企业带来“精益–敏捷领导力”“团队敏捷力和技术敏捷力”“DevOps 和按需发布”等核心能力。

（2）大型解决方案 SAFe 配置——用于开发最大和最复杂的解决方案，通常需要多个敏捷发布火车（Agile Release Trains，ARTs）和供应商，适合上千人的解决方案开发。由团队层、项目群层和大型解决方案层组成，为企业带来“精益–敏捷领导力”“团队敏捷力和技术敏捷力”“DevOps 和按需发布”“业务解决方案和精益系统工程”等能力。

（3）投资组合 SAFe 配置——围绕价值的流动组织敏捷开发，通过一个或多个价值流，帮助投资组合执行与企业战略保持一致，适合成百上千人的多个系统的开发。由团队层、项目群层和投资组合层组成，带来“精益-敏捷领导力”“团队敏捷力和技术敏捷力”“DevOps 和按需发布”“精益投资组合管理”能力。

（4）完整 SAFe 配置——SAFe 最全面的版本。它支持那些需要投资组合管理的企业，适合上千人的大型集成解决方案开发，包括 SAFe 的所有层级：团队层、项目群层、大型解决方案层和投资组合层，集成和带来所有的 5 个核心能力。

每个配置都由全景图左侧的“跨层级面板”（Spanning Palette）支持，包含所需的角色和工件等元素。

5. 团队敏捷力和技术敏捷力

团队敏捷力和技术敏捷力，指的是团队层需要具备的能力，如图 10-5 所示。

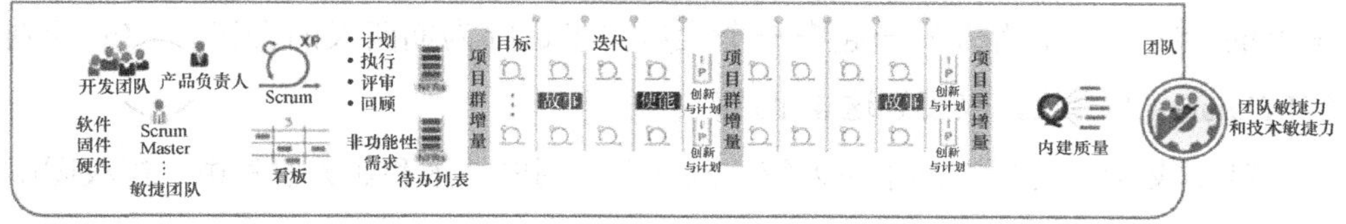

图 10-5 SAFe 团队敏捷力和技术敏捷力

资料来源：SAFe 官网。

每个敏捷团队都是跨职能自组织的团队，包括产品负责人、开发团队和 Scrum Master。按照 Scrum 执行为期两周的迭代或者采用看板方法进行交付，形成团队敏捷力，并采用内建质量实践形成技术敏捷力，如敏捷建模、设计模式、极限编程相关代码质量实践、测试驱动开发（TDD）、行为驱动开发（BDD）等。

6. 敏捷发布火车

基本 SAFe 配置是 SAFe 最重要的精髓部分，需要具备持续交付 DevOps 和按需发布能力，体现在项目群层，围绕价值交付的价值流来组织多个敏捷团队（5～9 人）。这些敏捷团队构成了一个大的敏捷团队（50～125 人），形成了敏捷发布火车（Agile Release Train，ART），如图 10-6 所示。

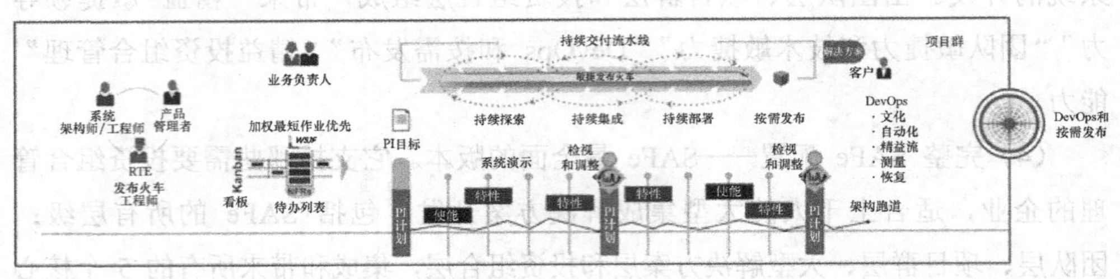

图 10-6　SAFe 敏捷发布火车组织形式

资料来源：SAFe 官网。

ART 采用项目群增量（Program Increment，PI）时间盒，通常包含 5 个两周迭代，其中 4 个迭代是对软件系统进行迭代，第 5 个迭代进行创新和对下一个 PI 时间盒的规划，称为创新与计划迭代（Innovation and Planning，IP）。敏捷发布火车上的所有人（上百人）一起在一个大房间里进行为期两天的会议——PI 计划（PI Planning）会议，来规划这 4 个迭代。

PI 计划会议将所有的干系人统一到一个共同的技术和业务愿景中，授权团队协作制订达成目标的最佳计划。PI 计划采取总—分—总的方式，首先所有人面对统一输入共同开会；然后每个小的敏捷团队并行规划自己团队的 4 个迭代，在过程中，团队与团队之间直接进行对话、协调、同步团队间的依赖和计划；最后汇总时，每个团队面对所有其他团队展示自己的计划。SAFe PI 计划会议议程如图 10-7 所示。

SAFe 在整个业界应用广泛，是目前最受欢迎的规模化敏捷框架之一。SAFe 落地，首先需要管理者做出改变。毕竟精益–敏捷领导力是 SAFe 的基础，它描述了精益–敏捷领导者如何通过授权个人和团队以达到最大的潜力，来推动和保持组织变革和运作卓越。他们通过学习、展示、培训和辅导 SAFe 的价值观、精益–敏捷思维和原则，以及实践来做到这一点。

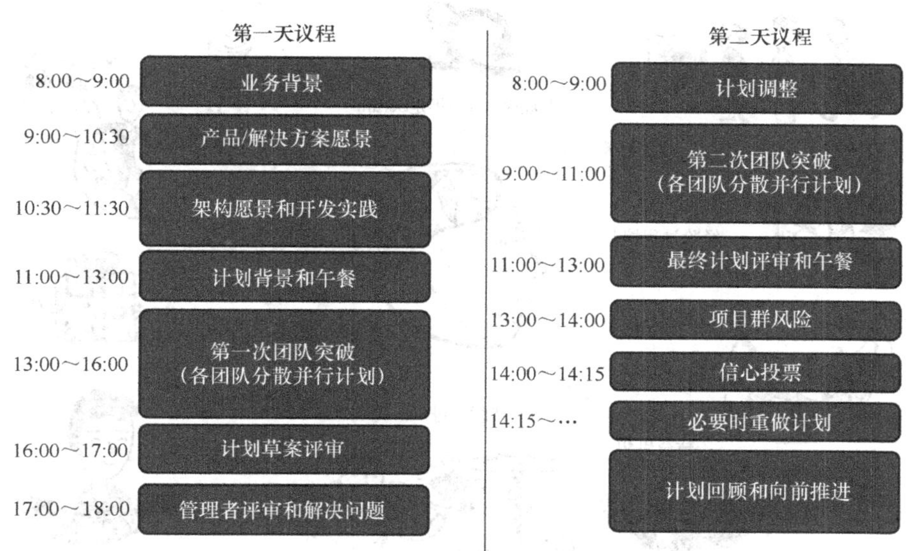

第一天议程
8:00～9:00
业务背景
9:00～10:30
产品/解决方案愿景
10:30～11:30
架构愿景和开发实践
11:00～13:00
计划背景和午餐
13:00～16:00
第一次团队突破
（各团队分散并行计划）
16:00～17:00
计划草案评审
17:00～18:00
管理者评审和解决问题
第二天议程
8:00～9:00
计划调整
9:00～11:00
第二次团队突破
（各团队分散并行计划）
11:00～13:00
最终计划评审和午餐
13:00～14:00
项目群风险
14:00～14:15
信心投票
14:15～…
必要时重做计划
计划回顾和向前推进

图 10-7　SAFe PI 计划会议议程

10.3　大规模 Scrum

大规模 Scrum（Large-Scale Scrum，LeSS）是应用于共同开发统一产品的许多团队的 Scrum。LeSS 研究的是如何在大规模环境中，尽可能简单地应用 Scrum 的原则、规则、要素和目的。LeSS 的核心仍然是采用 Scrum，在尽量不增加角色的前提下，考虑在一个产品（Product）、一份产品需求列表（Product Backlog）、一个产品负责人（PO）下，多团队如何进行迭代。大规模 Scrum 包含两个框架，一个是小型 LeSS（支持 2～8 个团队，8～81 人），另一个是巨型 LeSS（支持 8 个以上团队）。

1. LeSS 原则

LeSS 原则示意图如图 10-8 所示，LeSS 的 10 大原则可以分成 4 类。

1）单一产品

聚焦完整产品（Whole Product Focus）—— 一份产品需求列表、一个产品负责人、一个可交付产品、一个迭代，无论是 3 个团队还是 33 个团队。

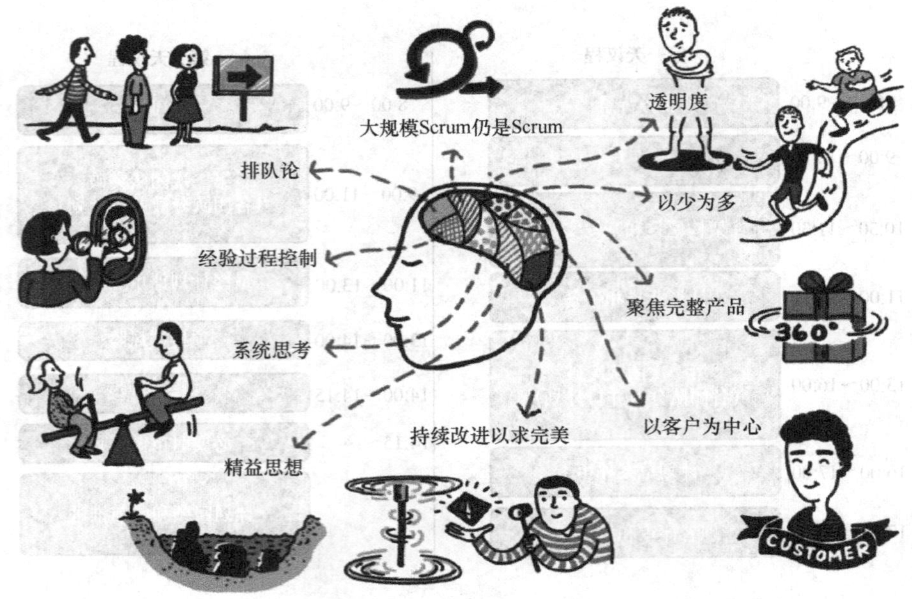

图 10-8　LeSS 原则示意图

资料来源：LeSS 官网。

以客户为中心（Customer Centric）——识别付费客户眼中的价值和浪费，从他们的角度缩短周期，增加与真实客户的反馈回路。每个人都了解他们今天的工作与付费客户的关系。

2）按 Scrum 迭代

大规模 Scrum 仍是 Scrum（Large-Scale Scrum is Scrum）—— LeSS 是纯粹的 Scrum。Scrum 有什么，LeSS 就有什么。

透明度（Transparency）—— 基于客观的、有形的“完成”条目、短周期、协同工作、共同定义，以及对工作场所恐惧的消除等，使项目信息变得更加透明。

经验过程控制（Empirical Process Control）—— 持续检视和调整产品、过程、行为、组织设计和实践。

3）消除浪费持续改进

持续改进以求完美（Continuous Improvement Towards Perfection）——为“完美”目标做无尽的持续和激进的改进实验。

精益思想（Lean Thinking）——精益思想屋的基础是管理者作为老师，来应用和教授精益思想及进行管理改进；支柱是尊重人和持续挑战现状来改进的心态；屋顶是精益思想的目标，即朝着“完美”目标前进。

4）组织和运作设计

以少为多（More with Less）——更少的流程，团队会有更多的学习；更少的浪费和开销，团队可以产出更多的价值；更少的角色、工件、特定部门，团队会更自主、更负责任、具有远大目标，以及可以离客户更近。

排队论（Queue Theory）——在动态变化环境中，小批量规模、短队列及限制在制品，带来较短周期（快速交付价值），以及减少变异性。

系统思考（System Thinking）——观察、理解和优化整个系统而不是局部系统，并使用系统建模来探索系统的动态。避免将重点放在个人和单个团队的效率或生产力上。客户关心的是整体上从概念到盈利的周期，而不是单个步骤，局部优化一个部分并不一定能对整体产生积极影响。

2. 小型 LeSS

小型 LeSS 框架如图 10-9 所示，与 Scrum 一致，针对多个小团队做了最小化的扩展。

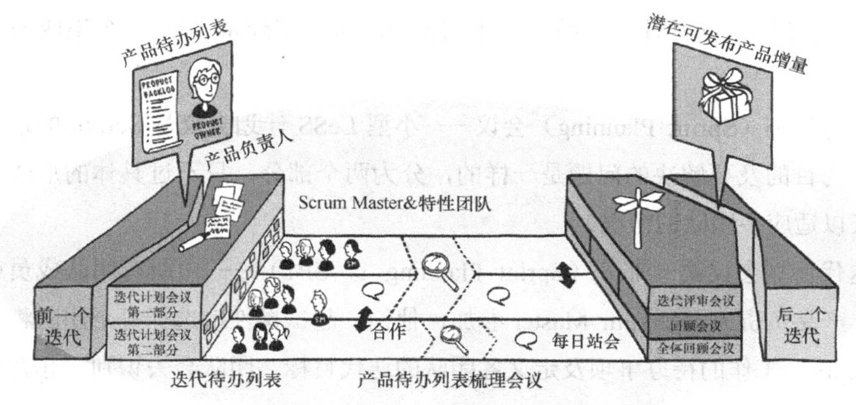

图 10-9　小型 LeSS 框架

资料来源：LeSS 官网。

1）小型 LeSS 的 3 个角色

只有一个产品负责人，所有的优先级排序都通过产品负责人，但是阐明尽量由团队和客户/用户及干系人直接进行（这也正是只有一个产品负责人的原因）。

2～8 个特性团队，每个团队 3～9 人，每个团队是自管理的、跨职能的、在同一地点的、长期的。

每 1～3 个团队设置 1 个 Scrum Master，共 1～8 个 Scrum Master——Scrum Master 是一份专职和全职工作，不只关注一个团队，而是整个组织系统。

注：LeSS 包含的人员共 8～81 人。

2）小型 LeSS 的 3 个工件

（1）有且只有一个产品需求列表（Product Backlog）。

（2）每个团队有自己的 Sprint 待办列表（Sprint Backlog）。

（3）有且只有一个潜在可发布产品增量（Potentially Shippable Product Increment，PSPI）。

3）小型 LeSS 的事件

迭代（Sprint）——有一个产品层面的 Sprint，而不是每个团队有不同的 Sprint。每个团队同时开始和结束一个 Sprint。每个 Sprint 产出一个集成的完整产品。

迭代计划（Sprint Planning）会议——小型 LeSS 计划会议与 Scrum 的迭代计划会议的目的及要解决的问题是一样的，分为两个部分，只不过具体的形式有所变化（以适应多团队的情况）。

迭代计划会议第一部分（Sprint Planning 1，SP1）——由所有团队成员或者团队、产品负责人及 Scrum Master 参加，他们一起试探性地选择每个团队将在下一个 Sprint 工作的待办事项及定义各团队的迭代目标。团队会去识别一起合作的机会，并澄清最终的问题。

迭代计划会议第二部分（Sprint Planning 2，SP2）——由各团队分别并行执行，来决定如何完成所选择的待办事项。对那些相关性强的条目，也经常采用在同一房间内进行多团队迭代计划会议，即各自并行地进行 SP2。

每日站会（Daily Scrum）——每个团队有自己的每日站会，SoS 会议由团队决定形式与频率。

产品需求列表梳理（Product Backlog Refinement，PBR）会议——团队利用研讨会的机会向用户和干系人阐明后续要做的待办事项。这个和单团队类似。

迭代评审（Sprint Review）会议——小型 LeSS 的迭代评审和 Scrum 一样，在迭代结束时对潜在可交付的产品增量进行全体评审。

回顾（Retrospective）会议——迭代结束时对工作方式进行迭代回顾会议。首先每个团队都有自己的团队回顾（Team Retrospective）会议，之后进行全体回顾（Overall Retrospective）会议。

3. 巨型 LeSS

当开发一个产品所需要的人数超过 8 个团队时，就需要巨型 LeSS。巨型 LeSS 包含多个并行的小型 LeSS。巨型 LeSS 全景图如图 10-10 所示。

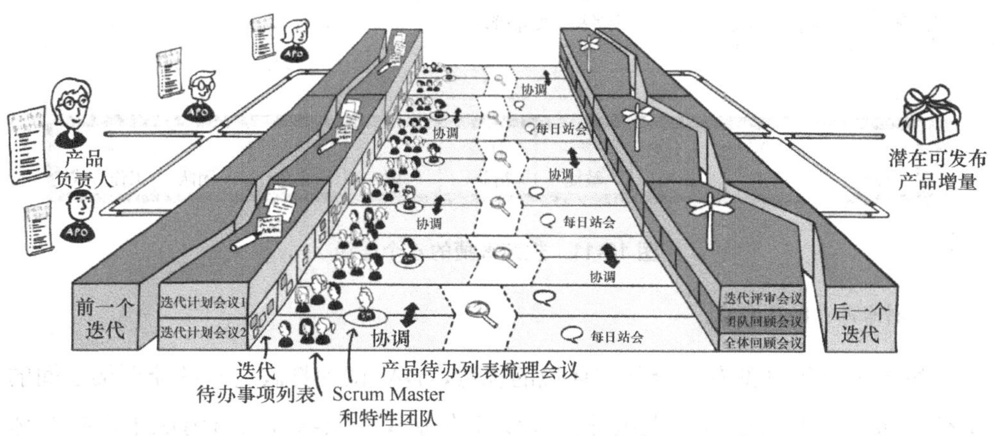

图 10-10 巨型 LeSS 全景图

资料来源：LeSS 官网。

10.4 规范敏捷

规范敏捷是由 Mark Lines 和 Scott Ambler 等人在 IBM 内部研发并成功应用的，最初称为规范敏捷交付（Disciplined Agile Delivery，DAD）。2019 年 8 月，

PMI 并购 DAD 以后，对其进行了更新迭代和完善，改名为 DA 后再次进入市场。DA 将敏捷实践融入组织级管理体系中，通过更多的规范化构建，使敏捷实践者能够借助它来管理企业级的大项目。具体来说，规范敏捷通过基础层、DevOps 开发运维层、价值流层和企业层 4 个层级，为大型项目提供了行之有效的方法与良好实践，如图 10-11 所示。

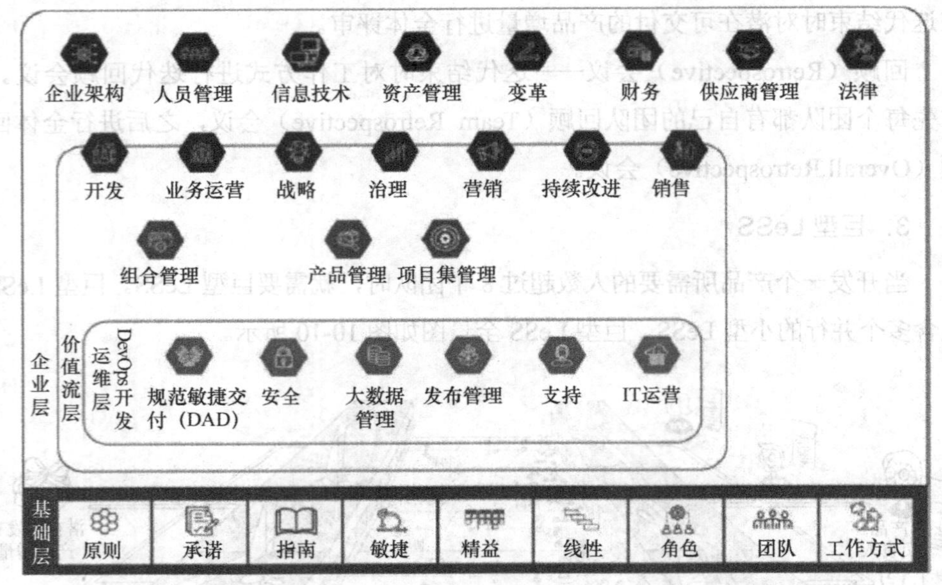

图 10-11　规范敏捷的 4 个层级

资料来源：PMI 官网。

每个敏捷体系都有适合某些环境的优势，DA 试图打破这些敏捷框架之间的壁垒，来实现共通融合的大敏捷，以便让企业或组织结合自身情况来选择具体的、实用的、可执行的敏捷模块。这样，随着企业的发展壮大，所采用的敏捷方法就可以不断演化，使其具有良好的延续性。另外，规范敏捷通过混合的方法扩展了传统敏捷“以开发为中心”的生命周期，实现了从“项目启动”到“将解决方案交付给最终用户”的端到端交付的生命周期，强调业务敏捷。

因此，DA 更多的是一种对敏捷实践的裁剪方式，提供了一个混合的工具包，综合了数百种敏捷、精益和传统的战略，根据每个人、每个团队、每个组织的独特性，指导用户为团队或组织找到最佳的工作方式。DA 是上下文相关的；

它不是给出一个“最佳实践”的集合，而是教用户如何选择并在之后发展一个适合用户所面临情况的最佳的 WoW（Way of Working）。规范敏捷的战术扩展因素如图 10-12 所示，涉及团队大小、地理分布、组织分布、技术可用、合规性、方案复杂度及领域复杂度这 7 个维度，需要根据这 7 个维度选择最佳实践集合。

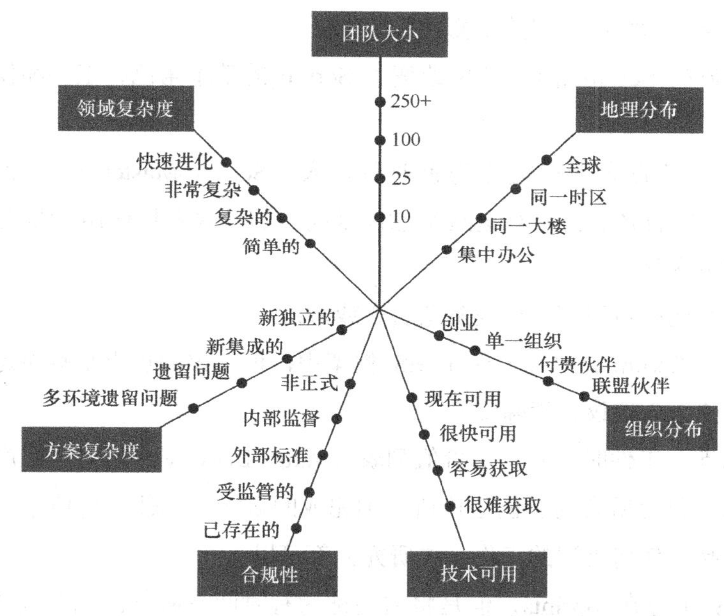

图 10-12 规范敏捷的战术扩展因素

资料来源：PMI 官网。

10.5 企业 Scrum

企业 Scrum（Enterprise Scrum，ES）是由 Mike Beedle 首创的业务敏捷框架。作为《敏捷宣言》的签署人之一，他通过无数次实际的调整和持续的测试，发展出这种模式。他的主要目标是使 Scrum 要素能够更加通用和有效。

Enterprise Scrum 是一个框架，它提供了处方（实践、过程、角色等）和描述（基于上下文、基本原则、概念、想法等的解决方案设计）的“最佳点”，以进行“总体管理”，并在最短的时间内为所有事情提供最大的业务价值，包括公司管理、过程管理和项目管理。

ES 承诺让 Scrum 在任何环境下都可以工作，这不仅是抽象的理论期望。到目前为止，这种方法已经为各种形式和规模的行业和公司增加了价值。成功实施的例子包括软件开发、销售、人力资源、财务、市场营销、资产管理等。

ES 的基本目标是在最短的时间内创造最大的价值，让每个人都高兴。为了做到这一点，企业必须迅速站稳脚跟，拥抱创新。它追求利润、员工幸福感、社会影响力和顾客满意度之间的平衡。

与最基础的 Scrum 相比，ES 改变了 Scrum 的基本角色、工件和仪式，具备如下不同：

（1）产品负责人现在被称为企业负责人。Scrum Master 是一个教练，而 Team 保留了它的名字。所有这些角色都以同样的方式发挥作用，尽管团队结构和人数会发生变化。

（2）多个团队可以有一个业务负责人或教练。

（3）所有 Scrum 会议都出现在 ES 框架中，但会议的重点是解决跨团队的依赖关系、创建工作协议、消除障碍。

（4）当涉及工件时，有一个价值列表（Value List，VL），而不是产品需求列表。价值列表包含所有为了创造价值必须完成的事情。记住，价值不一定要包括可交付的产品，任何类型的工作（如研究）都可以。

（5）ES 中存在 Sprints，但是将它们称为有时间盒限制的循环（Cycle）。通过循环把整个工作分解成易于管理的部分。新颖之处在于，它们是无限递归的，即可以有多个不同长度的持续循环。任何从一周到一年的周期都是常见的，尽管 IT 行业仍然坚持一周到四周的周期。

（6）项目状态报告只有一个强制机制，那就是 Scrum 可视化板。除此之外，可以自由选择各种报告工具。

总之，企业 Scrum 是一种旨在通过组织层级的整体性应用 Scrum 而不是单个产品开发层级来应用 Scrum 的框架。该框架建议如下：

（1）将所有 Scrum 应用扩展到所有组织方面。

（2）普及 Scrum 技术，以便在不同的方面轻松应用。

（3）根据需要使用补充技术扩展 Scrum 方法。

其目的在于通过实现颠覆性创新将敏捷方法扩展到项目执行范围以外。

10.6 Spotify 模式

Alistair Cockburn（水晶方法论创始人）在参观 Spotify 时曾说：

> “太棒了！我从 1992 年开始就一直希望有人能够实现这套矩阵式组织结构的设计，很高兴今天我看到了。”
>
> ——Alistair Cockburn

整个 Spotify 组织由多个被称为“部落”（Tribe）的单元组成，每个部落中包括多个“小队”（Squad），每个小队配备专职的产品负责人与敏捷教练，横向把拥有类似技能的人放在一起形成“分会”（Chapter）和“协会”（Guild）。Spotify 组织结构如图 10-13 所示。

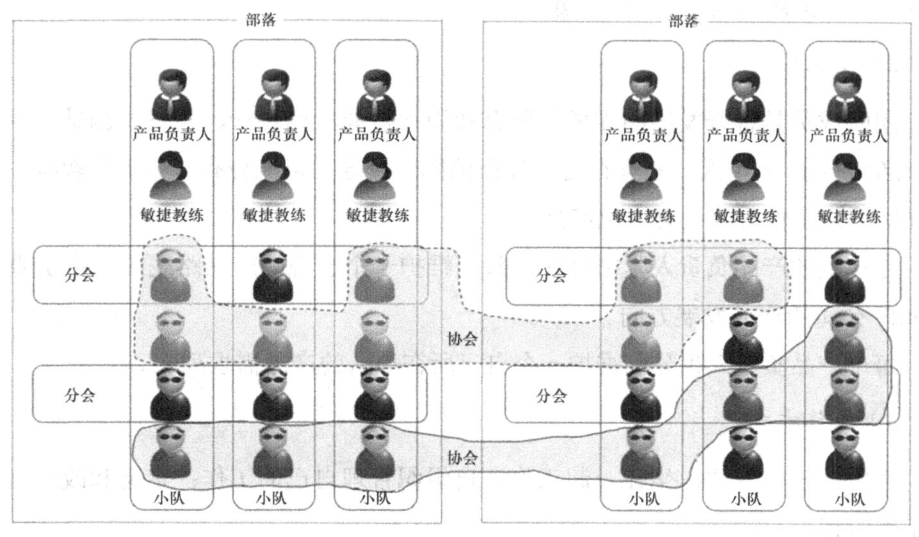

图 10-13 Spotify 组织结构

Spotify 的组织设计思想是采用社区（Community）来替代传统的层级式组织。采用的是“教授和企业家”模型，产品负责人就是“企业家”，专注于交付优秀的产品；分会领导是“教授”，专注于技术卓越。“职员”在“小队”中“持续”工作，与小队中其他人员共同“打造”一款优秀的“产品”。“分会”和“协会”为“职员”提供“服务”，分享知识、工作、代码和实践，解决如何让小队成员“做得更好”的问题。

1．小队

1）组织定位

小队类似于一个高度自治的、迷你的“创业公司”。

小队肩负一个长期的使命，长期从事某一类任务或者开发产品的某一个部分，如功能特性小队、客户端 App 小队、基础设施小队。

（1）功能特性小队：专注于某块功能特性，如搜索功能。

（2）客户端 App 小队：专注于使特定的客户端平台更容易发布，如 iOS、Android（注意：他们不进行业务特性开发）。

（3）基础设施小队：专注于让其他小队更有效率，提供工具和例行事务，如持续交付、A/B 测试、监控和运维。

2）团队成员

团队成员具备开发产品需要的所有知识和技能，如设计、开发、测试、发布等；通常少于 8 个人；不存在官方任命的团队领导；可能会有一位敏捷教练，帮助团队改进工作方式；有一位产品负责人。

各小队的产品负责人紧密合作，共同维护一个宏观的产品路线图，指引整个 Spotify 公司的产品发展方向。

每个产品负责人也分别维护一个自己所在小队的产品需求列表。

3）工作方式

小队的工作方式：坐在一起工作；自组织管理自己的工作；定义和改进自己的工作流程。

2．部落

1）组织定位

部落可看作在相关领域工作的多个小队的集合，如音乐播放器、后台基础架构等；也可以看成迷你创业小队的“孵化器”。

2）团队成员

每个部落有一名酋长，他负责为部落内的各小队提供最好的栖息地。

部落规模大小基于“邓巴数（Dunbar Number）理论”而定，一般小于100人。

3）工作方式

一个部落中的所有小队在同一个办公地点工作，通常各小队的办公区是彼此相邻的，办公区附近的休息区能促进小队间的交流与合作。

定期在部落内开展非正式的聚会，在聚会上相互展示自己正在做什么、已交付了什么、其他人能从自己正在进行的事项中得到什么经验教训。展示内容包括能工作的软件、新工具与新技术、非常酷的黑客日/周项目等。

经常对小队进行依赖调查：你们的工作依赖哪些小队？这些依赖是否阻塞或拖慢了你们的工作？严重到什么程度？

基于调查结果，讨论如何消除有问题的依赖，特别是引起了工作阻塞的及跨部落的依赖关系。为了消除这些有问题的依赖，经常会调整任务优先级、团队组成、架构或技术方案。

在有必要时，召开SoS会议。

开发小队自行发布成果，运营小队只负责“铺路”。

3. 分会

1）组织定位

分会负责传播知识和开发工具，类似于传统的职能部门。

2）团队成员

团队成员是同一个部落、相同技能领域、拥有相似技能的一些人，例如，敏捷教练群体或Web开发群体。

分会有一个领导，就是分会成员的直线经理，是一个服务型的领导，负责教导和指导分会成员的工作，执行员工发展计划、定薪等。

分会的领导同时也是某个小队的成员，参与小队的日常工作。

3）工作方式

每个分会定期聚会，讨论专业知识及遇到的挑战。

4．协会

1）组织定位

协会分享知识、工具、代码和实践，是轻量级的“兴趣爱好社区”。

2）团队成员

协会囊括整个公司的成员，聚集和分享特定领域的知识，如领导力、Web 开发或持续交付。

每个协会都有一个“协会协调人”，负责组织和协调协会的活动。

任何人都可以随时加入或离开协会。

3）工作方式

每个协会定期组织一些研讨会。

Spotify 是在组织形态上非常好的一个规模化尝试，虽然还没有发展成一个单独的方法，但是这种自组织、自管理的思想是敏捷中极为提倡的。即使在 Spotify 内部，也有一些不认同的声音，但不妨碍我们沿着这条道路探索。

10.7 练习题

1．SoS 会议指的是（　　）。

A．团队每日站会的别名

B．工作在一个单独项目中的多个团队间的协调机制

C．一个项目会议，Scrum 团队每天发生两次

D．偶尔领导会议，给多个 Scrum 团队提供了方向

2．在多团队协作场景下，下面哪个不属于产品负责人的职责范围？（　　）

A．组织每日站会

B．定义产品需求

C．确定需求优先级

D．验收迭代结果

E．负责产品的投资回报

3．敏捷发布火车是哪个规模化方法论重点强调的？（　　）

A．LeSS　　B．DA

C．SAFe　　D．Scrum@Scale

4．哪些方法论强调要多团队面对面一起做计划？（　　）

A．DA与SAFe　　B．LeSS和DA

C．SAFe和LeSS　　D．企业Scrum和SAFe

5．“部落、小队、分会”的概念来自哪个实践？（　　）

A．SAFe　　B．LeSS

C．DA　　D．Spotify

6．一位新的Scrum Master被分配到一个由25人组成的Scrum团队。Scrum Master应该做什么？（　　）

A．分析25人的Scrum团队的速度，以确认该团队可以按时完成项目

B．建议将25人的团队分配给瀑布项目

C．要求将25人组成的团队拆分成较小的团队

D．教育管理者，管理一个25人的Scrum团队将很困难

7．一个大项目团队有14人，一段时间后发现，项目沟通效率低，进度落后，绩效不好，你作为敏捷专业人士，需要怎么做？（　　）

A．更换绩效不好的成员

B．提倡采用结对编程

C．汇报给他们的职能经理

D．分为小团队

8．以下哪项对分布式敏捷团队的成功来说非常重要？（　　）

A．成本控制　　B．高容量的沟通

C．共享知识　　D．文化的协作

9．敏捷团队分布在不同地理位置，主要通过电子邮件和偶尔的电话进行沟通。为了提高团队生产力和消除沟通障碍，敏捷管理专业人士应该怎么做？（　　）

A．要每名团队成员到达现场执行任务，至少执行一次迭代

B．根据客户的距离，让团队成员集中办公

C．鼓励分散的团队成员之间个人联系，并使用视频会议和虚拟看板

D．请 Scrum Master 充当分散团队成员之间的接口

10．敏捷团队成员认为每日站会并不会增加价值，是因为小组规模太大。在回顾会上，他们提出将现有的项目团队分解成更小的小组。Scrum Master 应该怎么做？（　　）

A．缩小团队规模，使每日站会更易于管理

B．在采取行动之前寻求项目发起人的指示

C．告知团队每日站会的价值

D．允许团队做出重组的决定

第 11 章

发现并解决问题

敏捷团队在不确定的环境下工作，项目总会出现问题，我们在预防、发现和解决这些问题方面采取的措施，可能会决定项目的成败。《敏捷宣言》中没有提到问题解决的话题，因为它不是敏捷方法所独有的。敏捷团队确实需要有一些首选的方法，主动发现阻碍性问题及风险，积极寻求相应的解决方案，避免对项目造成冲击，保证项目成功交付。这些方法需要能与敏捷价值观和原则匹配，这就需要创造一个开放安全的环境，让团队从问题中加速学习。

11.1 问题分类

1. 阻碍

任何影响团队完成迭代目标或者日常任务的事情，都是阻碍。如果不能及时清除，就会影响团队士气与绩效。阻碍的种类繁多，需要具体问题具体分析。

（1）团队构成不合理：不是跨职能团队，团队不能端到端交付一个需求；还有团队过大问题，导致协同成本过高；团队成员缺乏 T 型技能，不能相互补位。

（2）与需求相关的干系人协作不顺畅：如业务或者客户等关键干系人不能参与关键会议，如需求梳理会、迭代评审会等，或者功能发布后，团队不能及时从客户、业务方等干系人处获得反馈，这些都会导致团队无法有针对性地做出产品优化或改进。

（3）领导层过度干预，有过多的微观管理：团队只有实现自管理、自组织，才能最大限度地发挥主动性和创造性，这需要领导层对团队赋能并授权。

（4）资源缺乏：如团队缺乏测试环境或者测试设备，除了及时协调资源，更重要的是未来要在计划会上做好梳理，做好风险预案。

（5）工具和环境问题：不论是硬件故障、软件问题、网络连接问题，还是运行速度问题，所有与工作环境相关的问题都会严重妨碍进展并引起极大的挫折感。如果存在不同的工具，各工具之间未能有效打通，则会形成工具上的信息孤岛。

（6）交付质量与效率不高：团队未能遵循完成的定义（DoD），导致很多工作缺乏内建质量，需要返工。例如，在 Scrum 中，每个迭代的交付未能做到潜在可交付。

（7）需求不符合准入条件：产品负责人应该保证进入迭代的需求，在计划会之前满足就绪的定义（DoR），如果不满足会影响交付进度及质量，团队有权拒绝这样的需求。

（8）构建失败，持续没人解决问题：很多团队有持续集成环境，但是构建失败，却没人站出来及时解决，团队继续提交代码，导致错误越来越多。这时，修复失败的构建就是团队的第一优先级。

（9）成员临时请假：团队成员突然临时因为生病或者其他原因请假，影响局部交付任务；可以群策群力，一起想办法解决，而不是“放之任之”。

（10）迭代内临时增减团队成员：人员的变更需要在迭代间隙进行，否则，会造成迭代计划执行不畅。

（11）产品负责人不能参加现场计划会：产品负责人因为客观原因不能参与现场会议，或者提前授权某人做代理；或者可以远程参加。

（12）产品负责人在迭代内随意增加或变更需求：产品负责人或者对迭代需求准备不充分，或者缺乏规划性，或者优先级设定不合理，或者因为客户的压力，对当前迭代内在做的需求进行调整，无论是增加需求还是变更需求，都会对团队的效率及士气造成伤害。Mike Cohn 建议 Scrum 团队首先要对 Sprint 中的变化采取强硬立场，他想借此帮助团队外的人认识到改变团队目标带来的成本。客户在很多时候真正需要的是可预测性，大部分不紧急的缺陷不需要立即修复。敏捷强调灵活响应变化策略，不是提倡过度响应。

（13）会议效率问题：除了正常的敏捷会议（敏捷会议通常都是有时间盒要求的），还有其他来自外部的、冗长的会议，很多人都是被迫“陪会”，减少了有效工作时间，这就需要建立一些高效会议准则，如亚马逊的“无 PP 会议”、京东的“五有五不四框架”会议准则。

（14）流程烦琐：组织内过于烦琐的流程和评审、文档任务、部门墙等，抑制了团队的协同效率。

（15）Scrum Master 或者产品负责人能力不足：在 Scrum 框架下，产品负责人负责产品的成功，Scrum Master 负责 Scrum 的成功，在敏捷及其他软技能方面，对二者比普通团队成员有更高的要求，这需要额外的培训、辅导或历练。

（16）文化冲突：分布式团队，无论是否是跨国组织，文化上的协同都是需要重视的首要问题。

（17）提出的改进工作项或者每日站会暴露的问题无人跟进：这不仅会带来交付效率问题，还会影响团队士气。

（18）长期加班，项目进入“死亡行军”：敏捷 12 原则中的第 8 条强调可持续的节奏，目的就是避免团队过载。

（19）项目不透明，干系人无法获得所需信息：除了加强沟通，还可以通过信息发射源、各种燃尽图、渗透式沟通等方式解决。

（20）团队角色职责不清晰：如产品负责人是产品需求列表（PBL）的拥有者，团队是冲刺待办列表（SPBL）的拥有者，二者不能随意修改对方拥有的工件。

（21）未能及时响应变化：如当迭代内需求明显没有交付价值时，产品负责人未能及时终止当前冲刺内容，重新开始迭代规划；团队无法在项目规定的时间完成规划的全部需求列表时，产品负责人未能及时调整产品需求列表的优先级及后续迭代计划。

（22）第一个版本发布过晚：敏捷 12 原则中的第 3 条强调短迭代交付，并倾向较短的周期，因此，第一个版本需要考虑 MVP 或者 MMF 理念。

（23）对价值的判断依赖直觉：直觉有时候会起作用，但应该采用更客观的方式，如 MoSCoW 法则、Kano 分析、100 点法、风险价值矩阵等。

（24）估算引发的问题：如把估算当作承诺；对需求的估算与对任务的估算未加区分，在敏捷中，针对需求一般采用相对估算，任务一般采用绝对估算。

（25）未能区分出不同层级的计划：针对需求，既要“打远光灯”，也要“打近光灯”，应该有愿景、路线图、发布计划、迭代计划等多个维度。

（26）团队经常打破迭代计划承诺：对于迭代内的需求范围与进度计划，团队首先需要按照迭代计划会上的承诺，努力去达成；在完不成的时候，要及时与产品负责人协商。切记，只要有任何迹象说明不是所有迭代计划工作都能完成，产品负责人就要与团队碰头讨论如何做。希望这个会议在足够早的时候召开，以便产品负责人能做出决定，确定什么应被完成、什么应被放弃。但要在回顾会上总结反思为什么未能达成当前迭代承诺。

（27）未能遵守 Time Box（时间盒）：在 Scrum 框架下，一切都需要遵守时间盒，如 5 个会议、冲刺周期等，不能随意延长；如果不能在时间盒内达成目标，就需要反思如何改进，不能因为随意延长时间而掩盖了问题。

（28）未能遵循“守破离”：在敏捷初期，需要先坚守敏捷理念与原则，按照方法论的严格要求去实践，不是上来就“破”、就“离”。

（29）仅重视管理实践，未能推进工程实践：对于 IT 相关项目，必须引入必要的工程实践，这样才能提高效率及质量，降低缺陷和技术债。

（30）依然采用传统绩效考核方式：敏捷强调的是团队整体成功，因此，倾向多奖励团队，少奖励个人；交付周期缩短的同时，绩效考核的反馈周期也应该缩短；敏捷中强调找到团队的内驱力，外在的物质激励不会长期起作用。

（31）迭代内以瀑布式工作：在迭代内，按照设计、开发、测试等明显的瀑布里程碑式完成迭代工作，这是一种典型的反模式。在迭代中，所有工作应该逐渐完成，不要等到迭代结束时才完成所有工作。

2．缺陷

软件缺陷（Defect）也称为 Bug，即计算机软件或程序中存在的某种破坏正常运行能力的问题、错误或者隐藏的功能缺陷。缺陷的存在会导致软件产品在某种程度上不能满足用户的需要。

> “从产品内部看，缺陷是软件产品开发或维护过程中存在的错误、毛病等各种问题；从产品外部看，缺陷是系统所需要实现的某种功能的失效或违背。”
>
> ——IEEE 729-1983

3．依赖

在项目管理中，项目依赖关系定义活动执行顺序的关系，两个活动（前导活动和后续活动）中一个活动的变更将会影响另一个活动的关系。例如，如果必须在开始活动 B 之前到达活动 A 的开始或结束日期，则活动 B 依赖活动 A。

以下是 3 种常见的活动依赖关系。

（1）完成–开始（FS）——最常见的依赖类型。活动 A 结束，然后活动 B 就可以开始。

（2）开始–开始（SS）——两个活动必须同时开始。

（3）完成–完成（FF）——两个活动必须同时完成。

对于软件项目而言，依赖可能来自如下几种：

（1）对其他团队的依赖。

（2）对供应商的依赖。

（3）对内部其他需求的依赖。

（4）对硬件的依赖。

（5）对操作系统及编译器的依赖。

（6）对中间件的依赖。

4. 技术债

技术债是 Ward Cunningham（《敏捷宣言》签署人之一）创造的一个比喻。

> “技术债类似于金融债务，软件开发就像是贷款，技术债是它的利息，利息是需要未来额外的时间偿还的。”
>
> ——Ward Cunningham

技术债与缺陷是完全不同的概念，因为技术债并不意味着不满足功能或技术要求。技术债与糟糕的设计、糟糕的编码、不合适的设计模式、设计原则等有关，缺陷则与产品不适合、使用性能不佳等有关。

Cunningham 将技术债分为如下 3 类：低级技术债、不可避免技术债、策略性技术债。

（1）低级技术债。低级技术债主要是技术或业务人员不成熟或者流程缺陷而导致的设计粗糙、代码混乱、测试不足，有时候也称为“草率技术债”“无心技术支持”或者“混乱”，这类技术债是可以通过适当的培训、人员结构调整、工具扫描进行消除的。

（2）不可避免技术债。从人脑的局限性及认知不足的角度思考，我们无法一开始就设计出完美的解决方案，无法穷尽所有的测试用例，无法掌控第三方组件的变化，也无法预测市场的演变，因此，这类技术债通常无法预测、无法预防，只能接受，这类技术债是不可避免的，只能在被识别出来的时候考虑处置方案。

（3）策略性技术债。这类技术债是有意而为之的结果，具体来讲就是公司或企业从经济角度或者战略角度，为了其他更重要的目标而有策略地选择遗留技术债，抄近道，走捷径，快速交付产品，从而实现一个重要的短期目标。这类经过大家权衡考量后的技术债就称为策略性技术债。

11.2　发现问题

尽早发现问题，及时解决问题，成本才是最低的。如图 11-1 所示，随着时间的推移，维护成本可能会呈指数级增长。我们要创造一个开放、包容、信任的交流环境，及时暴露问题，这样才能避免后期巨大的维护成本。

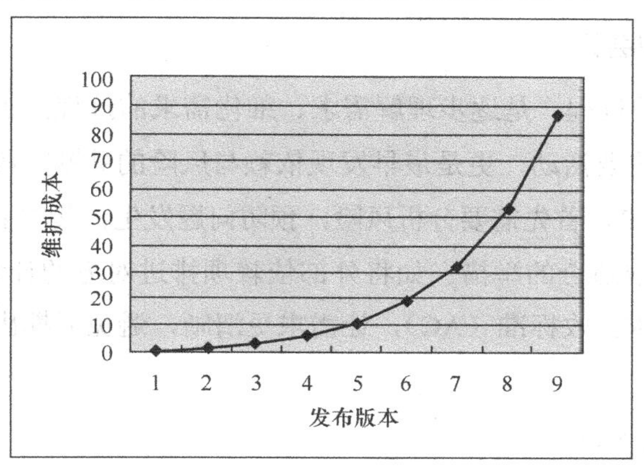

图 11-1　维护成本与发布版本关系

1．开放安全的环境

> “Scrum 的成功应用取决于人们变得更加精通践行并内化 5 项价值观：承诺、专注、开放、尊重和勇气。”
>
> ——Ken《Scrum 指南》，2020

Scrum 是基于经验的过程管理，有三大支柱：透明、检查和调整，放在第一位的就是透明。这与“开放”这条价值观倡导的行为是完全一致的。对于一个敏捷团队，在日常工作中，只有每个人开诚布公地展示真实的进展状态，勇敢暴露问题与阻碍，才能让问题得到检视，才能及时解决、调整。

谷歌有一个非常著名的“亚里士多德计划”，该计划希望找到高绩效团队的基本算法。在这项为期两年的大规模研究中 ，谷歌发现，表现最好、最具创新精神的团队有一个共同点——“心理安全”。即“心理安全”的团队成员认为，发表观点是被接受的，而且在犯错时不会受到惩罚。根据谷歌的研究，心理安全水平高的群体往往会表现为在轮流说话形式的会议中，每个人都能“平等地”发言；能够做到“夸张地”倾听。

因此，每个人（特别是管理者）需要以身作则，积极打造这样一个环境，这是及时发现问题的关键所在。在项目的各节点上教育和鼓励团队参与，识别威胁和问题并在合适的时机解决，改进导致这些问题产生的流程。

2. PBL 梳理会议

梳理 PBL 的过程，是逐步理解需求、细化需求的过程，也是让团队在第一时间协作起来的重要活动，更是最早发现依赖与风险的关键阶段。为了让进入迭代的需求满足 DoR，首先需要分析风险，预防问题发生；其实要分析内部外部依赖，针对依赖采取适合的举措（如将外部依赖项排进对方的计划），避免依赖成为阻碍。通过需求验收标准（AC），让需求更清晰，避免后期出现争议性问题或者缺陷。

3. 迭代计划会议

迭代计划会议要做出合理排期，分析任务依赖，针对依赖问题，要特别关注，如有必要，也可以考虑用甘特图工具。

4. 每日站会

每日站会就是为暴露日常问题而设立的，要充分利用好这个机制。无论是成员间同步进展，还是成员主动暴露阻碍，背后的关键是建设一个开放、信任的氛围，保证会议的高效，还有就是及时解决问题。

5. 评审会议

评审会议通常的形式是演示与验收，这是一个收取更多干系人意见的良机，可以避免问题走向下一环节。

6. 信息发射源

信息发射源是一系列高可视化展示信息的方式，包括任务板、看板、迭代燃尽图、风险燃尽图、燃起图、累积流图、发布燃尽图、故事地图等。信息发射源有高度可见、透明、实时、简单等特点，是发现问题的有效手段之一。

7. 持续集成

集成是最容易暴露和发现问题的手段，越早集成，越频繁集成，越可以尽早发现程序问题，解决越早，成本越低。将持续集成与自动化测试等相结合，已经是 IT 研发团队的必备技能。

8. 测试左移和右移

测试左移就是在提测之前已经运行了测试。开发无须等到整体需求交付给测试，并且进入测试阶段之后才能知道质量和问题，在开发完成每一个模块时，都可以运行相关的测试（可能是原有功能的回归测试或新功能的测试，也可能是单元测试或系统测试），快速确认这次改动代码的质量，如需求评审、架构评审、设计评审、测试用例评审、TDD、ATDD、代码质量检查、自动化测试等实践。

测试右移是软件发布后仍需要关注发布后的情况，不能认为功能上线就结束了。通过线上监控和预警，及时发现问题并跟进解决，将影响范围降到最低，如灰度发布、线上监控、用户反馈、A/B 测试等实践。

9. 数据度量

通过度量分析，也是发现问题的手段之一，如缺陷密度、缺陷趋势、曼哈顿积分、前置时间、周期时间、构建成功率等指标，具体的度量见第 12 章。

10. 回顾会议

回顾会议可以群策群力，发现很多系统性或者被忽略的不紧急问题或者障碍，建议团队每个月至少回顾一次。

11.3 解决问题

1. 五步控制障碍法（ConTROL）

ConTROL 是指确认（Confirm）、诊断（Triage）、去除（Remove）、告知（Outline）和学习（Learn）。

（1）确认：有必要确认障碍到底是什么。通常我们会在每日站会上提出遇到了什么障碍，但紧急障碍应该立刻提出而不是留到每日站会上说。回顾会也会发现障碍。所有的障碍都应该被跟踪，直至解决为止。

（2）诊断：如果同时受累于多个障碍的轰炸，那么除非超人，否则只能同时解决一两个问题。根据影响的大小和问题的紧迫性来判断从哪里入手。

（3）去除：在理想情况下，Scrum 团队可以排除所有拦路虎。但常见的情形是，理想很丰满，现实很骨感。为了避免项目延期，还必须知道择机寻求其他团队的帮助，及时回到正轨，这一点也很重要。

（4）告知：在遇到障碍时，得让 Scrum 团队和干系人知情。特别是在项目必须选择撤退方案时，尽量先给产品负责人和项目发起人“打预防针”，不要让他们觉得很突然，让他们能有足够的时间消除可能带来的一系列负面影响。

（5）学习：Sprint 回顾是分析和研究障碍的主要战场。从问题中吸取经验教训，避免再犯错，掌握解决之道，这样一来，即使问题复现，也不会有太严重的影响。

2. 管理技术债

在管理技术债时，首先，需要停止向产品继续增加低级技术债，使用良好的技术实践（简洁设计、TDD、自动化测试、重构、代码工具扫描等）能减少绝大部分低级技术债，提高团队技术水平（增派技术专家加入团队、增加培训、结对编程等）、持续代码重构，都是建议的手段。其次，在定义任务 DoD 时，检查表中包含的技术细节越多，积累技术债的可能性就越小，此处的目的是第一次就把工作做好，避免技术债的遗留。最后，要正确理解和量化技术债的经济效益，看得见的经济效益容易理解，还有很多因素很难考虑到，例如，偿还技术债会导致多少延期成本？这不仅包括偿还债务本身所花的时间，还包括其他产品或后续版本的延期成本，也就是机会成本。还有大多数组织把技术债的优先级放得很低，一到紧急关头业务人员往往更倾向于开发新特性。

1）让技术债可见

让技术债在业务层面可见很关键，只有让业务人员认识到产品技术债的重要性，才能做出明智的经济决策。让技术债在技术层面可见，有如下 3 个方式：

（1）可以把技术债当作缺陷录入缺陷跟踪系统。

（2）为技术债创建 PBI。

（3）创建特殊的技术债列表。

2）维护（偿还）技术债

这是一个比较大的话题，首先需要对技术债定义3个状态——偶发技术债（未知但却已经存在的技术债）、已知技术债（已知但未打算偿还的技术债）、目标技术债（已知且决定偿还的技术债）；然后基于这些分类考虑如下偿还策略：

（1）确定已知技术债是否应该偿还；并非所有技术债都应该偿还，如马上退市的产品、一次性产品、临时产品的技术债就不需要还。

（2）如果是编码时发现的偶发技术债，就立即偿还。

（3）每个冲刺考虑将一定数量的已知技术债作为目标技术债。

具体偿还方式如下：

（1）在平时工作中，应用童子军规则（有债就还）。童子军规则是指“离开营地时，要让它比你进去时更干净”，及时偿还技术支持对整个开发团队和组织都有好处，时刻保持技术债在一个合理的范围，团队可以在每个冲刺过程中都预留时间用来偿还技术债。

（2）分期偿还高息技术债。Scrum 团队可以讨论每个冲刺偿还多少技术债，分期、分步骤偿还已知技术债，避免所谓的“技术债冲刺”或者“重构冲刺”。在分期偿还技术债时，应该先锁定高息技术债。

（3）一边做有客户价值的工作，一边偿还技术债。在完成有客户价值工作的同时偿还债务，是分期分步骤偿还已知技术债的理想方式，这样既能专注于高息技术债，又能把维护技术债与 Scrum 按照以价值为核心的方式进行结合。

11.4 预防问题

魏文王曾求教于名医扁鹊：“你们家兄弟三人，都精于医术，谁是医术最好的呢？”扁鹊：“大哥最好，二哥差些，我是三人中最差的一个。”

魏王不解地说：“请你介绍得详细些。”

扁鹊解释说：“大哥治病，是在病情发作之前，那时候病人自己还不觉得有病，但大哥就下药铲除了病根，使他的医术难以被人认可，因此没有名气，只是在我们家中被推崇备至。”

“我的二哥治病，是在病初起之时，症状尚不十分明显，病人也没有觉得痛苦，二哥就能药到病除，使乡里人都认为二哥只是治小病很灵。”

“我治病，都是在病情十分严重之时，病人痛苦万分，病人家属心急如焚。此时，他们看到我在经脉上穿刺，用针放血，或在患处敷上毒药以毒攻毒，或动大手术直指病灶，使重病人病情得到缓解或很快治愈，因此我名闻天下。”

从这个典故中可以看出，真正厉害的应该是预防问题的发生，在项目管理中尤其如此。依赖分析、风险管理、质量门禁、DoR、DoD、探索性需求 Spike、客户访谈、假设验证等，都是可以预防问题的手段。

11.5 练习题

1．Stacey 打算安排一次头脑风暴会议来激发创意的产生，以解决团队最近面临的一些问题。Stacey 不应该采用下列哪种方法？（ ）

A．让参与者在会议之前都蒙在鼓里以制造惊喜

B．让多领域或多样化群体参与，这样可以从不同视角出发

C．给参与者提前发送准备好的材料，这样让他们知道期望做什么及他们被期望做什么

D．有一个吸引人的和经验丰富的主持人引导头脑风暴会议

2．Henrietta 及她的敏捷团队在进行一项敏捷工作，虽然大家都在公司，但是分隔在不同的办公室，那么她应如何提高沟通效率？（ ）

A．争取一个远距离工作环境

B．争取更多加班时间

C．争取将每日站会变为每周站立会议

D．争取让团队成员集中办公

3．团队采用了一项你提出的敏捷实践行为来解决问题，一个迭代后，团队发现速度受到了影响，有所降低，部门领导对此很不满，你可以选择哪种方式？（ ）

A．忽略老板的意见

B．停止使用这项敏捷

C．在决定使用这项实践的回顾会上要求部门领导参加

D．鼓励改进，让 Scrum Master 和职能经理沟通

4．国内发生了严重的自然灾害，项目目标受到了影响，你作为敏捷管理工程师，需要做什么？（　　）

A．立刻停止项目

B．做优先级高的

C．和项目发起人沟通看看是否需要继续

D．按照计划完成承认的功能

5．一个史诗发现有重大的风险，你作为敏捷管理工程师，需要怎么做？（　　）

A．中断现在的迭代，对应风险

B．放到下一个 Sprint 来对应

C．使用 Explore 探测风险

D．不管风险，继续按照原计划进行

6．一个新敏捷团队的教练注意到一名团队成员正在影响团队的大部分决策，教练应该怎么做？（　　）

A．允许团队成员继续影响，因为敏捷团队是自组织的

B．如果团队速度下降，则介入

C．向其他团队成员提出探究性问题，以鼓励不同意见

D．用更具协作性的个人替换团队成员

7．敏捷的团队正在努力解决一个问题，一位团队成员提到另一个团队有一个类似的问题已得到解决，但是无法获得经验教训文件。敏捷管理专业人士应该怎么做？（　　）

A．与该团队合作，但创建一个在整个公司传播团队知识的解决方案

B．鼓励团队独立寻找解决方案

C．建议所有敏捷团队分享他们项目的每周报告

D．建议聘请外部专家就在团队之间分享知识的最佳方法提供建议

8．客户很忙，多次没有参加评审会议了，你作为敏捷管理工程师，需要做什么？（　　）

A．调整迭代时间，减少评审会议

B．向上级主管寻求帮助

C．你去找客户要求他遵守他的承诺参加评审会议

D．客户只要参加计划会就可以，评审会议可以不用参加

9．在一个刚引入 Scrum 的新团队中，两个团队成员私下对话扰乱了每日站会，作为 Scrum Master 应该怎么做？（　　）

A．等每日站会结束后，跟两个队员谈话

B．立即干预以弥补被破坏的局面

C．记录这个问题，然后把这个问题上升到冲刺回顾会

D．一直等待这个被授权和自组织的团队自行解决这个问题

10．你的敏捷团队在最近的迭代中未能完成一个用户故事，你们应当怎么做？（　　）

A．在周末或其他休息时间完成用户故事

B．与客户商讨决定是否需要这个用户故事以及用户故事完成的时间

C．从项目中移除用户故事

D．立即将此用户故事添加到下一个迭代待办列表中优先做

11．敏捷团队需要识别当前项目中遇到问题的可能原因，敏捷团队应该怎么做？（　　）

A．开发一个探测

B．创建石川图

C．执行事前分析

D．完成偏差和趋势分析

12．用户报告一个重大问题需要修复，这项修复将需要对产品架构进行昂贵的变更，团队应该怎么做？（　　）

A．将其作为问题提出，与产品负责人讨论，并采取适当的行动

B．对架构进行增量变更，并通知干系人

C．删除用户对该功能的访问权限，直到修复为止

D．允许问题存在，同时团队长期进行增量

13．一个全球分布式敏捷团队计划明年推出一款产品。项目发起人的主要目标是在全球销售一定数量的产品，另外部门设定了推动创新的目标。敏捷团队意识到，如果实现创新目标，产品性能将下降，并影响到项目发起人的关键目标。若要让该部门的目标与项目发起人的关键目标保持一致，敏捷团队应该怎么做？（　　）

A．向高级项目干系人通报该部门目标，让每个人都与关键目标保持一致

B．通知项目发起人和相关干系人不一致之处，并承诺只履行关键目标

C．要求该部门暂停任何新的创新

D．要求项目发起人和相关干系人确定部门目标与关键项目相关性的可行性

14．一些项目发起人不同意某些产品功能，因为它们阻碍了这些发起人的业务进行。产品负责人应该怎么做？（　　）

A．为所有执行发起人组织一次演示，说明这些功能

B．与每名执行发起人召开一对一的会议

C．安排与所有执行发起人召开一次会议来解决冲突

D．让执行发起人独立解决冲突

15．涉及多个项目干系人的敏捷项目为众多客户提供解决方案。敏捷团队负责在非常紧迫的时间里对紧急生产问题做出响应。最近，生产问题经常发生，客户要求立即修复，若要防止再次发生这种情况，敏捷团队应该怎么做？（　　）

A．对每个新的客户承诺，都增加20%的进度时间计划作为应急时间

B．定期与项目干系人开会审查正在进行的项目和关键缺陷，并制订计划，以减轻交付的潜在风险

C．建议项目干系人与客户一起评审，以反映可实现的可交付清单满足预期

D．将一个行动添加到待办列表中，评估生产问题的根本问题，并陈述其他可交付成果的风险

16．敏捷团队识别到一个新风险，将影响一个项目的下两次迭代，团队应该怎么做？（　　）

A．要求产品负责人解决该风险

B．在产品需求列表梳理和规划会议中讨论风险解决方案

C．在风险登记册中将其作为低优先级风险登记册

D．记录在风险登记册，然后在下一次迭代中解决该风险

17．一名团队成员在每日站会上迟到，团队绩效降低，敏捷项目经理应该怎么办？（　　）

A．指示另一名团队成员确定原因

B．将该团队成员从团队中开除

C．等待该团队成员请求一次会议

D．接洽该团队成员，以确定如何提供支持

第 12 章

持续改进

改进一次很容易，但能做到持续不断的改进是非常难的。毕竟人都是有惰性的，团队也会有惰性，组织亦然。在敏捷场景下，如果没有了持续改进，团队就会裹足不前，敏捷也会因此停止。可以说，持续改进就是敏捷的灵魂之一。改进需要有数据支撑，因此，正确、高效的度量必不可少，改进要从流程、产品、人员等维度齐头并进。

12.1 度量原则

> “如果不能度量，就无法管理。”
>
> ——德鲁克

这句话说明了度量的重要性，度量不仅是绩效管理的基础和依据，也是所有工作的出发点，所谓“差之毫厘，谬以千里”，若考核所选指标有问题，那么由此导出的结果必然有问题。

> “当一项测量手段本身成了目标，那它就不再是一个好的测量手段。”
>
> ——Charles Goodhart

“古德哈特定律”告诉我们，如果把度量标准当作既定目标，人们往往会针对它进行优化，而不管任何相关后果，那么，度量失去了作为度量的价值！

这种现象在历史上屡见不鲜，如印度眼镜蛇效应和苏联钉子。

眼镜蛇效应：印度有太多眼镜蛇，因此英国殖民者开始悬赏眼镜蛇头。当地人开始繁殖眼镜蛇，杀死它们，然后拿下头部以赚取赏金。当政策宣布失效后，许多眼镜蛇被释放，增加了眼镜蛇的数量。术语“眼镜蛇效应”用于描述指定问题的解决方案使问题变得更糟的情况，善意的解决方案可能会使事情变得更糟。

苏联钉子：苏联时期，政府鼓励生产单位提高产量，因此，工厂的管理者会因为产量大（而不是质量高）而获得政府的奖励。结果，这些管理者不仅忽略了产品质量，同时也忽略了顾客的需求。那些生产钉子的工厂管理人员则减少规格大、重量沉的钉子的生产，扩大小规格、重量轻的钉子的生产，充分实现了产量的最大化。苏联对钉子产量（数量或重量）的衡量标准成为一个明确的目标，因此不再是一个好的度量标准。

敏捷度量的基本原则如下：

（1）以持续改进为目的，不要以考核为目的。

（2）既要关注结果指标，也要关注过程指标。

（3）多用团队成功指标，少用个人评比指标。

（4）多用全局优化指标，少用局部优化指标。

（5）多用客观定量指标，少用主观定性指标。

（6）关注跟踪指标趋势，而非绝对指标数字。

12.2 度量指标

敏捷的终极目标应该是让组织实现“低成本持续快速高质量交付价值，并灵活响应变化”，首先是要交付价值，毕竟组织存在的目的就是创造并交付价值；其次是要快速，现在这个时代是“快鱼吃慢鱼”，不再是“大鱼吃小鱼”；然后是“高质量”，毕竟质量是不可协商的；接下来是持续，一次做到不代表优秀，持续做到才是真正的优秀；最后是低成本，毕竟真正有生命力的组织一定是创造的价值要大于捕获的价值，捕获的价值要大于或等于价值交付成本。同时，我们面临的时代特征是不确定性远大于确定性，这就需要我们要拥抱变化，响应变化。

度量要能支撑这一目标的达成，基于前面提到的度量原则，需要多维度综合考虑度量指标，如图 12-1 所示。

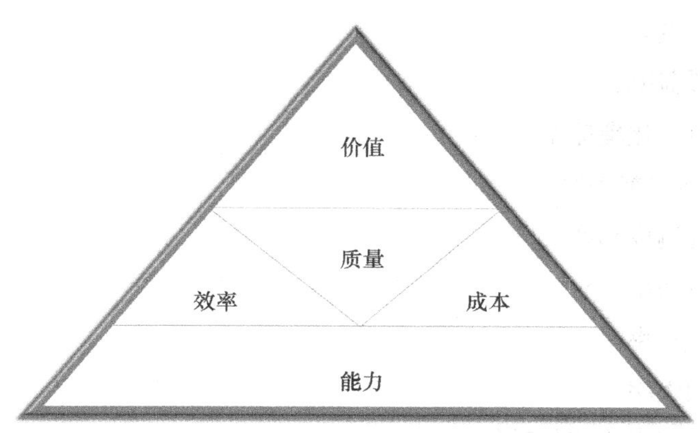

图 12-1 轻型度量金字塔

1. 价值

通过价值度量，可以衡量业务经营结果；辅助产品决策；形成产品反馈闭环，调整产品方向，为产品需求列表（Product Backlog，PBL）提供输入。与价值相关的度量指标如下：

- 净推荐值（NPS）。
- 挣值管理（EVM）。
- 商品交易总额（GMV）。
- 客户生命周期价值（CLV）。
- 复购率。
- 日活/周活/月活。
- 客户满意度。
- 需求价值达成率。

2．质量

与质量相关的指标如下：

- 发布后的缺陷数量。
- 缺陷密度。
- 缺陷逃逸率。
- 缺陷解决率。
- 圈复杂度。
- 单测覆盖率。
- 接口自动化覆盖率。
- UI 自动化覆盖率。
- 代码提测成功率。
- 技术负债率。
- 上线成功率。
- 部署回滚率。
- 集成红灯平均修复时长。
- 各类仪式举行率。
- 时间盒遵守率。
- 在制品遵守率。

3. 效率

与效率相关的指标如下：

- 需求吞吐量。
- 团队速率。
- 需求前置时间。
- 需求研发周期时间。
- 按时交付率。
- 缺陷解决时长。
- 平均故障恢复时间（MTTR）。
- 构建频率与时长。
- 部署频率。
- 部署时长。
- 需求颗粒度。
- 有效开发时间占比。

4. 成本

与成本相关的指标如下：

- 工时。
- 交付成本。
- 销售成本。
- 获客成本。

5. 能力

能力主要是指团队的持续学习与改进能力，相关指标如下：

- 人才密度（高绩效人才占比）。
- 内部学习培训相关指标。
- 改进项数目及落地比例。
- 员工满意度。

12.3 持续改进——产品

产品承载着对用户需求的把控，在许多场景下，需求是很难精准捕获的，而且还会经常变化。有了敏捷迭代递增式交付，可以不再奢求事先完成对需求的精准把控，完全可以通过快速反馈，实现对产品的优化改进。

1. 频繁验证

> “最大的浪费是构建没人在乎的东西。做一个能卖出去的产品，而不是卖一个能做出来的产品。”
>
> ——Eric Ries《精益创业》

如 Eric Ries 指出的那样，产品开发的最大风险之一是开发了错误的东西。投入了几个月（甚至几年）的时间开发它，结果却发现根本没有客户。这就是要精益频繁验证的原因。前文提到在精益创业理论中，Eric Ries 提出了如图 5-10 所示的“开发—测量—认知”反馈循环。

在这个循环中，任何想法或概念都必须快速转换成产品功能，通过与用户的交互获得数据，根据数据来验证最初的假设是否正确，从而让我们的认知升级。敏捷开发就是让开发环节加速进行的重要手段，在精益创业中，这个循环应以天或小时计算，而不能以周或月来计算，这样反馈才足够快。

2. 评审演示

在迭代过程中，为了及早获取干系人的反馈，通常会安排对应的迭代评审与演示环节。如果有可能，这个动作可以基于特性尽早进行。例如，开发人员提交给测试人员，由测试人员完成功能测试后，马上就可以让产品负责人进行验收，不一定要等到迭代结束再进行，这样可以及早发现问题、改进问题，成本也是最低的。在极限编程中，提倡“现场客户”直接验证。

3. 持续交付

所谓交付，就是将准备好的产品交给真实客户使用，只有在这一刻，产品价值才可能真正实现。在敏捷中，不仅希望尽早交付，还提倡持续交付，即将交付与发布与产品迭代解耦，做到“按节奏开发，按需要发布”。

4. 建立产品反馈回路

产品交付的目的是最大化客户价值，即能产生预期的结果（Outcome），从而带来积极的业务影响（Business Impact）。在交付过程中，期望以最小化的产出（Output）来达成这一目标。产出与结果的关系如图 12-2 所示。

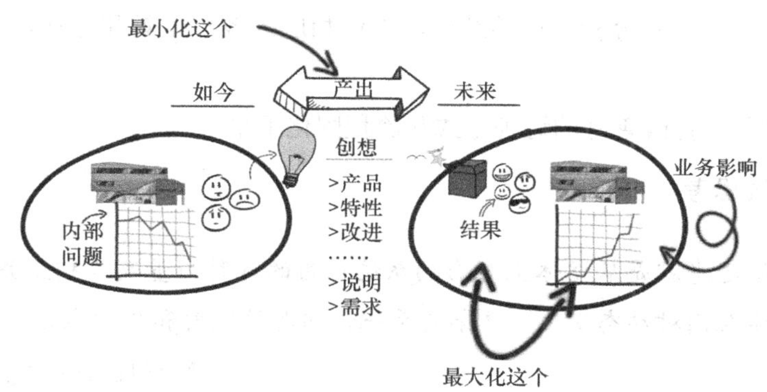

图 12-2 产出与结果的关系

来源：改编自 Jeff Patton《用户故事地图》。

为了能够有效地跟进结果是否达成，需要建立起产品的反馈环路，或者通过应用遥测（Telementry，通过埋点获取用户行为数据的技术），或者通过关键指标捕获看板，或者通过用户调研、焦点小组访谈等方式，反馈给产品设计与规划，形成端到端闭环。

12.4 持续改进——流程

流程与产品一样，也需要不断迭代与优化，做到与时俱进。

1. Kaizen

Kaizen 是精益屋的三大支柱之一，是一种流程改进的方式，在预先确定的范围和很短的时间内产生真正的改善。Kaizen 是一个源于日本的概念，它由两个词根组成，第一个是 Kai，代表改善；第二个是 zen，代表更好。Kaizen 被翻译成改善或持续改进。

Kaizen 沿用了 PDCA（Plan-Do-Check-Act，规划—执行—检查—行动）和 DMAIC（Define-Measure-Analyze-Improve-Control，定义—测量—分析—改进—控制）的方法论。

（1）定义：定义项目要做什么。

（2）测量：在做项目之前，对以前的数据进行收集和梳理。

（3）分析：对以前的数据和现在的方法进行分析。

（4）改进：针对分析之后的结果，提供相应的改善工具和方法，达到改善的目的。

（5）控制：把改善好的这种方式和流程固化下来。

2. 系统思考

> “系统思考就是从整体上对影响系统行为的各种力量及其相互关系进行思考，以培养人们对动态变化、复杂的系统性问题的理解和应对能力。”
>
> ——邱昭良《如何系统思考》

系统思考源自整体论。整体论是人类认识事物的两种基本形式之一，另一种是还原论，如看一只大象，只有两种方式：一种是站在远处看整体，另一种是站在近处看局部。当然，也可以看得更细，如研究细胞和基因。但细胞不是大象，只有一整头大象在眼前，才能看得出来。

结构化思维、金字塔原理、问题解决方法等都是系统思考的一部分。

3. 价值流分析法

在开始对流程进行任何更改之前，需要对相关实践与理念有一个全面的了解，为了评估流程并确定需要改进的地方，可以使用分析工具，如价值流图。

价值流起源于丰田公司，是由大野耐一创建的 OMCD（Operations Management Consulting Division）提出的。该部门开发出一种可以以图形的方式来呈现材料与信息的流程的工具，以把那些总是专注于个别流程的员工拉回到整个流程上。这种工具在丰田公司被称为“物料与信息流图”。最终这种工具发展成现在的“价值流图”。

价值流就是产品通过基本生产过程所要求的全部活动，包括增值和不增值活动，主要包括如下两方面：

（1）从概念到投产的设计流。对应IT项目而言，就是开发价值流。

（2）从原材料到产品交付给客户的生产流。对应IT项目而言，就是运营价值流。

对价值流进行分析意味着对全流程进行研究，而不是单个流程；对全流程进行改善，而不仅仅是局部优化。

通过价值流图可以有效地发现瓶颈，进行针对性的改进。IT项目开发价值流如图12-3所示。

图 12-3 IT 项目开发价值流

针对每个步骤再拆解关键要素进行度量，如图12-4所示。

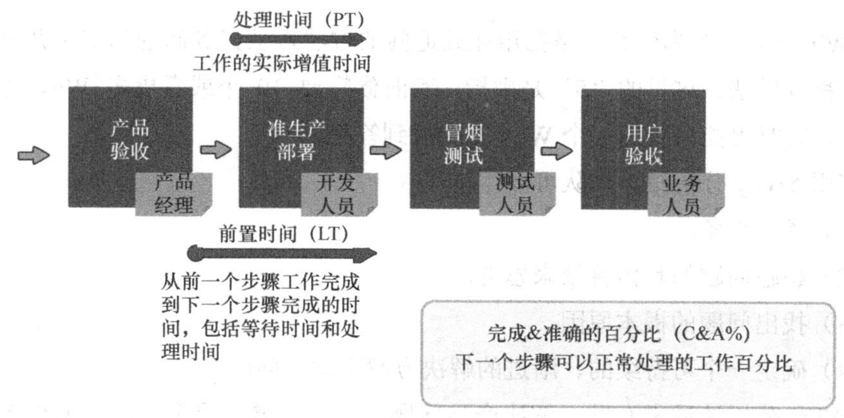

图 12-4 度量指标拆解

可以列出如下3个关键指标。

（1）处理时间（PT）：工作的实际增值时间。

（2）前置时间（LT）：从前一个步骤工作完成到下一个步骤工作完成的时间，包括等待时间和处理时间。

（3）完成&准确的百分比（C&A%）：下一个步骤可以正常处理的工作百分比。

针对每个步骤都计算出来这 3 个关键指标的数据，如图 12-5 所示。

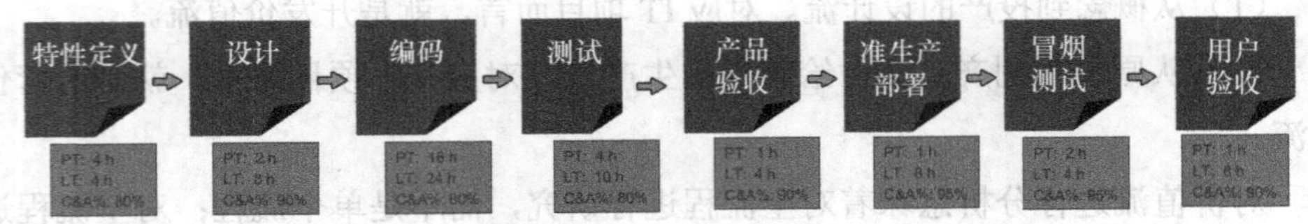

图 12-5　整体价值流指标计算

累加汇总得到全部处理时间是 31 小时，全部前置时间是 75 小时，全部等待时间是 44 小时，滚动的 C&A% 只有 33.7%，平均完成一个 Feature 的时间应该是 75×(1+0.7) =128 小时。很明显，大多数时间浪费是在等待与交接，也就是 44 小时，只要想办法把等待时间缩短一半，那么整体的前置时间就可以缩短为 22+28=50 小时；再针对完成&准确的百分比低的环节（如编码、测试）进行针对性改进，交付效率还可以再提升。

4．5Why 分析法

5Why 即 5 个为什么，是指用连续追问的方法直至找到问题的症结并解决问题的一种分析法。这里的“5”是虚指，有时候需要 10 个或者更多 Why 才能找到答案，有时可能只要两三个 Why 就能找到答案。

使用 5Why 分析法，团队可以：

（1）摆脱责备。

（2）超越问题的具体背景来思考。

（3）找出问题的根本原因。

（4）确定一个可持续的、渐进的解决方案来解决问题。

5Why 分析法通常有助于解决产品问题、一般问题、质量控制或流程改进等问题。这个过程对于简单到中等的问题很有效，但是对于复杂或关键的问题就不一定有效了。

5．鱼骨图分析法

鱼骨图是由日本管理大师石川馨提出的，故又名石川图。鱼骨图是一种发现问题“根本原因”的方法，如图 12-6 所示。

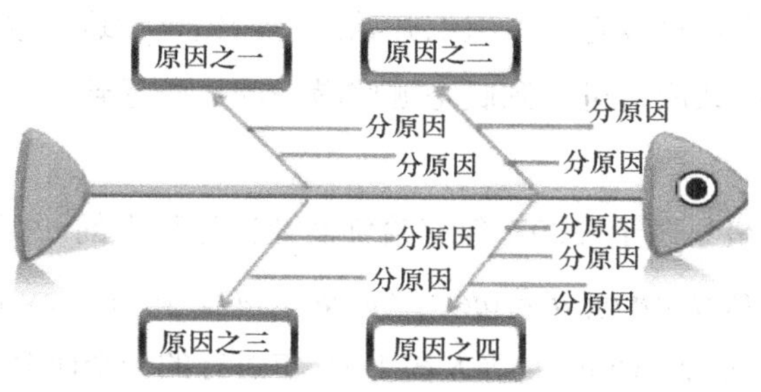

图 12-6 鱼骨图

6. 帕累托分析法

帕累托分析法又称 ABC 分类法，也称主次因素分析法，有时也称 80/20 准则法，是项目管理中常用的一种方法。帕累托分析法是根据事物在技术或经济方面的主要特征，进行分类排队，分清重点和一般，从而有区别地确定管理方式的一种分析方法。由于帕累托分析法把被分析的对象分成 A、B、C 三类，所以又称为 ABC 分析法。

（1）A 类因素：发生累计频率为 0%~80%，是主要影响因素。

（2）B 类因素：发生累计频率为 80%~90%，是次要影响因素。

（3）C 类因素：发生累计频率为 90%~100%，是一般影响因素。

7. 回顾

对流程做周期性总结回顾是实现持续改进的良药，回顾的手段与形式要多样化，可以参考《敏捷回顾——团队从优秀到卓越之道》一书，关键要谨记关于回顾的最高指导原则。

> “无论我们发现了什么，考虑到当时的已知情况、个人的技术水平和能力、可用的资源，以及手上的状况，我们理解并坚信：每个人对自己的工作都已全力以赴。”
>
> ——Esther Derby《敏捷回顾——团队从优秀到卓越之道》

8. 事前预防

回顾相当于 Post-mortem，事前预防则是 Pre-mortem，也称为“事前验户”，是指在一个项目或者一个组织开始之前，先预设这个项目或者组织未来失败了，然后召集团队成员讨论到底是哪些潜在的风险导致了项目或者组织最终的失败。

Pre-mortem 最早源于 2007 年《哈佛商业评论》上的一篇文章——《为项目执行事前预防》（*Performing a Project Pre-mortem*）。作者 Gary Klein 提到，来自沃顿商学院的 Deborah J. Mitchell 等人在 1989 年进行的一个研究中发现：“采用预见性的后知之明（预见性的“马后炮”），也就是事先相信一个事件（负面的）的发生，有助于正确地识别未来结果的发生原因。这种方式将识别能力提升了 30%。”

他们将这种方式命名为 Pre-mortem，其在初始期对于项目风险的识别很有帮助。建议可以把这个经验管理思路纳入项目启动阶段。

9．流程裁剪

在敏捷推进的过程中，每个团队面临的业务场景、客户画像会有不同，团队自身的成熟度也会不一样，但基本都属于复杂或者繁杂的范畴，从基于经验过程管理的角度来讲，在遵循敏捷理念与原则的前提下，需要灵活组合运用各种不同的方法论与实践。

流程裁剪（Process Tailoring）就是通过增加、删除、替换方法、修改顺序、组合等方式对流程模型进行优化，使之符合团队和项目的具体特点。

流程裁剪的第一步是明确可裁剪的对象。可裁剪对象确定了裁剪的范围，可裁剪对象不仅限于流程元素和活动，还包括标准、方法和工具、输出的工作产品及模板等。另外，需要明确裁剪所考虑的要素。对于某个裁剪对象，其范围、频度、正式度等都是裁剪要素。例如，对于已有类似开发经验的项目，可以适当减少流程培训、业务培训等活动；对于开发周期较短的项目，可以适当合并一些评审活动，如概要设计和详细设计评审合并进行。当我们对活动、文档、度量指标等进行裁剪并形成新的流程体系之后，一般还需要评审该流程体系并把它上升到基线标准。

毕竟依据《敏捷宣言》第一条“个体和互动高于流程和工具”，流程要为团队服务，不能成为团队的束缚。

10. 混合模式

定制流程的一种方法是使用来自不同模型的元素将不同方法的流程拼接在一起，形成一个混合模型，如前面提到的 Scrumban 就是 Scrum 和看板两种方法的组合。也有 IT 团队将 Scrum 与 XP 进行组合，毕竟 Scrum 中缺乏工程实践。像一些规模化敏捷框架，如 SAFe 在底层团队的运作上可以采用 Scum、看板或极限编程，在更高的层级上才是敏捷发布火车机制。

业界经常提到一个双模模式。双模模式来自 Gartner，是指组织可以同时采用支持敏捷的敏态模式和支持瀑布的稳态模式，这种长期并存策略完全不可取。这通常会导致领导或团队有借口去选择不变或者回退到传统老路上。毕竟这是两种不同的思维方式，也可以算是两个不同基因的物种，对于一个组织，二者是融合不起来的。例如，现在的油电混合车只能是一种临时过渡，一定会被历史淘汰，既然必然被历史抛弃，就不要抱有任何中间道路的幻想。

12.5 持续改进——人员

无论是产品的持续改进，还是流程的持续改进，最终都是靠人来实现的，因此，要考虑不断提升人的思维理念与能力。

1. 学习型组织

最重要的目标是提升员工的能力与意识，打造一个学习型组织。学习型组织的概念最早是在 1990 年由彼得·圣吉在他出版的《第五项修炼——学习型组织的艺术与实践》一书中提出的。彼得·圣吉在研究世界 500 强公司的过程中发现，凡是几十年都雄居榜单的组织，必定是善于学习的组织。善于学习，即善于对外界产生的刺激做出及时的调整应变，以适应变化多端的外部环境，在当今复杂多变的经济环境中获得成功。学习不是阅读，不是记忆，不是片面地理解与机械地应用，而是形成自我意识与自我创造力的系统流程。

很多公司都强调这一点，例如，华为提倡员工全员学习、终身学习，不仅基层一线员工需要学习，中层和高层干部也需要学习。

> “必须建立一个学习型的组织，企业才会具备无比强大的竞争力！”
>
> ——任正非

2. 通才型专家

敏捷团队成员要具备 T 型技能，甚至需要是 π 型、m 型人才，其实就是期望打造“通才型专家”。鼓励团队成员成为通才型专家，才能缩小团队规模，降低沟通协作成本，减少瓶颈，打造高绩效的跨职能团队。这就需要组织要营造持续学习的环境，为员工创造提升技能的机会。

3. 交换大使

走动式管理（Management By Walking Around，MBWA）常规实践在分布式项目中被替换为飞行式管理（Management By Flying Around，MBFA），从许多方面来说，从一个城市飞到另一个城市的人们都可以被认为是大使。大使的工作中，一个重要的职责是传达各式各样的、看上去重要性不够，以至于不能放到正式交流渠道的消息。

> “我们发现，在分部之间，交换大使是改善跨团队沟通最有效的一个手段，它使得我们可以建立一种个人关系，并提供一种构建互信和传递知识的手段，大使能够传递学到的经验教训，也能够为项目设立未来的方向”。
>
> ——Mike Cohn《Scrum 敏捷软件开发》

这是针对异地团队增加团队融合的有效手段；对于本地团队，也可以采用类似的方式，如 Scrum Master 互相去主持对方的回顾会议，既保证了中立，又能相互学习与借鉴。

4. 实践社区

前文在讲规模化敏捷时提到了 Spotify 模式。跨团队、跨部门地专注于某一技能方向的实践社区（COP），可以增强民间沟通，提升人员技能。

12.6 练习题

1. 一个团队正在举行回顾会议。他们讨论了下一次迭代中的潜在改进计划。Scrum Master 提出团队想进行的关于 15 项相关改进的操作。接下来应该做什么？（ ）

A. 团队应该要求经理反馈

B．产品所有者应要求下一次迭代待办事项

C．团队应该开始修复以前迭代中发现的漏洞

D．团队识别最优先的行动项目，并侧重于在下一次迭代中改善它们

2．团队需要交付一个关键的用户故事来解决一个问题，开始工作后，一名团队成员识别到对另一个供应商的依赖关系有两个星期的等待时间，这个持续时间将影响当前 Sprint 的用户故事交付，该团队成员应该怎么做？（　　）

A．立即开始与团队合作，确定方案，加快速度并改进流程，及时交付用户故事

B．在回顾会议上与团队合作，确定方案，加快速度并改进流程，在下一次 Sprint 交付用户故事

C．提醒该供应商的客户经理，让他们准备下一次会议

D．遵循流程，并在下一次会议上与供应商经理讨论这个问题

3．在价值流程图中，敏捷团队和客户绘制价值流的流程和活动，以此来识别浪费，同时共同决定应注重的可提高的部分。这是以下哪项的例子？（　　）

A．基于风险的决策模型　　B．参与式决策模型

C．抢先式决策模型　　D．评估决策模型

4．由于一直重复执行相同的任务，所以，一个敏捷团队的主题专家（SME）士气低落，敏捷管理专业人士应该采用哪项行动？（　　）

A．增加团队的资源数量，协助主题专家完成任务

B．让团队成员执行其活动的价值流分析

C．计划一次团队建设活动以提高团队的士气

D．引导结对编程，让主题专家培养新的技能

5．在规划会上，团队成员对估算方法有分歧，要纠正这个问题，项目管理专业人士应该怎么做？（　　）

A．鼓励团队使用问题解决技术找到分歧的根本原因

B．让团队在经验教训会议上进一步讨论该分歧

C．引导创建鱼骨图，设置参与指南

D．要求团队在回顾会议上解决这个问题

6．根据实际速度与计划速度的对比，项目落后于计划，敏捷管理专业人士应在哪里查看消除浪费的时间？（　　）

A．产品路线图　　B．燃尽图

C．燃起图　　D．价值流程图

7．以下哪项生产技能通常会创建价值流程图？（　　）

A．CMMI　　B．精益/丰田生产系统

C．敏捷　　D．六西格玛

8．下列哪个工具用于敏捷项目的追踪和预测？（　　）

A．累积流图　　B．燃起图

C．燃尽图　　D．图表和曲线

9．敏捷开发团队想对 Scrum Master 的角色进行重新定义，让他为团队发挥更大的作用。在这种情况下，应该做什么？（　　）

A．不应该这样做

B．可以在下次敏捷会议中进行讨论

C．可以在下次冲刺回顾中进行讨论

D．应该征求项目管理办公室意见

10．产品所有者和团队在价值和风险中，对产品待办事项中的项目进行分类，他们决定首先处理好高价值高风险项目，然后是高价值低风险，最后才是低价值低风险。对于低价值高风险的项目，我们应该怎么做？（　　）

A．放到最后才处理

B．寻找增加价值或减少风险的方法

C．不处理它们

D．通过一些实践来验证它们价值和风险的数量

11．在多次迭代后，一名敏捷项目管理师注意到一个技术问题持续影响团队的执行效率。敏捷项目管理师应该怎么做？（　　）

A．在迭代回顾会议上使用头脑风暴解决问题

B．建议对技术管理流程进行更新

C．分享之前的经验教训，改进效率

D．将问题升级上报给产品负责人，获得支持

12．团队识别到产品质量问题时项目已经接近完成。要避免这个情况，团队事先应该做什么？（ ）

A．让干系人参与频繁的产品质量评审

B．在回顾会上定义质量保证（QA）的标准

C．在上一次迭代中增加质量测试人员的数量

D．在风险登记册中记录所有质量问题

13．敏捷管理专业人士观察到，团队无法达到 Sprint 目标，从而导致他们承诺的功能和故事减少，这最终影响了团队的士气。要解决这个问题，并获得尽可能多的想法，敏捷管理专业人士应该怎么做？（ ）

A．使用 5 个 Why 技术

B．与 Scrum Master 和产品负责人进行力场分析

C．要求团队成员参与一项在线匿名调查

D．在 Sprint 回顾会上进行头脑风暴

14．某敏捷团队的迭代不顺利，团队成员与需要开发的用户故事有诸多疑问，且用户故事失败。用户故事为什么会失败？（ ）

A．在规划过程中讨论的用户故事不包括验收标准

B．客户写了验收标准

C．没有详细写明需求

D．验收测试是在开发用户故事之前写的

15．首席执行官对敏捷技术不熟悉，担心团队以敏捷作为借口，回避记录关键需求、沟通进度及制订成本和进度计划。团队应如何向首席执行官保证其方法是有效的？（ ）

A．提供每月进度报告

B．向首席执行官提供敏捷原始相关培训，并提供敏捷测量指标

C．创建甘特图，并将其提交给首席执行官

D．建议首席执行官与产品经理谈话，获得有关进度和当前状态的更新

16．在一次迭代工作中，一名团队成员识别到一项风险。敏捷项目经理应该

执行下面哪个分析？（　　）

A．概率和影响分析

B．只执行定量风险分析

C．定性和定量风险分析

D．只执行定性风险分析

17．团队 X 和团队 Y 都在为同一个项目工作。团队 X 已经承诺未来 6 次迭代的可交付成果，而团队 Y 只承诺未来 3 次迭代的可交付成果，项目发起人让敏捷管理专业人士解释为什么团队 Y 没有承诺更多的迭代。敏捷管理专业人士应如何回答？（　　）

A．解释在这个维度上，X 团队和 Y 团队没有可比性

B．传达团队 X 必须规划 3 次迭代来匹配团队 Y 的速度

C．解释团队 X 拥有更多的资源及更少的依赖关系

D．传达高级管理层不讲道理

18．高层管理人员希望基于一个由敏捷团队正在开发的救生产品来预测公司的未来发展，并在下一次股东大会上演示产品的特性和功能。敏捷管理专业人士应该怎么做？（　　）

A．向高层管理人士提供演示

B．邀请股东参加每日站会

C．为股东分享、发布和更新产品路线图及故事地图

D．邀请高层管理人员参加每日站会

19．在回顾会上，燃尽图显示项目略微落后于进度计划。项目团队了解到是一名经验不足的软件工程师导致了团队速度的下降。项目团队应该如何解决这个问题？（　　）

A．在回顾会上建议结对编程

B．要求产品负责人在下一次回顾会上重新排列用户故事的优先级

C．在下一次迭代计划会议上，与团队成员一起重新估算故事点

D．在下一次迭代计划会议上，将较不复杂的用户故事分配给经验不足的软件工程师

20．某组织团队职能趋于一致，通常，这意味着只有在团队之间相互发送交付物的流程时才能发现缺陷。若要改善产品质量，敏捷管理专业人士应该怎么做？（　　）

A．根据需要进行反馈，并为每个团队实施流程改进和质量控制

B．指定一名调解人充当团队之间的沟通桥梁

C．创建一个跨职能团队，以便不断地生成、验证及确认

D．在需求定义阶段花更多的时间

第13章

敏捷组织转型

组织面临的外部环境瞬息万变，在通常情况下，我们认为在外界发生变化时的应变能力非常重要，但是实际上主动变化能力更重要。管理者、产品、技术、运营等人员而不仅仅是市场人员，如果能够更早预见问题、主动变化，就不会在市场中陷入被动。在维护根基、保持和增强核心竞争力的同时，企业本身各方面的灵活性非常关键，传统的组织必须进行敏捷转型。

13.1 从机器型组织到生物型组织

2014 年，马化腾给合作伙伴写了一封信，其中提到在传统机械型组织中，一个“异端”的创新，很难获得足够的资源和支持，甚至会因为与组织过去的战略、优势相冲突而被排斥，因为企业追求精准、控制和可预期，很多创新难以找到生存空间。这种状况，很像生物学所讲的“绿色沙漠”——在同一时期大面积种植同一种树木，这片树林十分密集而且高矮一致，结果遮挡住所有阳光，不仅使其他下层植被无法生长，本身对灾害的抵抗力也很差。如何改变呢？

> “要想改变它，唯有构建一个新的组织形态，因此，我倾向于生物型组织。那些真正有活力的生态系统，外界看起来似乎是混乱和失控，其实是组织在自然生长进化，在寻找创新。那些所谓的失败和浪费，也是复杂系统进化过程中必需的生物多样性。”
>
> ——马化腾致合作伙伴的一封信，2014

2020 年，咨询机构麦肯锡提出了“敏捷组织的五大标志”，认为“传统的机器型组织必须转型到生物型组织”，如图 13-1 所示。

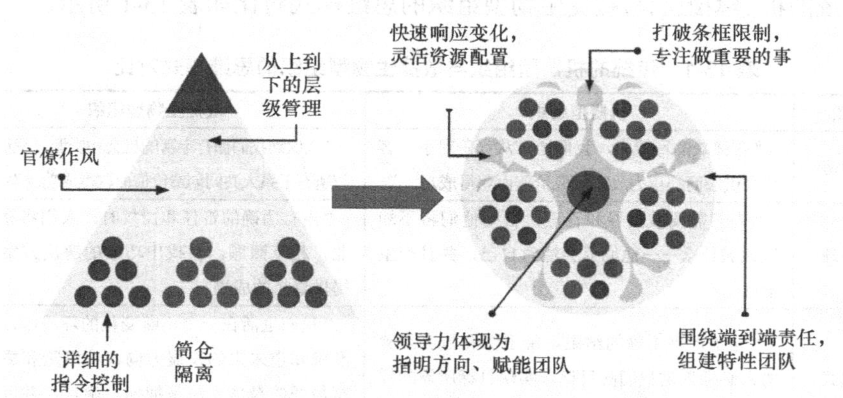

图 13-1 从机器型组织到生物型组织

资料来源：麦肯锡官网。

“敏捷组织能够灵活、快速响应，赋能行动，并使行动变得容易。简而言之，它们像生物体一样反应。”

——麦肯锡

敏捷组织把传统的自上而下的科层制结构变成了灵活的跨职能团队；传统组织像一台精密的机器，它的每个零部件都是完成了出厂设置的、“按部就班”的工作者。传统组织强调指挥与控制，相对而言比较僵化。控制型的组织在乌卡时代下越来越“步履蹒跚”。就像 Stanley McChrystal 在其《赋能》一书中所提及的一样，就连把“控制”做到极致的“特种部队”都开始考虑用更“敏捷”的方式来应对变化。

敏捷组织就像一支球队。虽然上场前有布阵策略，但上场后，每位球员都会对球场上的任何变化和情况及时做出反应，完成配合。敏捷组织是复合的有机体，更具有生命力。敏捷组织的核心是自主，敏捷的团队会围绕特定的任务来组建，由交付这个任务需要的端到端各环节的角色组成，有清晰的使命和目标，给予适当的授权，并建立团队之间必要的连接和协同、信息共享机制。敏捷组织的建立不是一朝一夕完成的，不仅要有组织架构和激励制度的改革，还要有组织文化的积淀。

传统的机器型组织与敏捷生物型组织的思维模式对比如表 13-1 所示。

表 13-1　传统的机器型组织与敏捷生物型组织的思维模式对比

对比项	机器型组织	敏捷生物型组织
价值创造	“在稀缺的环境中，我们通过从竞争对手、客户和供应商那里为股东获取价值而获得成功。”	“认识到我们拥有丰富的机会和资源，我们通过与所有干系人共同创造价值而取得成功。”
组织治理	“人们需要被指导和管理，否则他们将不知道该做什么——他们只会注意自己，并且产生混乱。”	“当有明确的责任和授权时，人们将高度敬业，相互照顾，会找出巧妙的解决方案，并提供卓越的成果。”
运作模式	“为了提供正确的结果，最资深和最有经验的人必须确定我们的目标，实现目标所需的详细计划，以及如何最大限度地降低风险。”	“我们生活在一个不断变化的环境中，无法准确知道未来的发展方向。将风险和成功降至最低的最佳方法是拥抱不确定，并以最快和最有成效的方式尝试变化。”
员工管理	“为了达到预期的效果，领导者需要通过不断指定任务和指导员工的工作来控制和指导工作。”	“有效的领导者赋予员工完全的所有权，相信他们会推动组织实现目标和愿景。”

资料来源：麦肯锡官网。

当面临压力时，敏捷组织的反应不仅是强健有力的，而且随着压力的增加，绩效反而有所提高。研究表明，敏捷组织有 70%的机会处于组织健康状态，这是长期绩效的最佳指标。此外，这些公司同时实现了更以客户为中心及更短的上市时间、更大的收入增长、更低的成本、更加敬业的员工。

13.2　敏捷组织转型路线图

大的组织变革从来都不是一蹴而就的，需要有策略、按步骤推进，在保持组织生产力稳定的前提下，实现转型。从传统的研发方式步入敏捷研发模式，打造高绩效的敏捷组织，可以参考如图 13-2 所示的敏捷组织转型路线图。

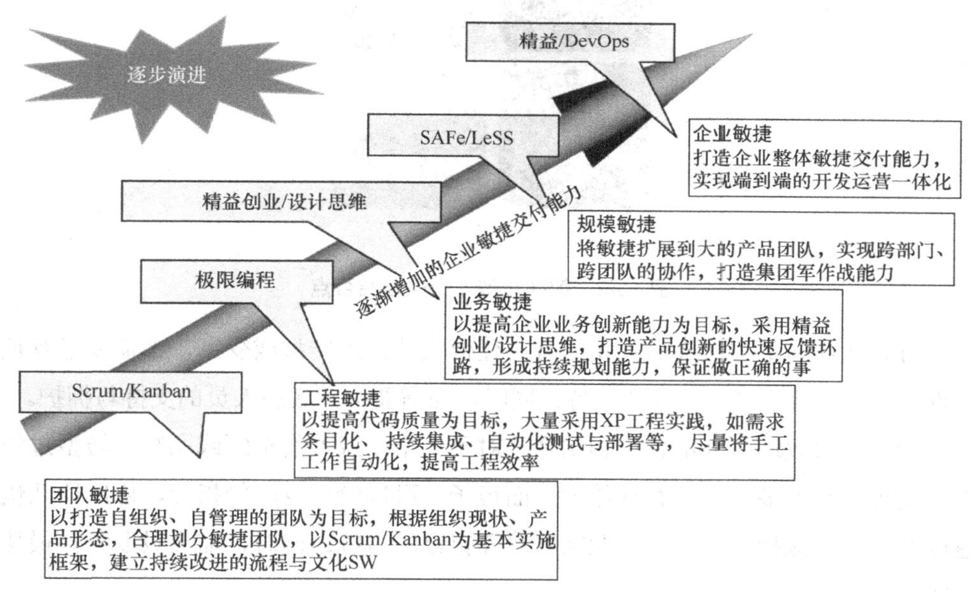
逐步演进
精益/DevOps
SAFe/LeSS
精益创业/设计思维
极限编程
Scrum/Kanban
逐渐增加的企业敏捷交付能力
企业敏捷
打造企业整体敏捷交付能力，实现端到端的开发运营一体化
规模敏捷
将敏捷扩展到大的产品团队，实现跨部门、跨团队的协作，打造集团军作战能力
业务敏捷
以提高企业业务创新能力为目标，采用精益创业/设计思维，打造产品创新的快速反馈环路，形成持续规划能力，保证做正确的事
工程敏捷
以提高代码质量为目标，大量采用XP工程实践，如需求条目化、持续集成、自动化测试与部署等，尽量将手工工作自动化，提高工程效率
团队敏捷
以打造自组织、自管理的团队为目标，根据组织现状、产品形态，合理划分敏捷团队，以Scrum/Kanban为基本实施框架，建立持续改进的流程与文化SW

图 13-2　敏捷组织转型路线图

（1）团队敏捷：通过 Scrum/Kanban 管理实践，打造自组织、自管理的敏捷最小单元——团队，建立持续改进的流程与文化。

（2）工程敏捷：极限编程提倡的工程实践，是对管理实践的有力补充，可以有效地提高编程效率，让团队正确地做事。

（3）业务敏捷：敏捷不仅仅针对研发团队，需要与业务紧密结合，从价值交付的角度出发，保证做正确的事，精益创业/设计思维等创新方法是帮助非常大的实施框架。

（4）规模敏捷：大的产品或项目，需要几十人甚至几百人的多团队协作，可以通过 SAFe 或 LeSS 等规模化敏捷方法，打造集团军作战能力。

（5）企业敏捷：运用精益/DevOps 理念，打破企业内的筒仓壁垒，实现跨部门、跨组织的协同，打造敏捷组织，提升企业的端到端的交付能力。

在敏捷转型的过程中，需要注意如图 13-3 所示的 4 个关键结合点。

图 13-3　敏捷转型 4 个关键结合点

（1）从顶向下与从底向上相结合：任何大的组织转型或变革，都需要进行顶层设计，需要得到高层领导的支持；同时，还需要得到底层人员的支持与拥护。

（2）内部教练与外部咨询相结合：对于一个不成熟的组织或团队，转型过程中一定会遇到很多问题，教练作为一面镜子，可以给予及时的指导，协助团队快速成熟，为了保持持续性，企业需要培养自己的教练；同时，需要吸取外部最佳实践与经验。

（3）传统模式与敏捷模式相结合：敏捷作为一种研发模式，不一定适用于所有项目，有些项目采用传统的模式，有时候效率会更高；这两种研发模式可以结合使用，但只能作为一个临时过渡策略，长期目标必须转型到敏捷模式。

（4）制度流程与管理工具相结合：好的实践需要传承、固化下来，离不开制度流程；要想把流程变成人的日常习惯，离不开管理工具，二者必须有机结合。

13.3 敏捷 PMO

PMO（项目管理办公室）是在组织内部将实践、流程、运作形式化和标准化的部门，设立的目的是引导组织实现商业价值。PMO 是组织内部项目管理最优实践的中心，是组织提高项目分析、设计、管理、检查等方面能力的关键资源。在敏捷背景下，传统 PMO 组织也需要进行转型。

> "在敏捷社区中很多人都会说在敏捷和精益的环境中没有 PMO 的角色，因为 PMO 的整体概念与敏捷不一致。整个想法是基于传统的 PMO 角色，即 PMO 在选择与管理项目和项目集的执行上，主要与控制和执行严格的瀑布式策略有关。在敏捷环境中，PMO 更倾向于是一个顾问与咨询的角色，而不是一个控制角色。"
>
> ——Charles G. Cobb（企业级敏捷项目经理，咨询顾问）

在 PMI《敏捷实践指南》中，也提到敏捷 PMO 作为多学科型，需要转型为敏捷卓越中心，提供以下服务：

（1）制订和实施标准。提供用户故事、测试案例、累积流图等模板及敏捷工具。

（2）通过培训和指导培养人才。协调敏捷培训课程、教练和导师以帮助员工过渡到敏捷思维模式并升级其技能。鼓励和支持员工参与本地敏捷活动。

（3）多项目管理。组织不同敏捷项目团队间的交流。考虑分享进度、问题、回顾性发现和改进实验等内容。借助适当的框架，帮助管理项目层的主要客户发布和项目组合层的投资主题。

（4）促进组织学习。收集项目进度信息并获取、存储和记录回顾性发现成果。

（5）管理相关方。提供产品负责人培训，指导验收测试及评估方法，并提供系统反馈。宣扬主题专家（SME）对项目的重要性。

（6）招聘、筛选和评估项目领导。制订敏捷实践者访谈指南。

（7）执行专业化项目任务。培训能做好回顾的引导师，与敏捷项目问题解决者订立协议，并提供导师和教练。

13.4 练习题

1．在敏捷中，服务型领导是一个团队领导者的主要特征，可简单表述为（ ）。

A. 一名翻译　　B．一名任务驱动者

C．一名促成者　　D．一名口头翻译者

2．在敏捷中，团队空间是促进有效沟通的重要场所，促进这种环境的原则是什么？（ ）

A．团队成员的集中办公　　B．团队成员的隔离

C．团队成员的轮换　　D．团队成员按职能分离

3．负责测试报告的敏捷团队成员在每次迭代结束时都没有足够的时间确保可交付成员的质量。敏捷项目经理应该怎么做？（ ）

A．降低上游可交付成员的速度，以确保团队成员同时工作

B．交替迭代，首先关注开发，然后关注质量

C．减少开发人员数量，确保有足够的时间进行测试

D．将工作分解为较小的用户故事，以便在整个迭代过程中进行测试

4．如果要提高团队凝聚力，在沟通方面，以下哪项是必需的？（ ）

A．团队领导评价　　B．无恐惧气氛

C. 个人确认　　D．生产效率跟踪

5．公司安排一个试点团队，尝试从瀑布模式过渡到敏捷实践，希望在整个组织内建立敏捷实践，而不是破坏其文化和规范。试点团队应该如何实现这一点？（ ）

A．与高层管理人员召开一次回顾会，说明敏捷原则

B．使用卡诺分析，验证其他项目团队是否能够实施敏捷实践

C．让公司的审计师验证公司规范

D．在公司文化和规范范围内起草一份使用敏捷实践的公司愿景陈述

6．在一次迭代过程中，产品负责人意识到当前 Sprint 工作会生产不必要的功能。产品负责人通知敏捷项目经理并询问如何继续。敏捷项目经理应提出什么建议？（ ）

A．延长该迭代过程，让团队能够无空隙地融入新的需求，而不必浪费

时间去重新规划

B．缩短该迭代，没有必要回顾，因为还未交付任何功能

C．保持该迭代以防止将来会需要这些功能

D．中止该迭代过程，没有必要浪费团队资源去开发不需要的功能

7．一个敏捷项目拥有 11 名集中公办的团队成员，他们按一个稳定的速度执行工作。在第 9 次迭代中途，有些团队成员离职，并由 5 名分散在不同地理位置的成员替代。敏捷项目管理师应对新项目团队有何期望？（　　）

A．团队将组建，并按与以前项目团队相同的速度水平执行工作

B．在团队以稳定的速度执行工作之前，团队将经历震荡阶段，并在更为频繁的沟通中规范化

C．团队将处理和解决所发生的任何团队冲突

D．团队成员将关注他们自己的可交付成果

8．敏捷团队处于早期形成阶段，要设置正确的期望，团队应该怎么做？（　　）

A．提供确立领导权威的方向

B．安排定期的绩效方向

C．根据高效的表现以提供奖励

D．制订基本规划和目标

9．组织正在经历从瀑布模式到敏捷开发的转变。该组织计划逐步采取敏捷开发流程。项目经理受聘来领导组织转变和产品开发，其下一步应该怎么做？（　　）

A．建立工作授权和工作分解结构（WBS）

B．避免微观管理和日常管理

C．让干系人参与，并制订适合的敏捷流程

D．形成小工作组合孤岛

10．项目章程中的一个关键因素是（　　）。

A．干系人分析　　B．风险分析

C．成本价值矩阵图　　D．愿景

附录 A PMI-ACP 考试内容大纲

PMI-ACP® 考试包括 100 个得分项目和 20 个未得分（预测试）项目。未得分项目不被识别，并随机分布在整个考试中。PMI-ACP 考试领域与占比如表 A-1 所示。

表 A-1 PMI-ACP 考试领域与占比

领域	占比
领域Ⅰ. 敏捷原则和理念	16%
领域Ⅱ. 价值驱动交付	20%
领域Ⅲ. 相关方参与	17%
领域Ⅳ. 提高团队效能实践	16%
领域Ⅴ. 适应性计划	12%
领域Ⅵ. 问题探测和解决	10%
领域Ⅶ. 持续改进（产品、流程、人）	9%

领域Ⅰ. 敏捷原则和理念

这一领域主要考查在项目团队和组织的背景下探索、拥抱和应用敏捷原则和思维方式，具体内容如表 A-2 所示。

表 A-2 敏捷原则与理念

任务	描述
任务 1	倡导敏捷原则，通过建模这些原则和讨论敏捷价值，在团队之间及客户和团队之间形成一种共享的心态
任务 2	确保所有人对敏捷的价值和原则有一个共同的理解，并围绕敏捷实践和术语使用一个共同的知识，以便有效地工作
任务 3	通过组织和影响流程、行为和人员来支持系统或组织层面的变革，以使组织更加有效和高效
任务 4	通过保持高度可见的信息扩散来演示可视化，显示真实的进展和真实的团队表现，以提高透明度和信任度
任务 5	通过允许每个人试错来营造一个安全和信任的团队环境，这样每个人都可以学习并不断改进自己的工作方式
任务 6	通过试验新技术和工艺理念来提高创造力，以发现更有效的工作方式
任务 7	鼓励团队成员通过协作来分享知识，以降低知识库周围的风险并减少瓶颈
任务 8	通过建立一个安全和尊重的环境来鼓励团队中的紧急领导，其中可以尝试新的方法来改进和培养自组织和授权
任务 9	通过支持和鼓励他人的努力，实践服务型领导，使他们能够在最高水平上发挥作用并继续改进

领域Ⅱ. 价值驱动交付

这一领域主要考查基于干系人优先地、及早地、经常性地产生高价值增量来提供有价值的结果。让干系人提供对这些增量的反馈，并使用这种反馈来区分和改进未来的增量，具体内容如表 A-3 所示。

表 A-3 价值驱动交付

任务	描述
定义明确的价值	
任务 1	在定义可交付成果时，识别可以增量产出的内容，最大化他们对相关方的价值，尽可能减少无价值的工作
任务 2	针对功能的可接受标准达成共识，及时调整和优化需求，从而交付价值
任务 3	根据项目和组织的特点及团队经验来进行流程定制，从而优化价值交付
避免潜在的不利情况	
任务 4	将需求划分为最小可售功能/最小可行产品，拟制小版本的增量交付计划，尽早实现确认和价值交付
任务 5	限制增量交付的大小，增加相关方的评审频率，从而以最低的成本尽早地识别和干预风险
任务 6	持续评审增量交付，寻求客户的反馈，从而确认和提高商业价值
优先级	
任务 7	与相关方紧密协作，确定工作单元的优先级，从而最大化交付价值
任务 8	频繁地评审和维护工作成果，品质为先，从而降低增量开发的总成本
任务 9	持续识别和调整环境因素、经营因素和基础设施因素的优先级，从而改进质量、提升交付价值
增量开发	
任务 10	组织相关方进行运营评审或定期检查，从而获取对流程中和计划中工作的反馈及修正
任务 11	将价值和风险均放入待办事项，兼顾可交付单元的开发及风险规避，随着时间的推移，最大化总价值
任务 12	定期确认和重排需求的优先级，以响应环境的变化和相关方需求的变化
任务 13	考虑解决方案的应用环境，找出并调整相对非功能性需求（如运营和安全）的优先次序，从而将失败的可能性降至最低
任务 14	通过检查、评审和测试，频繁对工作产品进行评审，从而进行产品和流程的改进

领域Ⅲ. 相关方参与

这一领域主要考查建立一个信任的环境来满足当前和未来的干系人，使他们的需求和期望一致，并平衡他们的要求，了解所涉及的成本/努力。在整个项目生命周期中促进参与和协作，并提供有效和明智决策的工具，具体内容如表 A-4 所示。

表 A-4 相关方参与

任务	描述
理解相关方需求	
任务 1	识别并让授权的相关方参与定期评审，确保团队了解相关方的需求和期望
任务 2	在项目实施中，通过尽早的、贯穿始终的知识分享，识别并让所有干系人（当前及未来的）参与，确保信息和价值流通不受阻
确保干系人参与	
任务 3	鼓励团队成为通才型专家，从而缩小团队规模，减少瓶颈，打造高绩效的跨职能团队
任务 4	授权团队并鼓励自发性领导，实现团队自组织，从而产生有效的解决方案并管理复杂性
任务 5	继续挖掘团队和个人的激励因素及不满因素，确保团队在整个项目中保持高涨的气势和高效的产出
管理相关方的期望	
任务 6	通过设立一个总体的愿景和一系列支持的目标，在各增量的层级（产品、可交付成果、版本、迭代）上建立共同的愿景，平衡相关方的期望并建立信任
任务 7	通过促进相关方之间的交流，建立并保持对于成功标准、可交付成果和可接受的折中等事项的共同理解，平衡相关方的期望并建立信任
任务 8	通过对团队进度、工作质量、障碍和风险的沟通，让工作状态透明可见，从而有助于主要相关方做出有效的决策
任务 9	提供详略得当的决策，兼顾确定性和适应性，让相关方更有效地制订计划

领域Ⅳ．提高团队效能实践

这一领域主要考查创造信任、学习、协作和冲突解决的环境，促进团队自组织，增强团队成员之间的关系，培养高绩效的文化，具体内容如表 A-5 所示。

表 A-5 提高团队效能实践

任务	描述
团队组建	
任务 1	与团队成员一起制订规则和流程，从而培养团队凝聚力，加强团队成员对共同成果的承诺
任务 2	组建一个拥有项目所需的基本人际技能和技术技能的团队，从而如期创造商业价值
团队授权	
任务 3	通过在关键的相关方中形成一种工作协定来建立相关方关系，促进相关方参与和有效协作
任务 4	持续评估项目和组织中的变化，维持适度的相关方联络，确保新的相关方都能适当地参与项目
任务 5	在组织和成员之间建立合作性的行为，营造群体和冲突解决的氛围，提升决策质量并减少决策时间
团队协作和承诺	
任务 6	通过共同办公或使用协作工具，在团队内部及适当的外部相关方之间保持紧密沟通，减少误解和返工

（续表）

任务	描述
任务 7	减少干扰因素，创造可预测的产出，最大化价值交付
任务 8	分享项目愿景，协调项目目标和团队目标，确保团队理解如何将个人目标融入项目整体目标
任务 9	鼓励团队跟踪和测量之前迭代或者发布中的实际表现来测量他们的速度，以便更好地了解他们的能力并进行更加准确的预测

领域Ⅴ. 适应性计划

这一领域主要考查根据目标、价值观、风险、约束、干系人反馈和评审结果，制订并维护一个不断发展的计划，从启动到关闭，具体内容如表 A-6 所示。

表 A-6　适应性计划

任务	描述
计划的等级	
任务 1	在各不同的层面（战略、版本、迭代），每日进行详略适当的计划，采用滚动式计划和渐进明细的方法，兼顾产出的可预测性及开拓机会的能力
任务 2	通过鼓励关键相关方参与计划、公布计划结果，使计划活动公开化、透明化，从而增强团队的承诺，减少不确定性
任务 3	在项目实施期间，设立并管理相关方的期望，在各层级做出相应的承诺，确保大家对预计的可交付成果达成一致的理解
适应	
任务 4	定期回顾项目可交付成果的特点、大小、复杂性、重要性，根据结果调整节奏和计划，最大化交付价值
任务 5	根据团队学习、交付经验、相关方反馈、产品缺陷等情况，检查并调整项目计划，应对需求、时间、预算、优先级等方面的变更，从而实现商业价值的最大化
敏捷大小和估算	
任务 6	使用渐进明细的技术估算项目各项的大小，不受团队速度和外部变量的约束
任务 7	综合考虑运维需求和其他因素来调整生产能力，制订或者更新估算区间
任务 8	基于当前对项目所需要工作的高层次理解，创建初始范围、进度计划和成本范围估算，以开发管理项目的起点
任务 9	基于对项目投入的最新理解，重新调整项目范围、时间表和成本的估算区间，从而管理项目
任务 10	持续关注资源生产能力、项目规模、速度指标等方面的变化，使用这些数据来评估剩余的内容

领域Ⅵ. 问题探测和解决

这一领域主要考查持续识别问题、障碍和风险；及时确定和解决问题；监控和沟通问题解决状态；实施流程改进以防止再次发生，具体内容如表 A-7 所示。

表 A-7 问题探测和解决

任务	描述
任务 1	通过鼓励对话和试验营造一个开放、安全的环境，将影响团队速度或妨碍交付价值的问题和阻碍完全展露
任务 2	在项目的各节点上教育和鼓励团队参与，识别威胁和问题并在合适的时机解决，改进导致这些问题产生流程
任务 3	确保问题由合适的团队成员解决，对于无法解决的问题，重新设定期望，从而最大化交付价值
任务 4	维护一个可见的、实时监控的、按优先级排序的威胁和问题列表，加强责任意识，鼓励采取行动，跟踪责任人和解决状态
任务 5	通过维护威胁列表并将相关活动整合到工作待办事项中，达到对威胁和问题状态的沟通，保持透明度

领域Ⅶ. 持续改进（产品、流程、人）

这一领域主要考查不断提高产品、流程和团队的质量、有效性和价值，具体内容如表 A-8 所示。

表 A-8 持续改进（产品、流程、人）

任务	描述
任务 1	通过定期评审和整合团队实践、组织文化及交付目标，定制和调整项目流程，确保在组织规划与标准的框架内实现团队效能
任务 2	经常进行回顾和改进试验，改善团队流程，进而不断增强团队、项目和组织的效能
任务 3	通过增量交付和频繁演示，寻求反馈，从而改进产品的价值
任务 4	营造持续学习的环境，提供让成员提升技能的机会，从而打造一个富有成效的通才型专家团队
任务 5	审视当前的流程元素，进行价值流分析并消除浪费，提升个体效率和团队效能

附录 B　相关工具与技术

在敏捷具体实践中，有很多工具与技术，如表 B-1 所示，这些例子说明了工具的广度，但这里不是要提供一个包含所有技术和工具的工具包的详尽清单。

表 B-1　相关工具与技术

类别	工具与技术
敏捷分析与设计	产品路线图 用户故事/待办事项 故事地图 渐进明细 线框图 项目章程 人物角色 敏捷模型 学习周期 工作坊 学习周期 合作游戏 （包括但不限于以上内容）
敏捷估算	相对尺寸/故事点/T 恤尺寸 宽带德尔菲/计划扑克 亲和估算 理想时间 （包括但不限于以上内容）
沟通	信息发射源 团队协作敏捷工具 集中办公和（或）分布式团队的渗透沟通（可靠的，交互驱动） 基于社交媒体的沟通 积极倾听 头脑风暴 反馈方法 （包括但不限于以上内容）

（续表）

类别	工具与技术
人际关系技能	情商合作 适应型领导力 服务型领导力 谈判 冲突解决 （包括但不限于以上内容）
度量	速度/产能/生产力 循环时间 前置时间 敏捷项目挣值分析 缺陷率 批准的迭代 在制品 （包括但不限于以上内容）
计划、监控和适应	评审 看板面板 任务板 时间盒 迭代和发布计划 偏差和趋势分析 限制在制品 每日站会 燃尽/燃起图 累积流图 待办事项梳理/细化 产品反馈回路 （包括但不限于以上内容）
流程改进	改善 5 个为什么/5Why/5Way 回顾，反思 过程裁剪/混合模型 价值流图 控制限度 事前预防（规则设置，失败分析） 鱼骨图分析 （包括但不限于以上内容）

（续表）

类别	工具与技术
产品质量	频繁验证和确认 DoD 持续集成 测试，包含探测和可用性 （包括但不限于以上内容）
风险管理	风险调整待办事项 风险燃尽图 风险探测 架构探测 （包括但不限于以上内容）
以价值为基础的优先级	ROI/NPV/IRR 投资回报率/净现值/内部收益率 承诺 客户价值优先 需求评审 最小可用产品（MVP） 最小可售功能 （MMF） 相对优先级或排序 MoSCoW Kano 分析 （包括但不限于以上内容）

附录C 练习题答案及解析

第1章练习题答案及解析

1．D

解析：《敏捷宣言》4条是“个体和互动高于流程和工具；工作的软件高于详尽的文档；客户合作高于合同谈判；响应变化高于遵循计划”。

2．D

解析：参考《敏捷宣言》第2条“工作的软件高于详尽的文档”及敏捷12原则第7条“可工作的软件是进度的首要度量标准”。这种题目主要让大家熟记这些内容，大家需要举一反三。

3．B

解析：参考敏捷原则第12条，“团队定期地反思如何能提高成效，并依此调整自身的举止表现”。

4．B

解析：敏捷开发流程包含多个迭代，除了迭代，还强调增量交付，具备了迭代与增量模型的双重优势。这些迭代注重具体的产品特性，鼓励积极的客户反馈，同时适应变动的客户需求。A选项，固定需求通常是传统项目管理铁三角要求的；C选项，客户反馈是积极拥抱的，不是越少越好；D选项，5个不同阶段，通常是瀑布模型特征。

5．B

解析：作为一个团队的领导者或敏捷项目经理，必须促进开发小组和客户之间的沟通，来保证对客户需求的充分理解。《敏捷宣言》的4个价值中有一点便是强调客户协作高于合同谈判。团队的领导人必须促进这种协作来传递价值，这应该是首要的。其他几个选项本身没有问题，但放在本题场景，最佳答案为B。

6．A

B和C选项排除，不符合敏捷价值观和原则，而且C选项即使这样做了，也不能激发客户合作；A选项是符合敏捷的价值观的；干扰项D选项过于片面，不够灵活，不一定要固定为两周。

7. C

解析：本题非常具有迷惑性，传统的铁三角包括的参数是“范围、进度和成本”，敏捷与强调范围可变，传统项目管理强调范围固定，只是对待方式不一样，这是 DSDM 方法的主张。价值、质量和约束是敏捷三角的参数，这是由 Jim Highsmith 提出的，本题考查学生知识面的广度。

8. A

解析：分析题干，项目团队成员没有参加项目集会议，而是依靠领导自上而下地传达和管理，这有悖于敏捷原则。敏捷原则之一：不论团队内外，信息传达最有效的方法都是面对面地交谈。每周项目集会议是保证团队间高效协同的会议。A 选项正确，面对面沟通，信息传递更加准确和高效。B 选项是了解愿景和总体目标项目启动时做的工作。C、D 选项不够高效。

9. C

解析：检查和调整是敏捷基于经验管理的核心，目的是让团队快速响应变化，适应变化，因此，C 选项是敏捷的最终目的，是最重要的。其他选项有助于团队从以往的经验中总结学习，很重要，但不是最重要的。

10. B

解析：敏捷方法论强调软件开发的增量和迭代方法。它从精益原则那里得到启示，但和精益又不完全相同，精益是更大的范畴。依靠基于拉动系统而工作的方法论是看板，它和敏捷相关却又不相同。团队的集中工作不是敏捷必需的，毕竟总会存在异地办公协作团队，未来还可能是趋势。

11. D

解析：本题用排除法，先排除 B 选项。C 选项如果是本地小团队的每日站会，那么肯定都是面对面沟通。A 选项太极端。

12. C

解析：C 选项更符合自组织团队的敏捷原则，敏捷管理专业人士要引导敏捷团队内部做出恰当决策，参见敏捷 12 原则中的第 11 条：“最好的架构、需求和设计出自自组织团队”。

13. D

解析：参考敏捷 12 原则的第 8 条，“敏捷过程倡导可持续开发。责任人、开发人员和用户要能够共同维持其步调稳定”。

14. C

解析：第二价值是指《敏捷宣言》中的右侧价值。

15. D

解析：此题用排除法，A、B、C 三个选项的说法明显不符合敏捷的价值观与原则。

16. B

解析：反思是指在规定时间内回顾工作和绩效。由此，敏捷团队可以识别出需要完善的地方。花时间进行反思，以保证高绩效水平。D 选项是获取产品反馈的过程。

17. B

解析：用排除法，A 选项太绝对，敏捷比较适合需求或技术不太确定的项目。C 选项，大家不一定都会读书，而且不一定来得及。D 选项，敏捷并不能总提升收入，敏捷是关注价值的。

18. A

敏捷 12 原则中的第 10 条：“以简洁为本，它是极力减少不必要工作量的艺术。”精益 7 大原则中之一是消除浪费，不必要的工作就是一种软件浪费。综合这里两条，选 A。

19. A

敏捷强调低成本快速反馈的原则，快速试错，及早发现问题，变更的成本相对较低。

20. C

按照 DSDM 敏捷三角形，敏捷中有弹性的是范围，通常固定的是成本和时间，针对这个原则，建议选 C，一个迭代完成了多少功能就演示多少功能，获取反馈，D 也是通常可以做的一个动作，但是 C 肯定更优，因为没准未完成的功能与客户无关，可不用与客户沟通。

第 2 章练习题答案及解析

1. A

解析：敏捷团队必须时常处理产品需求列表中的高优先级事项，受时间及资源的限制，不代表所有需求都能完成，范围可变，因此 B、C 错。D 选项，安全属性的相关需求需要与其他需求一起 PK 价值优先级，不代表一定要先开发。

2. D

解析：因为价值在整个迭代过程中是增量和迭代性交付的，所以，所有价值和流程通常是在每次迭代后进行衡量的。做了计划，没有交付，就没有反馈。

3. D

解析：价值风险矩阵可以用来对用户故事进行优先级排序。高价值高风险的事情应先做；接下来是高价值低风险的事情；然后做低价值低风险的事情；对于低价值高风险的事情，应该不做。

4. D

解析：挣值（Earned Value，EV）又称已完成工作预算成本（BCWP)。表示已完成工作量的预算成本。本题需要频繁看到进度，挣值通常是在交付给客户后的分析，在较大的尺度上是有意义的，但是频繁就不适合了。

5. A

解析：产品需求列表是指团队围绕某产品维护的一个以用户为中心的需求的有序列表。优先级排序的重要目的是识别高价值特性（功能）并且使它们得到优先交付，这将有助于组织为客户提供最大价值。提倡快速交付 MMF 或 MVP，并获取反馈，MMF 与 MVP 中因为依赖相关性，有可能会有低价值部分，所以 A 选项符合。B、C 选项未考虑价值。D 选项只考虑价值，未考虑风险成本，还有依赖相关性。

6．C

解析：关于“产品价值”应该跟客户确认，D 选项本身并没有错误，但是题干中所表述的是产品价值下降，因此，优先和客户确认这个价值方面的东西，再去考虑是否缩短周期。

7．B

解析：最小可售功能，也称为 MMF，指可以向客户增加价值的最低交付需求。

8．A

解析：典型的归类整理用户故事的方法如下：①与产品特性的相关性；②依据逻辑顺序和依赖关系；③基于客户价值的优先级。

9．D

解析：商业论证是对项目的目标、策略、里程碑、所需投资和预期回收进行说明的文件。商业论证向客户阐明该项目为什么和怎么样会带来价值。

10．B

解析：对于不确定事件，可以先安排小规模的“刺探”，以便能够带来决策的依据或者更有价值的交付。

11．A

解析：敏捷强调价值，在时间有限的情况下聚焦价值，因此选 A 选项。B 选项只关注交付，未关注价值。根据布鲁克斯定律，向落后的项目增加人员，可能会让项目更加落后，因为要有额外的精力对新成员培训，增加沟通交流成本等，不选 C 选项。敏捷强调有限时间有限资源情况下，交付最大价值，故 D 选项不会轻易选择。

12．C

解析：基于价值的分析致力于了解由客户定义的价值与产品中的不同部分，如特性和任务之间的关系是如何的。特性通常以基于价值和风险的优先级得到优先处理。通过风险—价值指标和成本—价值指标，使用 MoSCoW 或卡诺方法可执行优先级。

13．B

解析：故事点表示开发一个用户故事的相对工作量。每个故事点表示一个固定的相对开发工作量值。当估算敏捷团队时，必须考虑复杂度、工作量、风险和依存关系。

14．C

解析：对完成定义的描述。

15．C

解析：在卡诺分析中，功能被区分成必需的功能、线性功能和兴奋点。这一工作是通过向潜在的用户问后面两个问题来完成的，如果有这个功能他们会觉得如何，以及如果没有这个功能他们又会觉得如何。相对权重方法提供了一种使用一个值来实现一个功能所带来的收益，把现在它所带来的惩罚和现在它的成本进行评估的方法，这个值就代表了这个功能的优先级。

16．C

解析：在新的迭代之前需要确定优先级，因此，可以请客户审查和批准优先级列表。

17．C

解析：定义验收标准通常是在发布计划过程中，与用户故事一起定义的，但是，一旦用户故事被放到迭代中，那么验收标准可以在迭代计划中定义。其中固定的规则是，验收标准必须在开发开始前定义。

18．A

解析：风险严重程度减少，说明风险已经被成功缓解了。

19．A

解析：在定义迭代长度时，敏捷团队应思考如何交付大量有价值的产品设计目的、故事定义和开发，以及客户接受的故事。

20．B

解析：如果一个产品燃尽条状图中的一条柱在横轴下方延伸，那么表明工作已添加到项目中，同时范围已扩大。这也是发布燃尽图的定义。

第 3 章练习题答案及解析

1．C

解析：团队成员协作决策属于参与决策模型。

2．A

解析：随着项目推进，持续检查干系人清单确保它符合当前现状和有效性，相关干系人需要参与决策，共同制订项目目标。与重要的干系人的有效沟通，可以避免目标和期望不匹配导致的项目错误。

3．D

解析：团队说做完了，业务负责人说没完成，原因是什么？就是两个角色对完成的定义不统一，因此，D 选项最合适。B 选项，就算没发布，也是对完成的定义不统一，因为团队回答的是已完成。

4．A

解析：对干系人进行有效管理，促进干系人对项目的积极影响，消除消极影响。

5．B

解析：评审会议敏捷中提倡透明度，因此要正常进行，并且要接受反馈，最后可以做适当的调整。

6．C

解析：迭代评审会是开发的结束，是由团队和所有干系人都来参加的会议，Scrum Master 保证会议准时开始和结束，这是一个非正式会议，目的是通过演示来获得反馈，通过反馈调整产品需求列表，因此，要邀请干系人参加。此外，还要有团队成员参与，不仅仅是产品负责人与干系人的会议，因此 B 选项不对。

7．A

解析：信息看板保证项目信息透明化、醒目，方便项目干系人都能了解到项目进展。

8．D

解析：该题可能比较有争议的是 A 和 D 选项。A 选项相对于 D 选项来说确保干系人参与更合适，我们可以让干系人参与，但是不一定要优先考虑干系人的利益，应更多地从用户的角度去考虑价值的所在。

9．B

解析：从题干来看，可以理解为团队把速度定高了，这个时候团队觉得速度可能需要调整，要找相关干系人去进行沟通，C 选项中传递信息方式优化，即使让所有人知道，但依然可能低于预期，解决不了根本问题。D 选项认为沟通有问题，但是这与速度没有直接对应关系，不是这个原因造成的。

10．C

解析：此处的干系人可以理解为 PO 的角色，需要调整重新对齐（Realign）和重申（Reconfirm）团队目标。

11．B

解析：敏捷教练应采取积极的态度解决问题，而不是看到潜在问题之后听之任之，因此，A 选项不对。C 选项，与主管沟通只有迫不得已才会采取的手段，前提是 PO 不听取意见。D 选项本身没有问题，但是与题干没有特殊关系。目前的问题是 PO 过于关注一个干系人，需要平衡对其他干系人的关注。因此，B 选项把所有人聚在一起，一起沟通，效果更好。

12．D

解析：项目愿景比较宏观，不能囊括所有内容，B 选项是详细文档要求，不符合价值观，C 选项内部角色划分，不能与外部保持一致，因此，只能选择 D 选项，遵循敏捷原则，与干系人良好沟通、协作。

13．C

解析：原型是向客户展示设计概念的低成本和低风险的方法，意在开发前获得用户反馈。

14．A

解析：敏捷中，有效的“知识分享”是成功的关键因素，它需要所有团队成员和干系人对关键信息的近乎实时的交流。

15．B

解析：干系人的兴趣和参与度对项目本身来说不是坏事，不应该为此感到气馁。敏捷提供了机会来倾听和接受干系人的意见。项目经理的技能在于是否能利用这些机会来获取干系人的积极参与，同时保护团队不受干扰［知识点归纳：敏捷团队干系人—协作沟通］。

16．D

解析：干系人可能会关注到 A、B、C 选项中的表述，但他们最关注的应该是团队可以频繁交付更多功能的工作软件的能力。

17．A

解析：本题的考点是“干系人管理”中的“管理干系人参与”中的“频繁讨论‘完成’”。“完成”应该由团队来定义，需要团队内部达成一致认可。因此，在选项中找到“团队”，排除 B 和 C 选项，而 D 选项是批准用户故事，从而选 A。

18．A

解析：本题的考点是“干系人管理”中的“识别干系人”中的“用户故事”，既然提出需求，就让 PO 提供一个用户故事即可。为避免干扰，应该加在当前 Sprint 之外。敏捷拥抱变化，因此 B 选项不对。没必要等到回顾会，另外加到 PBL 中，由产品负责人确定即可，因此 C 选项不对。敏捷三角中，尤其在一个 Sprint 中不能增加资源，因此 D 选项不对。

19．C

解析：本题的考点是“打造高绩效团队”中的“作战室”。题干中强调“团队与该干系人的工作相互隔绝，几乎没有机会互动”。敏捷提倡面对面沟通，倡导团队一起工作，这样有利于合作和信息共享。

20．A

解析：本题的考点是“价值驱动交付”，当一个需求无法满足时，需要调整产品需求列表，优先满足该需求，因此选 A 选项。B 选项不解决问题。C 选项只设想，没有行动，因此 C 选项不对。D 选项不解决问题。

第 4 章练习题答案及解析

1．C

解析：少的领导力或者少的监督并不能提高团队激励，而且领导力与监督要情景化，也就是根据不同的情景多少可以不同，因此 A、D 选项都不对；而批评是敏捷所不提倡的方法，B 选项不对。C 选项通过建议，给予积极反馈，才能帮助团队成功。

2．A

解析：本题是选择“不应该做的”，只能是 A 选项。一个成功的头脑风暴环节应尽量遵循以下要点：在中立和舒适的环境中进行会议。由一名有趣且有经验的引导者来主持头脑风暴会议。提前向参与者分发包括目标、安排和基本原则的文件。由多领域/多样化的团队成员组成，排除任何会阻碍新想法产生的评论。

3．B

解析：本题的考点是“参与式决策”。敏捷在很大程度上认为团队成员协作决策的参与性决策模式有助于在团队内建立信任。这也被称为集体所有权，自主管理和自我约束。在集体所有权中，团队成员集体对项目结果负责，并被授权参与决策和解决问题。

4．B

解析：本题的考点是“敏捷领导力”。敏捷领导者必须授权团队拥有产品的所有权并承担责任，同时让团队可自行决策。

5．B

解析：在敏捷团队中，敏捷教练的作用是指导和教练，帮助团队成员，推进项目进展，B 选项的表述符合这个原则。

6．B

解析：授权团队进行自主管理，了解如何通过最少的管理参与解决问题，是敏捷方法论的基石。

7．B

解析：敏捷团队提倡开放公平的工作环境，注重价值交付，A 选项的批评、C 选项的不可持续的绩效水平及 D 选项的自上而下的决策模式都不符合敏捷原则。

8．C

解析：信息发射源不会提高软件开发者的效率。使用信息发射源的优点包括减少冗长的沟通，仅允许所有团队成员和干系人查看整个项目的状态，同时减少更耗时的沟通，如电子邮件或备忘录。

9．A

解析：A 选项有利于在一个敏捷项目中增强团队信任。毕竟 IT 敏捷团队内部主体通常是程序员与测试人员，外部就是客户，这三者最为核心。

10．D

解析：此题用排除法，A、C 选项都太被动了，没有直接处理问题。B 选项开除是敏捷所不支持的，也不是最好的处理方式。D 选项和团队成员沟通，符合敏捷所提倡的引导、帮助团队成员。

11．B

解析：敏捷强调自组织，鼓励团队自己先解决问题。

12．C

解析：自组织团队是敏捷对于团队的最高要求，除此之外，团队还应该是跨职能团队。D 选项做分配会抑制团队成员的想法，会导致被分配的不良感受。B 选项本身没问题，但没有 C 选项解释得更全面。A 选项也可以咨询，但是更重要的如果团队能自组织起来最好，不行才如此。

13．C

解析：敏捷教练需要运用有效方法解决团队面临的问题。通过与团队的互动，使团队紧密合作，指导团队成员成长，引导团队共同做出决策。A、B 选项错误，问题已经影响到团队，应该追究原因，而不是放任不管。C 选项正确，积极响应，促进团队沟通。D 选项的处理方式太简单粗暴。

14. A

解析：敏捷提倡团队自组织，敏捷教练帮助团队识别问题，并支持团队自己选择解决问题的方案。B 选项错误，太绝对。C 选项错误，是解决问题的手段之一，在 A 选项之后。D 选项错误，敏捷团队组成相对稳定，不能遇到新技术就直接调整人员，要促进团队成长。

15. C

解析：对团队成员的认可会起到激励的作用。

16. B

解析：C 选项中的“自组织”是敏捷团队的核心目标，不是用于如何打造敏捷团队的方法。

17. D

解析：本题也是在考服务型领导的定义。根据敏捷实践指南，服务型领导是指通过专注于开发团队成员、理解和解决他们的需求，从而通过对团队的服务来领导的实践，促成团队成员能够产生过最大可能的绩效。D 选项符合。

18. A

解析：国外的团队无法面对面交流，在线工具是一个合适的替代方案，应该鼓励团队尝试新技术，同时也评估该程序如何更好地运用在本地团队和远程团队之间。A 选项是符合的。

B 选项不具备建设性，C 和 D 选项是自上而下的做法，不是服务型领导的做法。

19. D

解析：本题在考查服务型领导的定义和授权方式。对于拥有自组织团队的项目，项目经理的角色主要是为团队创造环境、提供支持并信任团队可以完成工作。成功的自组织团队通常由通用的专才而不是主题专家组成，他们能够不断适应变化的环境并采纳建设性反馈。A 选项过于绝对，授权要分情况，不是所有事情都交给团队决定。

20．B

解析：选择 B，首先应该由团队成员自己尝试解决，达到自组织的目的。选项 A，遇到问题应该首先以协作的方式解决分歧，目前方式并没有解决问题。选项 C，应该授权团队成员自行解决。选项 D，解释与选项 C 保持一致，不宜轻易上报给上级管理层。

第 5 章练习题答案及解析

1．C

解析：任务通常用完成时间来测量。没有任务点这个说法。功能点基于整个团队来计算。故事板和测量则没有任何关系。

2．B

解析：亲和估算是预测工作量的一个方法，基本的亲和估算模式涉及从小范围到大范围的用户故事估算。这个范围可以是斐波那契数列或者 T 恤尺码，常常贴在大型会议室墙上。然后参与者在估算时可将他们的用户故事贴到这面墙上。不交谈，只移动，如果没有人移动了，则说明大家达成了一致。

3．C

解析：详见第 5 章的“三角估算法”。

4．D

解析：除了使用故事点来估算用户故事的相对工作量，敏捷团队还可使用理想时间。理想时间是指不受会议、个人生活、非工作日或其他事项干扰，测试和发布用户故事所花的时间。

5．D

解析：题干是对滚动计划的描述。

6．D

解析：因为每项迭代通常产生的工作产品是完整的，迭代往往持续 2～4

周，其间不断地进行验证和确认以确保产品的质量。验证是为了确保产品的执行符合客户的需求，确认是为了证明产品符合预期。有时一个产品可能是依照规范执行的，即它可通过验证，但是它并不符合客户的目标，即它不能通过确认。我们强调频繁，就是不断进行，另外，发布与迭代是解耦的，这一点大家一定要记住。“按迭代开发，按需要发布”。

7．B

解析：这个题目要考查的是发布计划会，在敏捷中，发布计划会会提出发布的目标和价值。

8．B

解析：理想时间是指不受会议、个人生活、非工作日或其他拖延、分心干扰的情况下，测试和发布用户故事所花的时间。

9．B

解析：在敏捷中，速率不是用来进行团队间比较的，团队根据自身需要确定合适自己的速度；另外，速率的计算与故事点有关，故事点的定义各个团队间可能不一样；团队的人数技能影响速率；项目还存在不一样性。

10．A

解析：速率是指对每个迭代团队完成的用户故事点或故事数量的衡量。一个敏捷团队可根据稍前的速率记录来估算下一个迭代可完成的用户故事点数量。

11．A

解析：愿景→产品路线图→用户故事地图→发布计划 4 个层级，发布之前做什么，就应该做路线图和愿景。

12．A

解析：发布计划在所有迭代计划前做了一个计划，这个计划中应该包含产品愿景、多久可以完成、大概发布日期是什么时候、验收标准、大概分布在接下来几个迭代中、会发布哪些故事，A 选项就是典型的发布计划的内容。

13．B

解析：做完了发布计划之后，该怎么呈现呢？B 选项是两种非常典型的发布计划呈现方式。

14．D

解析：估算是对交付计划产品所需要的成本、进度、投入或者技能进行的预测。在项目早期，许多细节不明确，团队在早期进行粗略级估算，随着项目的进展和项目动态的认识，估算被持续重梳理。

15．A

解析：敏捷项目的管理框架阶段包括构想（设立一个高层次的愿景）、推测（通过对不同方案的选择，形成一个初步的工作计划）、探索（梳理待办事项，交付产品功能）、适应（工作进展的同时不断收集反馈），最后结束。

16．D

解析：发布计划不会详细到其他 3 个描述的程度，选项 A、C 中有详细内容，先排除掉。Release Plan 中有包含故事粗略分配到某个迭代中的信息。

17．C

解析：产品路线图是对产品需求的高层次概述。

18．D

解析：本题的考点是滚动式规划，只有 D 选项是滚动式规划的意思。

19．D

解析：参照用户故事的 INVEST 属性。

20．A

解析：根据宽带德尔菲估算的定义，由团队成员共同估算，同时给出各自的估算结果，针对特别大或者特别小的两个数值，给他们陈述的机会，使其说明估算的原因，之后进入下一轮估算，直至达到组织允许的估算偏差范围即可，通常会进行 3 轮左右。

第 6 章练习题答案及解析

1．B

解析：迭代评审会用于团队向 PO 和其他项目干系人展示进程，以此来获得反馈（演示完成的功能，并记录用户的反馈）[知识点归纳：Scrum-迭代 Review]。

2. B

解析：每日站会中的 3 个问题如下：你昨天做了什么？你今天准备做什么？你遇到什么问题（阻塞）？

3. A

解析：Scrum Master 的职责就是移除障碍。

4. B

解析：Scrum Master 负责确保团队遵循敏捷实践。

5. C

解析：从理论上说，项目经理不应该做 Scrum Master 的工作，但假如他做了，就应该确保他清楚知道该角色可以做的事和不可以做的事。Scrum Master 不会分配任务。一个自管理团队应该自己来进行任务分配。而其他选项的工作项目经理都可以从事。

6. D

解析：回顾会议的主要作用就是持续改善。计划会、每日站会的主题都不适合题干的描述，项目状态会议不是敏捷定义的会议形式。

7. A

解析：因为是一位团队成员提出的，所以先让所有人倾听一下，看看大家的意见是什么，每个人都应该开诚布公地沟通，因此选 A。选项 B 仅仅关注是否同意，但不知道观点背后的为什么；选项 C 与 D 仅仅缓和或者记录，并没有解决问题，我们不能逃避问题，要勇敢地面对问题并尝试解决。

8. D

解析：团队、Scrum Master 和 PO 是 Scrum 方法论中的核心角色，其他角色则是 Scrum 团队之外的角色。

9. B

解析：整个团队的时间不能仅用于讨论技术问题，即使它是很重要的。如果要举行一个有效的每日站会，Scrum Master 要致力于对单方谈话的进程和时间控制，这种单方谈话往往可以在线下或会议之后再进行。

10．D

解析：本题考查的是 Scrum Master 的职责。删除和记录出现的障碍就是 Scrum Master 的职责所在。

11．B

解析：敏捷教练应采取积极的态度解决问题，而不是看到潜在问题之后听之任之，因此选项 A 不对；选项 C，与主管沟通是只有迫不得已才会采取的手段，前提是 PO 不听取意见；选项 D 本身没有问题，但是与题干没有特殊关系；目前问题是 PO 过于关注一个干系人，需要平衡对其他干系人的关注。选项 B 是把所有人聚在一起，一起沟通，效果更好。

12．B

解析：用户故事是否完成是由产品负责人来决定的，只有这个角色对用户故事是否完成有发言权。

13．A

解析：在敏捷架构 Scrum 中，冲刺计划和冲刺回顾会议设定的时间都是 4 小时。

14．D

解析：回顾会议是 Scrum 团队检视自身并创建下一个 Sprint 改进计划的机会。Sprint 回顾会议的目的在于检视前一个 Sprint 中关于人、关系、流程和工具的情况如何；找出并加以排序做得好的和潜在需要改进的主要方面；同时，制订改进 Scrum 团队工作方式的计划。关于产品的改进建议，应在待办事项中进行优先级排序后可在下一次迭代中进行变更。

15．B

解析：PO 最关注的是产品待办事项，负责梳理和调整待办事项。在计划会上，PO 与团队会基于产品待办事项进行沟通，选择优先级高的纳入下一个迭代。

16．A

解析：团队对用户故事不能理解，需要在计划会的时候要求 PO 做描述，有时候也可以成为需求阐明。

17．B

解析：风险要尽早曝光，尤其是高危风险，鼓励团队进行探测，以做出正确的决策。

18．C

解析：发现问题或者改进方案首先要做的是放入产品需求列表。

19．A

解析：PO 是产品的虚拟购买者/客户代表，负责产品价值的定义，通常通过梳理产品需求列表来排序商业价值。

第 7 章练习题答案及解析

1．A

解析：可视化管理的目的是更多地展示、及时曝光问题、及时获得反馈，以便做出正确的决策。选项 B 描述的是看板的一项工作，是一个流程，本题考查的是结果。可视化是敏捷全流程提倡的理念，与团队的成熟度无关，任何阶段都可以用，因此选项 C 不对；敏捷提倡高度可视化，尽量透明，因此选项 D 不对。

2．A

解析：根据精益的理念，价值流向图是为了识别流程中的非增值活动。非增值活动就是一种浪费。

3．B

解析：累积流图是展示未完成功能、过程中工作及完成功能与实践关系的一种图表，是信息发射源的组成部分。

4．D

解析：限制在制品为 4，那么迭代期间最多可开发 4 个特性。

5．C

解析：W——等待；I——库存；D——缺陷；E——额外流程；T——运输；O——过度生产；M——动态。

6．B

解析：看板是一种信息发射源。信息发射源能够将相关项目信息进行可视化，从而增强沟通的有效性，减少浪费，提高团队合作，提高速度。

7．C

解析：虽然这里列出来的所有条目都有可能在项目特定的环境下有所帮助，但是只有一个选项是精益方法的核心概念——在整个开发过程中将质量内建进去。精益进行全局优化，并不是部分优化，延迟决策，而不是快速决策；专注于消除浪费，不是分析和记录它们（虽然根因分析可能是减少浪费的一个有用的工具，但是这个工具本身不是精益方法的焦点）。

8．B

解析：题干提到了两个执行经理对进度的理解不一致，说明信息传递有问题，可能没有实现透明化，因此，需要用信息发射源的方式让信息透明化，选项 B 是利用看板的方式呈现项目的进展。

9．C

解析：利特尔法则陈述了循环时间与在制品中的工作数成正比，是一个有关提前期与在制品关系的简单数学公式，这一法则为精益生产的改善指明了方向。针对如何有效地缩短生产周期，利特尔法则指出了两个方向：一是提高产能，从而降低生产节拍；二是压缩存货数量，最有效的缩短生产周期的方法就是压缩在制品数量。

10．D

解析：本题的考点是“累积流图”。累积流图对于追踪和预测敏捷项目是一个非常有用的工具。累积流图可以帮助我们洞察项目问题、循环时间和可能完成的日期。通过累积流图可以获取在制品。可以根据累积流图中的垂直距离得出队列中还有多少工作项，也可以根据水平距离确定循环时间，完成队列中的工作大概还需要多少时间。循环时间对于精益生产非常重要。这些数据可以帮我们预测进行中的工作什么时间段可以全部完成。我们应该保持在制品/循环时间越少/越短越好，因为它们代表沉没投资成本，这些成本还未产生价值效益。在制品越多或者循环时间越长，项目被取消的风险越大。

第 8 章练习题答案及解析

1. A

解析：结对编程的实践发生在极限编程之内，它由两个程序员共同完成任务。结对流程有助于集体代码所有权，因为每行代码最少由两位程序员共同完成。同时结对编程也能对最有可能首先运行的清晰代码进行网上审查，这样有助于缩短整体时间。它可能会也可能不会引导团队独立思考，因为结对编程中的一个风险是一位成员可能停止思考和倾听，仅仅是跟随另一个成员的步伐来实施工作。

2. A

解析：一个敏捷工作区应该设计为有助于团队成员之间的开放式沟通，团队成员在这种环境下才能处于可听可视范围内。

3. D

解析：极限编程运用计划游戏、基于用户故事和发布需求来优先开发特性。

4. D

解析：团队是跨职能团队，团队成员可以拥有多项技能。选项 A，加增人数是敏捷不提倡的。选项 B，价值流分析一般用于流程改进。选项 C 并不能解决这个问题。

5. A

解析：结对编程，两人互为开发人员和审查员，在开发过程中就完成审查。

6. C

解析：TDD（Test-Driven Development）过程包括如下 4 个步骤：①编写测试；②核对和确认测试；③编写产品代码，接着进行测试；④重构产品代码。

7. D

解析：极限编程原则是代码建立后即集成到完整代码库。由此集成后，代码库和整个系统即建成和测试完成。

8．B

解析：敏捷项目管理着重强调“持续完善”。从迭代后客户提供反馈，到迭代后团队保留时间回顾和反思执行情况，持续完善已经进入敏捷方法论中，因此，选项 B 更合适，选项 A、C、D 都是敏捷所不提倡的。

9．D

解析：极限编程一般认为是用户故事的起源。

10．A

解析：持续集成可以提高软件交付速度。

11．D

解析：极限编程强调以下原则：结对编程、可持续速度、不断自动测试、有效沟通、简单性、反馈、勇气、集体所有权、持续整合、激励工作 、共享工作空间、现场客户代表、使用隐喻说明概念。

12．D

解析：极限编程不用于扩展大型团队，而其他选项都是正确的。

13．B

解析：团队帮助员工提升能力，需要支持可以由 Scrum Master 或者领导者协助。结对编程是极限编程提倡的实践活动。

14．A

解析：团队对用户故事不能理解，需要在计划会的时候要求 PO 做描述，有时候也可以成为需求阐明。

15．A

解析：本题的考点是 AC 验收标准，验收标准应该准入条件之一，通过 AC 可以有效地发现问题，因此选 A。选项 B，敏捷不提倡“更详细”，因此不选 B。选项 C 中的关键字“需求跟踪矩阵”是瀑布中的名字，在敏捷中不提倡，因此选项 C 不对。选型 D 中“增加资源”，敏捷提倡在有限资源有限时间下做高价值事情，因此选 D 不正确。

第 9 章练习题答案及解析

1．D

解析：渗透式沟通是水晶实践的一个主要特征。

2．C

解析：根据 DSDM 敏捷三角形，敏捷固定时间和人，可以变更范围。

3．A

解析：团队参与可以达成一致的共识，也可以获取每个人的承诺。

4．A

解析：评审会是向干系人展示已完成的工作，目的是获取反馈，因此 A 选项最全，其他选项范围过窄。

5．C

解析：根据敏捷 12 宣言中的第 6 条原则“传递信息效果最好、效率最高的方式是面对面的交谈”，面对面沟通可以更快速地传递信息和反馈信息，同时也可以通过肢体语言等传递更多的信息。这是所有敏捷实践都会提倡的做法。

6．A

解析：在缺乏面对面沟通条件的情况下，视频会议是促进沟通最好的方式。

7．C

解析：无论何时，只要公布的数据有了变化，信息发射源都要进行更新，以使得所有团队成员和干系人掌握最新消息。

8．C

解析：协作就是个人与个人、团队与团队为达到共同目的，彼此相互配合的一种联合行动、方式。C 选项描述正确。

9．B

解析：产品所有者负责待办事项。

10．D

解析：代码重构是完善工作源代码的方法，以提高源代码的有效性、可读性、拓展性、可维护性和降低复杂性。通过重构，可在不改变外部行为的情况下，重构源代码来改良内部代码。

第 10 章练习题答案及解析

1．B

解析：Scrum of Scrums 会议的解析，B 选项是对的。这个会议通常是由各个团队的代表参加，每周通常 2～3 次。

2．A

解析：通常是由 Scrum Master 组织每日站会。

3．C

解析：SAFe 的底层逻辑是敏捷发布火车，也是 SAFe 的精髓。

4．C

解析：SAFe 的 PI Planning 是多团队面对面一起做计划的，LeSS 也建议如此。

5．D

解析：Spotify 中对于敏捷团队的划分采用这些概念。

6．C

解析：敏捷建议团队的最佳规模是足够小以保持敏捷性，在实践中，最有效的敏捷团队往往由 5～9 个成员组成。

7．D

作为敏捷专业人士负责移除团队运作的障碍，给予团队指导，引导提升绩效。如果在指导过程中发现是因为团队规模太大，要进行拆分，划分为多个小团队，按照 Scrum 的规模，团队规模在 5～9 人；本题已经提到沟通效率低，人数多可能是造成这一问题的原因，可以尝试划分团队。

8．D

解析：分布式团队要首先考虑文化的差异性，尊重不同文化的差异，致力于项目的成功。在考试中，对于分布式团队除了关注文化的差异，也要考虑沟通的多样性。

9．C

解析：分布式团队提倡使用现代化沟通方式，如“视频会议”“公司内部网站”和“虚拟团队空间”，通过频繁的沟通来提升沟通的质量。

10．D

解析：敏捷首先尊重团队自组织的特点，Scrum Master 可以提出团队分拆的建议，但是要团队集体决策。

第 11 章练习题答案及解析

1．A

解析：一个成功的头脑风暴环节应尽量遵循以下要点：在中立和舒适的环境中进行会议。由一名有趣且有经验的引导者来主持头脑风暴会议。提前向参与者分发包括目标、安排和基本原则的文件。由一个多领域/多样化的团队组成，排除任何会阻碍思想产生的评论。

2．D

解析：敏捷强调集中办公，面对面沟通。

3．C

解析：获取部门领导的同意，达成共识。A 选项和 B 选项都是敏捷中不赞同的选项，敏捷强调沟通与协作。D 选项虽然可以这样做，但不能根本性解决问题，没有团队的参与。

4．C

解析：目标受到了影响，要与发起人沟通项目是否需要继续。这体现了响应变化。如果继续，可以选 B 选项。也可以停止，选择 A 选项，也可以继续执行，选择 D 选项，但采取这些动作之前，要先沟通，因此 C 选项是最合适的。

5．C

解析：对于风险可以采用探测的方式在早期进行。A 选项中断迭代不合适，一个迭代一旦启动，不轻易中断，体现了时间盒的概念；B 选项与 D 选项不符合风险需要早期处理的理念。

6．C

解析：敏捷教练需要运用有效的方法解决团队面临的问题。通过与团队的互动，使团队紧密合作，指导团队成员成长，引导团队共同做出决策。A 选项和 B 选项错误，问题已经影响到了团队，应该追究原因，而不是放任不管。C 选项正确，积极响应，促进团队沟通。D 选项的处理方式太简单粗暴。

7．A

解析：分析题干，其他团队有成功经验可借鉴，可以与其协作，把知识、经验和多种技能聚集到一起为新产品开发做贡献。敏捷鼓励在团队和组织之间传播知识和实践，推动系统性改进，防止同类问题再次发生，提升组织的整体效能。

8．C

解析：敏捷最倡导面对面的沟通，遇到冲突和问题，直接与当事人面对面解决问题。如果问题无法解决，再上升到高层，寻求帮助。

9．B

解析：Scrum Master 的职责之一是确保敏捷实践的正常推进，对团队给予指导。当团队在正常的活动被干扰时，Scrum Master 要及时保护团队不被中断。本题中描述的是每日站会的违规，Scrum Master 要干预，必要时，会后要重新设定规则。

10．B

解析：敏捷团队应当与客户商讨决定是否需要及用户故事完成的时间。加班是不提倡的，团队只要尽了最大努力即可，因此不选 A 选项。C 选项不对，是因为完不成的需求应该放回 PBL。D 选项虽然放在产品需求列表中是可以的，但不一定要在下一个迭代继续做，有可能有更高优先级的需求需要在下一个迭代做。

11．B

解析：石川图又称鱼骨图，用于根本原因分析。

12．A

解析：所有工作范围的变更都要和产品负责人讨论。

13．D

解析：本题的考点是冲突，解决冲突的手段是团队一起应对问题，因此选 D 选项。A 选项中“高级”不对，有问题不能上升到“高级项目干系人”，而且只做关键目标，没有解决冲突。B 选项中关键字“只”，没有全局意识，因为有部分目标是创新。C 选项中关键字“暂停”，不能暂停项目，否则创新目标达不成，因此 A 选项、B 选项、C 选项都不对。

14．C

解析：本题考点是冲突的解决，敏捷提倡面对面一起解决，因此选 C 选项。A 选项仅仅是演示功能，不解决问题，B 选项与每名执行发起人召开一对一的会议，不符合敏捷团队的一起解决问题的思想。D 选项明显已经不能独立解决了。

15．D

解析：本题的考点是发现与解决根本问题，即解决问题的步骤：①收集数据；②分析原因；③采取行动。只有 D 选项最符合。A 选项只增加时间，不解决根本问题。C 选项不解决根本问题。B 选项也可以，但是没有从根本上解决问题。

16．B

解析：本题的考点是“发现与解决问题”的基于风险考虑的 PBL 梳理。

17．D

解析：本题用排除法，A 选项、C 选项都太被动了，没有直接处理问题。B 选项，开除是敏捷所不支持的，也不是最好的处理方式。D 选项，和团队成员沟通，符合敏捷所提倡的引导、帮助团队成员。

第 12 章练习题答案及解析

1．D

解析：回顾会议是为团队而举行的，反馈也应该来自团队或是产品所有者。回顾过程中会提到过去的经验总结，同时不要在待定项中开始工作。团队应该识别出最优先的行动项目并致力于解决它们，而不是采取太多的行动而分心。最好的敏捷方法应该是优化甚至改进问题，最后解决它们。

2．A

解析：B 选项、C 选项、D 选项处理的时间都是太靠后了。敏捷碰到问题，要快速响应。

3．B

解析：敏捷在很大程度上认为团队成员协作决策的参与性决策模式有助于在团队内建立信任。虽然团队领导者或者 Scrum 领导需要独自做一些决策，但是大部分决策是团队集体进行的。这些敏捷原则也被称为集体所有权、自主管理和自我约束。在集体所有权中，团队成员集体对项目结果负责，并被授权参与决策和问题解决流程。

4．D

解析：团队是跨职能团队，团队成员可以拥有多项技能。A 选项中加人是敏捷不提倡的。B 选项中价值流分析一般用于流程改进。C 选项并不能解决这个问题。

5．A

解析：B 选项和 D 选项在经验总结会及回顾会议上解决，时间上太滞后了。C 选项中创建鱼骨图只是一种具体的分析方法，找根因还可以用其他方法，对估算方法有分歧，就要找到分歧的原因，因此选择 A 选项。

6．D

解析：消除浪费是通过价值流程图显示的。

7．B

解析：价值流程图是敏捷采用的精益生产分析技能，用于对形成客户产品或服务的原料和信息（即价值）的流动进行分析。

8．A

解析：累积流图用来追踪和预测敏捷项目，可以看到前置时间及在制品。

9．C

解析：如果团队同意，则可以对团队角色进行重新定义，这种情况，最好在冲刺回顾会议中进行讨论。不是每日站会，也不适合征求项目管理办公室的意见，因为团队有自管理的功能。

10．A

解析：对于低价值高风险的项目，最后再做。如果没有时间，就不做了。在完成这些项目之前，我们需要对优先级做出明智的决定，否则它可能会使你本来运行良好的程序脱轨。

11．A

解析：本题的考点是回顾会的意义，回顾会是迭代之后的一个经验总结会，团队聚在一起检查并改进其方法和团队绩效。回顾会的内容主要是哪些做得好的、哪些做得不好的、行动列表。B 选项，敏捷管理师一般不对技术进行指导，因此 B 选项不对。C 选项中之前的经验教训不一定适应本次问题，因此 C 选项不对。D 选项中不应该把问题上报给产品负责人，因为产品负责人一般不负责技术问题。

12．A

解析：A 选项频繁地确认与验证，可以及早获得反馈，质量问题越早发现成本越低，因此选 A 选项。题干中问的是“事先应该做什么”，而 B 选项是属于“事后应该做的”，因此不选 B 选项。C 选项根据敏捷三角不会随意增加人员数量，因此 C 选项不正确。风险与质量问题是两个维度，不能混淆，因此不选 D 选项。

13．D

解析：头脑风暴是一种用来产生和收集项目需求与产品需求多种创意的技术，符合题干中的“获得尽可能多的可能想法”。选项 A、B、C 本身没问题，但是比较单一，不符合“尽可能多”。

14．A

解析：根据用户故事 3C 属性，用户故事的失败可能是缺少验收标准造成的。

15．B

解析：B 选项是对的，通过培训可以增强 CEO 对敏捷的认知，通过度量数据可以更直观地展示进度、质量、效果等全方位数据。A 选项和 C 选项是瀑布的做法，提倡详细的报告或者甘特图。敏捷中关于项目的展示可以通过查看信息发射源的方式获取进度信息，而不是与产品经理谈话，因此，D 选项不正确。

16．C

解析：C 选项敏捷中的风险管理和瀑布风险管理模式相同，分别是识别风险、定性风险分析、定量风险分析、规划风险应对、监控风险等。

17．A

解析：首先，两个不同的团队的速度比较没有意义，毕竟参照物不一样，对于点的对应也不一样；其次，敏捷强调及时变化，承诺不等于固定执行计划，一成不变，因此，对未来承诺多少个迭代内容并不重要。

18．C

解析：C 选项，产品路线图和故事地图展示了产品的发布计划，包括每个版本交付的功能等，对于高管来说，这个层次的计划应足够应对。每日站会属于微观管理。Demo 演示只能看到当前进展，看不到全局。

19．A

解析：A 选项，能力不足，可以采用结对编程的方式进行培养。如果因为能力不足就一直分配给他简单的故事，那么这个人的能力就永远得不到提高，因此 D 选项不正确。B 选项和 C 选项与技能提升没关系。

20．C

解析：敏捷需要跨职能团队的支持，便于及时反馈和确认。

第 13 章练习题答案及解析

1．C

解析：敏捷提倡服务型领导，帮助促进团队达成高绩效，因此，C 选项没有问题。敏捷领导者更应关注目标达成，不应该驱动具体任务，因为团队是自管理的。

2．A

解析：敏捷强调集中办公、面对面沟通，需要跨职能团队，相对长期稳定。

3．D

解析：质量为先是敏捷的核心，不能因为速度而牺牲质量。敏捷方法通过全局过程中频繁的反馈和质量活动进行持续的质量管理，如持续集成、结对编程、评审会等。

4．B

解析：团队领导要给团队创造一种安全的环境，让团队勇于表达，敢于试错。

5．D

解析：本题目说不破坏文化和规范，需要在此基础上创建一份敏捷的愿景描述，D 选项是比较符合的。A 选项是干扰项，回顾会的问题是分析经验教训，寻找改进，但还未开始试点，因此 A 选项不对。卡诺分析是价值排序的工具，因此 B 选项不对。C 选项没有任何关联关系。

6．D

解析：价值交付是驱动敏捷开发的核心，如果这些功能不是必要的，则视为不产生价值，需要及时终止，否则，就是一种浪费。此题可参考敏捷原则 10：敏捷是最大可能减少不必要工作量的艺术。

7．B

解析：根据塔克曼的团队形成 5 阶段理论，如果有新成员加入，则退回到震荡阶段。

8．D

解析：根据塔克曼模型，早期阶段应该先对齐目标。A 选项是传统组织会做的。因为团队还处于组建期与风暴期，所以，绩效肯定是不高的，因此，B 选项和 C 选项暂时不考虑。

9．C

解析：敏捷提倡参与式决策，实施流程需要根据具体公司、项目一起制定。A 选项是瀑布的做法。避免微观管理是可取的，但敏捷也需要日常管理，因此，B 选项有点极端。要避免形成工作组合孤岛，要跨职能团队才行，因此 D 选项也不对。

10. D

解析：项目章程是重要的管理文件，需要所有干系人的参与。虽然专家建议章程应不超过一页，但是因为所有的干系人必须参与进来并且达成一致意见，所以，创建项目章程是非常具有挑战性的。项目章程中应包含 3 个关键信息：愿景、任务和成功标准。

参 考 文 献

[1] 赵卫，王立杰. 京东敏捷实践指南[M]. 北京：电子工业出版社，2020.

[2] Project Management Institute. 敏捷实践指南[M]. 北京：电子工业出版社，2018.

[3] HUNT A. PMI-ACP Project Management Institute Agile Certified Practitioner Exam Study Guide 1st Edition[M]. Sussex：Sybex, 2018.

[4] 詹姆斯 P. 沃麦克，丹尼尔 T. 琼斯. 精益思想（白金版）[M]. 北京：机械工业出版社，2021.

[5] 王立杰，许舟平，姚东. 敏捷无敌之 DevOps 时代[M]. 北京：清华大学出版社，2019.

[6] 迈克・科恩. Scrum 敏捷软件开发[M]. 廖靖斌，吕梁岳，陈争云，等译. 北京：清华大学出版社，2010.

[7] 迈克・科恩. 敏捷软件开发：用户故事实战[M]. 王凌宇，译. 北京：清华大学出版社，2018.

[8] 杰夫・巴顿. 用户故事地图[M]. 李涛，向振东，译. 北京：清华大学出版社，2016.

[9] 罗曼・皮希勒. Scrum 敏捷产品管理：打造用户喜爱的产品[M]. 李忠利，译. 北京：清华大学出版社，2013.

[10] 吉姆・海史密斯. 敏捷项目管理（快速交付创新产品第 2 版修订版）[M]. 李建昊，译. 北京：清华大学出版社，2019.

[11] 于尔根・阿佩罗. 管理 3.0：培养和提升敏捷领导力[M]. 李忠利，任发科，徐毅，译. 北京：清华大学出版社，2012.

[12] 克里斯・西姆斯，希拉里・J. 路易丝. Scrum 要素[M]. 徐毅，译. 北京：人民邮电出版社，2013.

[13] 肯尼斯・鲁宾. Scrum 精髓：敏捷转型指南[M]. 姜信宝，米全喜，左洪斌，译. 北京：清华大学出版社，2014.

[14] 肯特・贝克，辛西娅・安. 解析极限编程——拥抱变化[M]. 雷剑文，李应樵，陈振，译. 北京：机械工业出版社，2011.

[15] 理查德·克纳斯特，迪安·莱芬威尔. SAFe 4.0 精粹：运用规模化敏捷框架实现精益软件与系统工程[M]. 李建昊，等译. 北京：电子工业出版社，2018.

[16] 克雷格·拉尔曼，巴斯·沃代. 大规模 Scrum：大规模敏捷组织的设计[M]. 肖冰，译. 北京：机械工业出版社，2018.

[17] 吉恩·金，凯文·贝尔，乔治·斯帕福德. 凤凰项目：一个 IT 运维的传奇故事[M]. 成小留，刘征，等译. 北京：人民邮电出版社，2015.

[18] 桑吉夫·夏尔马. DevOps 实施手册：在多级 IT 企业中使用 DevOps[M]. 万金，译. 北京：清华大学出版社，2018.

[19] 吉恩·金，杰斯·亨布尔，帕特里克·德博伊斯. DevOps 实践指南[M]. 刘征，王磊，马博文，等译. 北京：人民邮电出版社，2018.

[20] 罗伯特·C. 马丁. 架构整洁之道[M]. 孙宇聪，译. 北京：电子工业出版社，2018.

[21] 斯科特·贝恩. 浮现式设计：专业软件开发的演进本质[M]. 赵俐，华洁，译. 北京：人民邮电出版社，2011.

[22] 马丁·福勒. 重构：改善既有代码的设计[M]. 2 版. 熊节，林从羽，译. 北京：人民邮电出版社，2019.

[23] 加里·格鲁弗，迈克·杨，帕特·富尔格姆. 大规模敏捷开发实践：HP LaserJet 产品线敏捷转型的成功经验[M]. 郑立，译. 北京：机械工业出版社，2013.

[24] 杰夫·高瑟夫，乔希·塞登. 精益设计：设计团队如何改善用户体验[M]. 2 版. 黄冰玉，译. 北京：人民邮电出版社，2018.

[25] 管婷婷. 敏捷团队绩效考核[M]. 北京：电子工业出版社，2020.

[26] 理查德·斯皮尔斯，米歇尔·劳伦斯. 服务型领导：卓有成效的管理模式[M]. 高愉，孙道银，译. 北京：人民邮电出版社，2006.

[27] 鲁百年. 创新设计思维：创新落地实战工具和方法论[M]. 2 版. 北京：清华大学出版社，2018.

[28] 詹姆斯·卡尔巴赫. 用户体验可视化指南[M]. UXRen 翻译组，译. 北京：人民邮电出版社，2018.

[29] 安迪·波莱恩，拉弗兰斯·洛夫利，本·里森. 服务设计与创新实践[M]. 王国胜，张盈盈，付美平，等译. 北京：清华大学出版社，2015.

[30] 何勉. 精益产品开发：原则、方法与实施[M]. 北京：清华大学出版社，2017.

[31] 戴维・安德森. 看板方法：科技企业渐进变革成功之道[M]. 章显洲，译. 武汉：华中科技大学出版社，2014.

[32] 马库斯・哈马伯格，乔吉姆・森顿. 看板实战[M]. 霍金健，何勉，程鸣萱，译. 北京：人民邮电出版社，2016.

[33] 亨里克・克里伯格. 精益开发实战：用看板管理大型项目[M]. 李祥青，译. 北京：人民邮电出版社，2012.

[34] 弗格斯・奥康奈尔. 事半功倍的项目管理[M]. 王立杰，陈立波，译. 北京：人民邮电出版社，2021.

[35] 杰夫・萨瑟兰. 敏捷革命[M]. 蒋宗强，译. 北京：中信出版社，2015.

[36] 斯坦利・麦克里斯特尔，坦吐姆・科林斯，戴维・西尔弗曼，等. 赋能[M]. 林爽喆，译. 北京：中信出版社，2017.

[37] 德埃丝特・德比，戴安娜・拉森. 敏捷回顾：团队从优秀到卓越之道[M]. 周全，冯左鸣，拓志祥，等译. 北京：电子工业出版社，2012.

[38] 埃里克・莱斯. 精益创业[M]. 吴彤，译. 北京：中信出版社，2012.

[39] 阿什・莫瑞亚. 精益创业实战[M]. 2 版. 张玳，译. 北京：人民邮电出版社，2013.

[40] 邱昭良. 如何系统思考[M]. 2 版. 北京：机械工业出版社，2021.

[41] 柯林・布里亚，比尔・卡尔. 亚马逊逆向工作法[M]. 黄邦福，译. 北京：北京联合出版公司，2020.

[42] 亚历山大・奥斯特瓦德，伊夫・皮尼厄， 格雷格・贝尔纳达. 价值主张设计：如何构建商业模式最重要的环节[M]. 余锋，曾建新，李芳芳，译. 北京：机械工业出版社，2015.

[43] 质量管理学习. 最详细的精益生产 7 大浪费分析步骤[EB/OL].(2017-08-09)[2022-10-09].

[44] 紫竹风. 敏捷开发系列之旅 第四站（透明的 Crystal 水晶方法）[EB/OL]. (2014-03-31)[2022-10-09].

[45] 麦肯锡：敏捷组织的五大标志[EB/OL]. (2020-09-21)[2022-10-09].

[46] 冬雨. 如何让你的项目可视化[EB/OL]. (2013-06-20)[2022-08-09].

[47] 刘艺. 张小龙最新内部演讲:警惕 KPI 和复杂流程[EB/OL].(2016-10-29) [2022-09-05].